中国社会科学院国情调研丛书
CASS Series of National Conditions Investigation & Research

中国社会科学院创新工程学术出版资助项目

中国社会科学院国情调研丛书
CASS Series of National Conditions Investigation & Research

中国民众的
国际观
（第4辑）

Chinese Public View of
the World
(Volume 4)

李慎明◎主编　　　吴恩远◎副主编

社会科学文献出版社
SOCIAL SCIENCES ACADEMIC PRESS（CHINA）

国际视角　同中有变

——2011 年国情调研基本情况有感（代序）[*]

由中国社会科学院组织实施的"中国民众的国际观"国情调研已经进行了八年。八年来，在院党组的关心和支持下，在广大科研人员的不断努力、认真工作下，调研活动稳步进展，日益规范，硕果累累。我作为调研活动的组织者和参与者，看到每一次在精心采集、严格整理和深入分析基础上完成的总结报告，深感欣慰。

2011 年进行的这次国情调查，与前面几次相比，还是反映出一些不同。此次问卷发放在北京、兰州、上海、广州、昆明、长春、成都、长沙等八个城市进行。本次国情调查共发放问卷 2800 份，收回有效问卷 2707 份，回收率达到 96.68%，这在历次国情调查中是最高的。这充分表明我国民众对世界大事、国际问题是十分关心的，对当今世界上的各种问题有着自己明确的看法，并有着借机表达这种看法的强烈意愿。

与 2010 年的国情调查相比，我国民众对俄罗斯、美国、日本、欧盟的了解程度，在排序上没有变化，选项人数和比例方面的变化也不大，选择"非常了解"、"比较了解"和"一般了解"的人数相加仍然是选择美国的最多（2102人，77.7%），其次是日本（2025 人，74.8%），俄罗斯居第三位（1626 人，60.1%，与 2010 年的 1713 人，63.7% 相差不多），而对欧盟的了解程度最低，但也超过了 50%（1441 人，53.3%）。具体情况详见表 1。

---

* 本文由中国社会科学院俄罗斯东欧中亚研究所吴伟研究员执笔，经由本书主编李慎明同志审定。

表 1　对俄、美、日和欧盟的了解程度

	你是否了解俄罗斯		你是否了解美国		你是否了解欧盟		你是否了解日本	
	人数	百分比	人数	百分比	人数	百分比	人数	百分比
非常了解	85	3.1	129	4.8	86	3.2	141	5.2
比较了解	356	13.2	746	27.6	332	12.3	663	24.5
一般了解	1185	43.8	1227	45.3	1023	37.8	1221	45.1
不太了解	713	26.3	385	14.2	837	30.9	421	15.6
不了解	271	10.0	144	5.3	316	11.7	173	6.4
小计	2610	96.4	2631	97.2	2594	95.8	2619	96.7
不清楚/不知道	69	2.5	54	2.0	73	2.7	54	2.0
不回答	28	1.0	22	0.8	40	1.5	34	1.3
小计	97	3.6	76	2.8	113	4.2	88	3.3
总计	2707	100.0	2707	100.0	2707	100.0	2707	100.0

调查显示，随着国际形势的发展，中国民众对中俄、中美、中日和中欧关系重要程度的判断，还是出现了一些值得注意的变化。在选择中国与哪个国家或地区的双边关系最重要时，我国民众仍将中美关系放在了首位，其后依次是中俄关系、中欧关系、中日关系。其中认为"很重要"和"比较重要"的人数百分比两者相加，中美关系高达 84.4%；中俄关系与中欧关系相差不多，分别为 75.8% 和 75.1%；只有中日关系仅为 59.6%，具体数据详见表 2。

表 2　下列双边关系对中国的重要程度

	中俄关系		中美关系		中欧关系		中日关系	
	人数	百分比	人数	百分比	人数	百分比	人数	百分比
很重要	1041	38.5	1446	53.4	880	32.5	714	26.4
比较重要	1010	37.3	838	31.0	1154	42.6	899	33.2
一般重要	470	17.4	258	9.5	448	16.5	681	25.2
不太重要	48	1.8	41	1.5	70	2.6	178	6.6
不重要	17	0.6	21	0.8	18	0.7	107	4.0
小计	2586	95.5	2604	96.2	2570	94.9	2579	95.3
不清楚/不知道	85	3.1	81	3.0	102	3.8	86	3.2
不回答	36	1.3	22	0.8	35	1.3	42	1.6
小计	121	4.5	103	3.8	137	5.1	128	4.7
总计	2707	100.0	2707	100.0	2707	100.0	2707	100.0

与上述评价相关的是，在中国民众对俄罗斯、美国、日本和欧盟的总体印象排序方面，中国人对俄罗斯的总体印象仍然是最好的，不过随着两国战略合作关系的不断推进，反映在调查问卷上的数据还是发生了一些变化：回答"很好"和"比较好"的被调查者人数（1314，48.6%）明显多于对欧盟（1167，43.1%）、对美国（886，32.8%）和对日本（400，14.7%）的人数，而选择"比较差"和"很差"的人数也明显减少了。这再次表明，中国民众对国际问题的关心程度是非常高的。

在中国民众最关注的国际事件的选择上，课题组颇费了一些心思。2011年是不平凡的一年。3月11日日本大地震和海啸，造成日本核泄漏的严重灾难，接着是被美国、西方通缉的头号国际恐怖主义分子本·拉登在巴基斯坦被美军特种部队击毙，等等。根据这些国际重大事件，课题组经过认真讨论，最终选择了"日本大地震引起海啸与核泄漏""中东与北非动荡和利比亚危机""美国特种部队击毙本·拉登""梅德韦杰夫视察国后岛（日本称'北方四岛'之一）""上海世博会圆满闭幕"等九个具有重要国际影响或地区影响的事件作为选项，供中国民众选择，以求准确反映我国民众对国际事件的关注程度。

调查结果显示，中国民众最关注的国际事件依次为："日本大地震引起海啸与核泄漏""日本抓扣中国渔民渔船之'钓鱼岛事件'""美国特种部队击毙本·拉登""中东与北非动荡和利比亚危机""上海世博会圆满闭幕""朝韩延坪岛互相炮击事件""梅德韦杰夫视察国后岛（日本称'北方四岛'）之一""'维基解密'网事件""欧洲对外行动局成立"。具体数据详见表3。

表3　中国民众最关注的国际事件

	是		否		不清楚/不回答		总数	
	人数	百分比	人数	百分比	人数	百分比	人数	百分比
日本大地震引起海啸与核泄漏	2020	74.6	634	23.4	53	2.0	2707	100.0
中东与北非动荡和利比亚危机	866	32.0	1788	66.0	53	2.0	2707	100.0
美国特种部队击毙本·拉登	1054	38.9	1600	59.1	53	2.0	2707	100.0
梅德韦杰夫视察国后岛（日本称"北方四岛"）之一	317	11.7	2337	86.3	53	2.0	2707	100.0
朝韩延坪岛互相炮击事件	465	17.2	2189	80.9	53	2.0	2707	100.0
日本抓扣中国渔民渔船之"钓鱼岛事件"	1534	56.7	1120	41.4	53	2.0	2707	100.0

	是		否		不清楚/不回答		总数	
	人数	百分比	人数	百分比	人数	百分比	人数	百分比
欧洲对外行动局成立	120	4.4	2534	93.6	53	2.0	2707	100.0
"维基解密"网事件	294	10.9	2360	87.2	53	2.0	2707	100.0
上海世博会圆满闭幕	554	20.5	2100	77.6	53	2.0	2707	100.0
其他事件	19	0.7	2635	97.3	53	2.0	2707	100.0

从以上国情调查数据可以发现，中国民众对当今世界上发生的重大事件是十分关注的，在观察、判断各种重大国际事件的孰轻孰重方面是清楚、有明确的判断力的。从中可以发现，中国民众更关注的是与自己、与我国有关的国际事务。本次国情调查有关国际事件关注程度的选项中，有关我国民众最为不亲近的近邻日本的选项占据了前两位，自然灾害以及由此引发的生态灾难引起人们密切关注自然在情理之中，而"日本抓扣中国渔民渔船之'钓鱼岛事件'"位居中国民众关注的国际事件的第二位，确实反映了中国民众对日本的基本态度，这与历次及本次国情调查中有关中国民众对日本基本看法的调查数据是完全一致的。

目　　录

第一部分　综合问题[*]

一　国情调查课题调研工作历史回顾

2007 年，根据各个研究所申报课题时共同关注的课题，中国社会科学院国际学部组织本院的美国研究所、俄罗斯东欧中亚研究所、日本研究所、欧洲研究所和拉丁美洲研究所五个研究所开展了题为"中国民众的国际观"的国情调研活动。此后，拉丁美洲研究所在参加了第一次——2007 年的国情调查之后因故退出，从而形成了其余四个研究所进行的常规性国情调研项目。

2011 年中国社会科学院"中国民众的国际观"国情调查课题组在我国部分地区就当前重要的国际问题和俄罗斯、美国、欧盟、日本（以汉语拼音为序）问题再次进行了国情调查。这是此项国情调研项目在我院 2007 年立项（此前中国社会科学院日本研究所已经就中国民众对日本的看法诸问题开展了两次国情调查）以来的第四次，前三次分别于 2007 年 8～10 月、2008 年 10～11 月和 2010 年 8～10 月进行。

此项国情调研工作开始初期，课题组采取了"各自为政"的调查方式——调查地点、调查对象由各个研究所分课题组自行决定。这种调查方式的特点是调查面比较广，各研究所分课题组根据自己研究对象国在我国国内影响较突出的地点进行选择。同时，缺陷也是十分明显的，分散调研中各分课题组选择的调查地点在数量上不一致，调查地点、对象也不一致，使得可比性产生了问题，很难根

---

[*] 潘德礼执笔。

据所得出的数据进行不同国家间的比较研究。

"中国民众的国际观"课题组在实际工作中不断总结、积累经验。2010 年，在认真总结上两次国情调查（2007 年、2008 年）经验教训的基础上，针对调研中出现的问题采取了相应的调整措施，以求使调查结论更加真实、准确，更具代表性，同时最重要的是尽可能地加强可比性：纵向的——对同一国家看法的历史比较；横向的——同一时期、同一群接受调查者对不同国家和地区的看法比较。当年，在具有社会学研究经验的美国研究所所长黄平研究员的倡议下，课题组一致同意对国情调查进行重要调整：第一，为增强不同调查对象国和地区之间的可比性，改变了以往对各调查对象国和地区分别进行社会调查的做法，采取了统一发放问卷的方式，即将所有各部分（国际、美国、俄罗斯、日本、欧洲）的问题集中在同一张问卷上，由同一名接受调查者逐一对所有问题进行回答。此举虽然大大增加了所提问题的范围和数量，但却能够更准确地反映出我国民众对所涉及的各方面问题的基本看法，更便于对调查结果进行比较研究。第二，缩减、集中调查地点——在遵循简单随机抽样原则的基础上，对所调查城市和接受调查者群体做了规范化处理。具体做法是选择我国有代表性的八个主要城市发放调查问卷，每个城市发放 350 份问卷。第三，规范问卷发放范围：三分之一在大学生中发放，三分之一在居民社区发放，另外三分之一在企业从业人员中发放。同时对大学中大学本科生、研究生之间的比例，文、理科学生之间的比例，男、女生的比例；对居民社区中社区档次的比例，居民男、女性别比例；对企业中企业类别（国企、私营企业和外资企业）比例，职工级别比例及男、女性别比例也做了适当要求，以求使所得调查结果更具有代表性。此外，为加强国情调查的可比性和代表性，进而体现其准确性和科学性，根据课题组的统筹安排，国情调查不仅对调查问卷做了一些必要的简化、调整，而且还改进了调查方式。

与此同时，为增加不同年度的可比性，课题组尽量保持问卷的稳定性，即尽可能避免对主要设问进行频繁改动、调整，同时根据国际形势的变化情况，适当调整国际问题部分的设问。

二　本次调查的基本情况

本次国情调查实地问卷发放、回收于 2011 年 8～10 月间（日本研究所先期于 2011 年 7 月底完成了两个城市——长春、昆明的实地问卷发放、回收工作）进行。本次问卷发放在北京、兰州、上海、广州、昆明、长春、成都、长沙等八个城市进行，与 2010 年国情调研选择的城市相比，课题组只做了微调——以四川省会成都市取代了同属四川省的自贡市，以求更具代表性。

本次国情调查共发放问卷 2800 份，收回有效问卷 2707 份，回收率达到 96.68%，这在历次国情调查中是最高的。这充分表明我国民众对世界大事、国际问题是十分关心的，对当今世界上的各种问题有着自己明确的看法。

就本次国情调查的具体数据看，可以发现在我们所集中发放问卷、进行调查的八个城市中，接受调查者的积极性相差不大。如果非要找出某种差异的话，可以说，就有效答卷的比例而言，广州、上海、北京、长沙、长春的接受调查者积极性更高一些，成都、昆明次之，最后是兰州。但即使在兰州，接受调查者有效答卷的比例也高达 86%。2011 年中国民众的国际观有效问卷在不同城市的分布情况详见表 1-1。

表 1-1 "中国民众的国际观"国情调查有效问卷在不同城市的分布状况

城市	有效问卷	百分比
北京	348	12.9
兰州	301	11.1
上海	349	12.9
广州	350	12.9
昆明	329	12.2
长春	346	12.8
成都	337	12.4
长沙	347	12.8
总计	2707	100.0

在接受调查者的性别构成方面，与 2010 年国情调查数据相比，此次男女比例发生了一些细微变化，出现男女比例的变换，女性略微超过男性，但男女比例极为接近，几乎达到一半对一半。而 2010 年国情调查中，男性明显占据多数，为 1488 人，占总人数的 55.4%；女性 1190 人，占总人数的 44.3%（另有 9 人未填写个人资料当中的性别一项，0.3%）。本次国情调查受访者性别分布的具体情况详见表 1-2。

表 1－2　"中国民众的国际观"接受调查者的性别分布状况

性别	人数	百分比
男	1332	49.2
女	1375	50.8
总 计	2707	100.0

本次国情调查接受调查者年龄构成方面，25 周岁及以下 1283 人，占总人数 47.4%（2010 年国情调查为 1137 人，42.3%，下同）；26～35 周岁 712 人，占总人数 26.3%（815 人，30.3%）；36～45 周岁 386 人，占总人数 14.3%（388 人，14.4%）；46～60 周岁 266 人，占总人数 9.8%（303 人，11.3%）；60 周岁以上 60 人，占总人数 2.2%（22 人，0.8%）。本次调查没有人未填写年龄一项，而 2010 年有 22 人未填写此项，占总人数 0.8%。在本次国情调查中，接受调查者中年轻人仍然占据了绝大多数，35 周岁以下者达到 73.7%，而 2010 年是 72.6%。与 2010 年相比 60 周岁以上接受调查者增加幅度较大：60 人，占总人数 2.2%，2010 年是 22 人，占总人数 0.8%。具体情况详见表 1－3。

表 1－3　"中国民众的国际观"接受调查者的年龄分布状况

年龄段	人数	百分比
25 周岁及以下	1283	47.4
26～35 周岁	712	26.3
36～45 周岁	386	14.3
46～60 周岁	266	9.8
60 周岁以上	60	2.2
总　计	2707	100.0

就 2707 份有效问卷接受调查者的民族构成情况看，汉族占到了绝大多数，占总人数 91.4%（2475 人），少数民族仅为 8.6%（232 人）。

在受教育程度方面，小学学历 34 人，占 1.3%（2010 年为 23 人，0.9%，下同）；初中学历 109 人，占 4.0%（103 人，3.8%）；高中学历（含中技中专职高）394 人，占 14.6%（386 人，14.4%）；大学学历（本科或大专）1487 人，占 54.9%（1727 人，64.3%）；研究生学历（硕士或博士）662 人，占

24.5%（438 人，占 16.3%）；其他 20 人，占 0.7%（7 人，0.3%）。另有 1 人未填写个人资料当中的受教育程度一项，可以忽略不计，而 2010 年是 3 人，占总人数 0.1%。可见在受教育程度方面变化不大，高学历的人数仍然是绝对多数，占 79.4%，只是大学学历（本科或大专）比 2010 年有所减少，而研究生学历（硕士或博士）则大大增加。

在职业构成方面，接受调查者基本涵盖了各行各业，并且与 2010 年国情调研时的状况大体相当，此消彼长，变化幅度不算大。其中公务员 154 人，占总人数的 5.7%（2010 年为 149 人，5.5%，下同）；教科文卫体工作人员 223 人，占总人数的 8.2%（172 人，6.4%）；企业经营管理者 175 人，占总人数的 6.5%（172 人，6.4%）；个体工商户 110 人，占总人数的 4.1%（101 人，3.8%）；专业技术人员 233 人，占总人数的 8.6%（336 人，12.5%）；学生 955 人，占总人数的 35.3%（897 人，33.4%）；商业服务业人员 287 人，占总人数的 10.6%（221 人，8.2%）；工人 158 人，占总人数的 5.8%（268 人，10.0%）；农民 14 人，占总人数的 0.5%（15 人，0.6%）；军人 68 人，占总人数的 2.5%（40 人，1.5%）；离退休人员 76 人，占总人数的 2.8%（57 人，2.1%）；其他 159 人，占总人数的 5.9%（218 人，8.1%）。另有 95 人未填写个人资料当中的职业一项，占总人数的 3.5%（41 人，1.5%）。具体情况详见表 1-4。

表 1-4 "中国民众的国际观"接受调查者的职业分布状况

职业	人数	百分比
公务员	154	5.7
教科文卫体工作人员	223	8.2
企业经营管理者	175	6.5
个体工商户	110	4.1
专业技术人员	233	8.6
学生	955	35.3
商业服务业人员	287	10.6
工人	158	5.8
农民	14	0.5
军人	68	2.5
离退休人员	76	2.8

续表

职业		人数	百分比
其他		159	5.9
	小　计	2612	96.5
不知道/不清楚		16	0.6
不回答		79	2.9
	小　计	95	3.5
	总　计	2707	100.0

此外，接受调查者的收入情况作为参考值也大体上具有一定的代表性，见表 1 - 5。

表 1 - 5　"中国民众的国际观"接受调查者月收入分布状况

月收入		人数	百分比
1000 元及以下		509	18.8
1001 ~ 3000 元		741	27.4
3001 ~ 5000 元		586	21.6
5001 ~ 10000 元		260	9.6
10001 ~ 50000 元		44	1.6
50001 元及以上		17	0.6
	小　计	2157	79.7
不知道/不清楚		83	3.1
不回答		467	17.3
	小　计	550	20.3
	总　计	2707	100.0

三　中国民众对俄罗斯、美国、日本和欧盟的了解程度

与 2007 年、2008 年两次国情调查相比，本次国情调查有一些新的变化，其基本方面是尽可能保持与 2010 年的国情调查的一致性。

与 2010 年的国情调查相比，我国民众对俄罗斯、美国、日本、欧盟的了解程度，在排序上没有变化，选项人数和比例方面的变化也不大。选择"非常了解""比较了解"和"一般了解"的人数相加仍然是选择美国的最多（2102 人，77.7%），其次是日本（2025 人，74.8%），俄罗斯居第三位（1626 人，60.1%，与 2010 年的 1713 人，63.8% 相差不多），而对欧盟的了解程度最低，但也超过了 50%（1441 人，53.2%），详见表 1-6。

表 1-6　对俄、美、日和欧盟的了解程度

	你是否了解俄罗斯		你是否了解美国		你是否了解欧盟		你是否了解日本	
	人数	百分比	人数	百分比	人数	百分比	人数	百分比
非常了解	85	3.1	129	4.8	86	3.2	141	5.2
比较了解	356	13.2	746	27.6	332	12.3	663	24.5
一般了解	1185	43.8	1227	45.3	1023	37.8	1221	45.1
不太了解	713	26.3	385	14.2	837	30.9	421	15.6
不了解	271	10.0	144	5.3	316	11.7	173	6.4
小　计	2610	96.4	2631	97.2	2594	95.8	2619	96.7
不清楚/不知道	69	2.5	54	2.0	73	2.7	54	2.0
不回答	28	1.0	22	0.8	40	1.5	34	1.3
小　计	97	3.6	76	2.8	113	4.2	88	3.3
总　计	2707	100.0	2707	100.0	2707	100.0	2707	100.0

四　中国民众对俄罗斯、美国、日本和欧盟的国际影响力的判断

与 2010 年国情调查一样，本次国情调查有关俄、美、日和欧盟对国际事务的影响程度的选项在排序上仍然是：美国、欧盟、俄罗斯、日本。数据显示，认为"影响很大"和"影响较大"的，美国为 55.8%、28.0%，合计高达 83.8%；欧盟为 24.9%、44.8%，合计 69.7%；俄罗斯为 10.6%、42.1%，合计 52.7%；日本则为 6.5%、31.1%，合计仅为 37.6%。同时，认为日本"影响不大"和"没影响"的比例也是最高的，分别为 11.7% 和 2.0%，显然这与日本在国际舞台上处处逢迎西方、事事追随美国，缺乏独立性不无关系。具体数据详见表 1-7。

表1-7　俄、美、日和欧盟对国际事务的影响程度

	俄罗斯		美国		欧盟		日本	
	人数	百分比	人数	百分比	人数	百分比	人数	百分比
影响很大	288	10.6	1510	55.8	675	24.9	177	6.5
影响较大	1141	42.1	757	28.0	1214	44.8	842	31.1
影响一般	882	32.6	213	7.9	494	18.2	1115	41.2
影响不大	162	6.0	46	1.7	88	3.3	316	11.7
没影响	23	0.8	17	0.6	19	0.7	53	2.0
小　计	2496	92.2	2543	93.9	2490	92.0	2503	92.5
不清楚/不知道	170	6.3	139	5.1	176	6.5	154	5.7
不回答	41	1.5	25	0.9	41	1.5	50	1.8
小　计	211	7.8	164	6.1	217	8.0	204	7.5
总　计	2707	100.0	2707	100.0	2707	100.0	2707	100.0

五　中国民众对中俄、中美、中日和中欧关系重要程度的判断

在选择中国与哪个国家或地区的双边关系最重要时，我国民众自然将中美关系放在了首位，其后依次是中俄关系、中欧关系、中日关系。其中认为"很重要"和"比较重要"的人数百分比两者相加，中美关系高达84.4%；中俄关系与中欧关系相差不多，分别为75.8%和75.1%；只有中日关系仅为59.6%，具体数据详见表1-8。

表1-8　下列双边关系对中国的重要程度

	中俄关系		中美关系		中欧关系		中日关系	
	人数	百分比	人数	百分比	人数	百分比	人数	百分比
很重要	1041	38.5	1446	53.4	880	32.5	714	26.4
比较重要	1010	37.3	838	31.0	1154	42.6	899	33.2
一般重要	470	17.4	258	9.5	448	16.5	681	25.2
不太重要	48	1.8	41	1.5	70	2.6	178	6.6
不重要	17	0.6	21	0.8	18	0.7	107	4.0
小　计	2586	95.5	2604	96.2	2570	94.9	2579	95.3

	中俄关系		中美关系		中欧关系		中日关系	
	人数	百分比	人数	百分比	人数	百分比	人数	百分比
不清楚/不知道	85	3.1	81	3.0	102	3.8	86	3.2
不回答	36	1.3	22	0.8	35	1.3	42	1.6
小　计	121	4.5	103	3.8	137	5.1	128	4.7
总　计	2707	100.0	2707	100.0	2707	100.0	2707	100.0

六　中国民众对俄罗斯、美国、日本和欧盟的总体印象

与 2010 年国情调查时的数据相比，2011 年的社会调查中关于对俄、美、日和欧盟的总体印象一项在国家和地区排序方面没有发生变化。相比其他国家和地区，中国人对俄罗斯的总体印象仍然是最好的，只是发生了细微的积极变化，回答"很好"和"比较好"的被调查者人数（1314，48.6%）明显多于对欧盟（1167，43.1%）[①]、对美国（886，32.8%）、对日本（400，14.7%）的人数，而选择"比较差"和"很差"的人数也明显减少了（表 1-9），这无疑与近年来国际形势的变化密切相关。

表 1-9　对俄、美、日和欧盟的总体印象

	俄罗斯		美国		欧盟		日本	
	人数	百分比	人数	百分比	人数	百分比	人数	百分比
很好	292	10.8	191	7.1	278	10.3	93	3.4
比较好	1022	37.8	695	25.7	889	32.8	307	11.3
一般	1180	43.6	1213	44.8	1214	44.8	990	36.6
比较差	77	2.8	357	13.2	133	4.9	640	23.6
很差	18	0.7	137	5.1	26	1.0	553	20.4
小　计	2589	95.6	2593	95.8	2540	93.8	2583	95.4
不清楚/不知道	91	3.4	89	3.3	133	4.9	85	3.1
不回答	27	1.0	25	0.9	34	1.3	39	1.4
小　计	118	4.4	114	4.2	167	6.2	124	4.6
总　计	2707	100.0	2707	100.0	2707	100.0	2707	100.0

[①] 2010 年回答对俄罗斯总体印象"很好"和"比较好"的被调查者人数（1255，46.7%）略少于对欧盟的人数（1285，47.8%），回答对俄罗斯印象"比较差"和"很差"的人数（110，4.1%）也少于对欧盟的人数（121，4.5%），同时明显好于对美国和日本的总体印象。

七　中国民众最关注的国际事件

在 2011 年开始进行"中国民众的国际观"国情调查时，国际舞台风云变幻、突发事件层出不穷，先是发端于 2010 年底突尼斯随后席卷阿拉伯世界并且至今仍未停息的"阿拉伯之春"运动，之后又是 2011 年 3 月 11 日日本大地震，以及随后引起的海啸和造成的核泄漏严重灾难，接着是被美国、西方通缉的头号国际恐怖主义分子本·拉登在巴基斯坦被美军特种部队击毙，等等。根据当时发生的国际重大事件，"中国民众的国际观"课题组经过认真讨论，最终选择了"日本大地震引起海啸与核泄漏""中东与北非动荡和利比亚危机""美国特种部队击毙本·拉登""梅德韦杰夫视察国后岛（日本称'北方四岛'之一）""上海世博会圆满闭幕"等九个具有重要国际影响或地区影响的事件作为选项，供中国民众选择，以求准确反映我国民众对国际事件的关注程度。

调查结果显示，中国民众最关注的国际事件依次为："日本大地震引起海啸与核泄漏""日本抓扣中国渔民渔船之'钓鱼岛事件'""美国特种部队击毙本·拉登""中东与北非动荡和利比亚危机""上海世博会圆满闭幕""朝韩延坪岛互相炮击事件""梅德韦杰夫视察国后岛（日本称'北方四岛'）之一""'维基解密'网事件""欧洲对外行动局成立"。另外，还有 0.7% 的接受调查者选择"其他事件"这一选项。具体数据详见表 1 - 10。

表 1 - 10　中国民众最关注的国际事件

	是		否		不清楚/不回答		总数	
	人数	百分比	人数	百分比	人数	百分比	人数	百分比
日本大地震引起海啸与核泄漏	2020	74.6	634	23.4	53	2.0	2707	100.0
中东与北非动荡和利比亚危机	866	32.0	1788	66.0	53	2.0	2707	100.0
美国特种部队击毙本·拉登	1054	38.9	1600	59.1	53	2.0	2707	100.0
梅德韦杰夫视察国后岛（日本称"北方四岛"之一）	317	11.7	2337	86.3	53	2.0	2707	100.0
朝韩延坪岛互相炮击事件	465	17.2	2189	80.9	53	2.0	2707	100.0
日本抓扣中国渔民渔船之"钓鱼岛事件"	1534	56.7	1120	41.4	53	2.0	2707	100.0

续表

	是		否		不清楚/不回答		总数	
	人数	百分比	人数	百分比	人数	百分比	人数	百分比
欧洲对外行动局成立	120	4.4	2534	93.6	53	2.0	2707	100.0
"维基解密"网事件	294	10.9	2360	87.2	53	2.0	2707	100.0
上海世博会圆满闭幕	554	20.5	2100	77.6	53	2.0	2707	100.0
其他事件	19	0.7	2635	97.3	53	2.0	2707	100.0

从以上国情调查数据可以发现，中国民众对当今世界上发生的重大事件是十分关注的，在观察、判断各种重大国际事件的孰轻孰重方面是清楚、有明确的判断力的。从中可以发现，中国民众更关注的是与自己、与我国有关的国际事务。本次国情调查有关国际事件关注程度的选项中，有关我国民众最为不亲近的近邻日本的选项占据了前两位，自然灾害以及由此引发的生态灾难引起人们密切关注自然在情理之中，而"日本抓扣中国渔民渔船之'钓鱼岛事件'"位居中国民众关注的国际事件的第二位，确实反映了中国民众对日本的基本态度，这与历次及本次国情调查中有关中国民众对日本基本看法的调查数据是完全一致的。

与历次国情调查一样，本次国情调查也受到了我国接受调查者的积极回应，许多接受调查者留言，绝大多数留言者表示了对我们国情调研的积极态度，对我们的国情调查给予了充分的肯定，并提出了一些积极建议。在此仅摘录部分留言如下：

"这次调查很好，可以促进大家对国际大事的关注，也促使我们更明白自己肩上的责任并为之奋斗！为中国的和平崛起而奋斗！"（第 101 号问卷）

"此次调查对于民众的国际观、世界观有很大帮助。"（第 326 号问卷）

"问题设置有条理，逻辑内容有意思。"（第 1157 号问卷）

"调查内容很合理。"（第 1161 号问卷）

"我觉得总体而言问卷设置内容及范围较全面，不过不同国别之间存在差异性，如问题（中有关）中美与中俄关注点选项，另外，个别选项不够严谨，如中立也可以作为一种态度，谢谢！"（第 1162 号问卷）

"问卷选题新颖，可以再有针对性一些。"（第 1163 号问卷）

"调查表设计比较好。"（第 1168 号问卷）

"可采用网络问卷的形式，更广泛地征求不同地区（接受）访问者意见，推

荐问卷采用问卷星等网络调查系统，低碳，环保，而且节约人力。"（第 1226 号问卷）

"本次调查很好，调查目标受众应该谨慎选择。"（第 1228 号问卷）

"还算比较全面客观地反映被调查者意向。"（第 1229 号问卷）

"比较有意义，视野比较开阔。"（第 1358 号问卷）

"欧盟成员国众多，人们对各国的了解程度不同，全部一起提问太笼统。"（第 1423 号问卷）

"希望能对国际问题的处理有些许帮助。"（第 1446 号问卷）

"应该多做些这样的调查，有利于增进知识。"（第 1459 号问卷）

接受调查者积极的回应、中肯的建议是激励我们不断改进国情调查工作的力量源泉，我们相信有我国民众的积极响应和大力支持、配合，我们一定能够把"中国民众的国际观"国情调查进行下去，并且日益改进，使之更加符合实际情况，更加符合时代的要求，为我国的外交决策提供有益的参考。

第二部分　国情调查：俄罗斯问题[*]

2011 年 8～10 月间，作为中国社会科学院"中国民众的国际观"国情调查总课题组成部分之一，中国社会科学院俄罗斯东欧中亚研究所国情调查分课题组在我国部分地区就当前重要的国际问题和俄罗斯问题进行了社会舆论调查。这是此项国情调查项目立项以来的第四次，前三次分别于 2007 年 8～10 月、2008 年 10～11 月和 2010 年 8～10 月进行。与前三次国情调查一样，本次社会调查得到了接受调查者的积极回应。社会调查结果再一次表明，与同时调查的其他对象国和地区相比，中国民众对俄罗斯具有较为清晰的了解；与美国、欧盟，以及日本相比，我国民众对俄罗斯、俄罗斯人民更为亲近、友好；多数接受调查者积极乐观评价中俄关系状况、对两国关系的发展前景充满期待。

一　国情调查的背景和目的

继上几次社会舆论调查之后，国际形势仍然呈现出复杂多变的特征，世界经济不景气态势近期难以扭转，全球性金融危机仍在继续，欧美国家，特别是一些南欧国家——希腊、西班牙——面临着严峻的经济形势。尽管如此，美国及其西方盟国仍然频频出击，虽然身陷阿富汗、伊拉克泥潭，以美国为首的西方国家联军仍于 2011 年 3 月 19 日发动"奥德赛黎明"行动。一场原本由利比亚本国人引发的骚乱，经过西方军事力量的介入，演变成美英法主导的多国部队与利比亚政

---

[*] 潘德礼、吴伟执笔。课题组成员：吴建军、姜毅、李雅君。

府军的利比亚战争。在西方强大军事力量的参与下，利比亚政府军迅速溃败，最终于 2011 年 10 月以利比亚领导人卡扎菲的被俘身亡、利比亚"全国过渡委员会"执掌利比亚政权而宣告结束。然而，利比亚仍然矛盾重重，民族和解尚需时日，恐怖活动难以消除，重蹈阿富汗、伊拉克覆辙的前景显然已经很难避免。

2010～2011 年对于俄罗斯国内政治来说是到了一个十分关键的时间点，"梅普组合"即将到期，俄罗斯国家最高权力面临着是否能够顺利交接的关口。2011 年 12 月，俄罗斯举行新一届国家杜马选举，2012 年 3 月，将举行总统选举。在两个重要的选举即将来临之际，俄罗斯各路反对派再次活跃起来。尽管如此，当今俄罗斯社会无疑已经进入较为成熟的发展阶段，尽管有种种问题、不满、矛盾，然而就整个俄罗斯社会来说，民心思定似乎已经成为定局，随着执政当局操控能力的不断增强，俄罗斯终究会找出最佳的解决方案。2011 年 9 月 24 日，在"统一俄罗斯"党代表大会上，梅德韦杰夫总统正式推举普京总理竞选下一任俄罗斯总统。普京当即表示，他与梅德韦杰夫早在四年前就已商定了根据二人的支持率决定由谁来竞选下一任总统职务，同时提出如果他赢得总统大选将推荐梅德韦杰夫出任政府总理。此后，普京多次明确表示，如果他当选俄罗斯总统，打算推荐梅德韦杰夫出任政府总理，使之可以继续推行担任总统期间已启动的各项改革。梅德韦杰夫和普京在俄罗斯政治舞台上的"王车易位"，尽管有个人因素包含其中，但无疑起决定性作用的还是俄罗斯执政上层从维持国家中长期政治稳定的全局出发做出的慎重选择。这符合俄罗斯政治发展的实际状况，同时也基本反映了当今俄罗斯社会政治民主的发展程度，其中的确也带有一些忽视普通选民、执政上层"私相授受"的味道。此后，梅德韦杰夫和普京的社会支持率均有所下降，反对派借机加强了对政府特别是对普京的批评，并连续发动反对执政当局尤其是反对普京的示威抗议活动。人们隐约在这种针对俄罗斯政府特别是针对普京的抗议活动背后发现了以美国为首的西方"支持民主运动"的身影。然而，今非昔比，当今的俄罗斯及其执政集团绝非软弱可欺，特别是当今俄罗斯社会政治情绪已经发生变化：希望社会稳定，不愿再看到社会动荡、发生"革命"，这无疑已成为社会的共识。在此社会背景下，西方的努力不说是徒劳的，起码也是难见成效的，尽管它们也绝不会放弃各种努力。

与中俄两国同处于以美国为首的西方的不断设置障碍、甚至刁难，造成双边关系发展艰难受阻的环境相反，在中俄关系方面，两国关系尽管也有些许不愉快的事件发生，但这丝毫无碍于中俄关系继续顺利发展。2011 年 7 月 16 日是中俄《中华人民共和国和俄罗斯联邦睦邻友好合作条约》签署十周年纪念日。2001 年 7 月 16 日，中华人民共和国和俄罗斯联邦，基于中俄两国人民睦邻友好的历史传统，认为 1992~2000 年期间两国元首签署和通过的中俄联合宣言和声明对发展双边关系具有重要意义，坚信巩固两国间各个领域的友好、睦邻与互利合作符合两国人民的根本利益，有利于维护亚洲乃至世界的和平、安全与稳定，重申各自根据《联合国宪章》及其参加的其他国际条约所承担的义务，希望促进建立以恪守公认的国际法原则与准则为基础的公正合理的国际新秩序，致力于将两国关系提高到崭新的水平，决心使两国人民间的友谊世代相传。在 2011 年中国第十一届全国人大四次会议举行的记者会上，中国外交部部长杨洁篪在回答记者提问时指出，"今年是《中俄睦邻友好合作条约》签署 10 周年，是中俄战略协作伙伴关系建立 15 周年，我们一定要抓住这个重要机遇，进一步推进两国的战略协作伙伴关系。应梅德韦杰夫总统邀请，胡锦涛主席将对俄罗斯进行国事访问。"杨洁篪还指出，"万事以诚为本，以信为先，这就是中俄关系给我们的深刻启示。"

在这种国际国内背景下，我们再次就当前若干重要的国际问题和俄罗斯问题对我国部分地区民众进行了舆论调查。为加强社会舆论调查的可比性和代表性，进而体现其准确性和科学性，在有关俄罗斯问题的社会调查方面，我们保持了调查问卷的稳定性，本次社会调查延续了 2010 年社会调查问卷的格式，未对问卷进行调整、改动，以求取得更为直接、精准的对比材料。

在所调查城市和接受调查者方面也基本按照 2010 年社会调查的方式，在所调查的城市方面只做了微调：取消了自贡市，替换为同属四川省的成都市，而成都是四川的省会，显然更具代表性。此次在北京、兰州、上海、广州、昆明、长春、成都、长沙等八个城市发放调查问卷，每个城市发放 350 份问卷，其中三分之一在大学生中间发放，三分之一在居民社区发放，另外三分之一在企业从业人员中间发放。同时对大学中本科生、研究生之间的比例，文、理科学生之间的比例，男、女生的比例；对居民社区中社区档次的比例，男、女性别比例；对企业中企业类别（国企、私营企业和外资企业）比例，职工级别及男、女性别比例也做了适当要求，以求使所得调查结果更具有代表性。

本次社会舆论调查总共发放调查问卷 2800 份，收回有效问卷 2707 份，回收率

96.68%。在历次社会调查中，本次的问卷回收率是最高的。这表明我国民众对国际事务是极为关心的，对国际问题有着自己明确的看法。具体情况详见表2-1。

表2-1　"中国民众的国际观"国情调查有效问卷在不同城市的分布状况

城市	有效问卷	百分比
北京	348	12.9
兰州	301	11.1
上海	349	12.9
广州	350	12.9
昆明	329	12.2
长春	346	12.8
成都	337	12.4
长沙	347	12.8
总计	2707	100.0

接受调查者具体情况如下：

在年龄构成方面，25周岁及以下1283人，占总人数47.4%（2010年为1137人，42.3%，下同）；26～35周岁712人，占总人数26.3%（815人，30.3%）；36～45周岁386人，占总人数14.3%（388人，14.4%）；46～60周岁266人，占总人数9.8%（303人，11.3%）；60周岁以上60人，占总人数2.2%（22人，0.8%）。本次调查没有人未填写年龄一项，而2010年有22人未填写此项，占总人数0.8%。在本次社会舆论调查中，接受调查者中年轻人仍然占据了绝大多数，35周岁以下者达到73.7%，而2010年是72.6%。与2010年相比60周岁以上接受调查者增加幅度较大：60人，占总人数2.2%，2010年是22人，占总人数0.8%。具体情况详见表2-2。

表2-2　"中国民众的国际观"接受调查者的年龄分布状况

年龄段	人数	百分比
25周岁及以下	1283	47.4
26～35周岁	712	26.3
36～45周岁	386	14.3
46～60周岁	266	9.8
60周岁以上	60	2.2
总　计	2707	100.0

在接受调查者的性别构成方面，与 2010 年相比，此次男女比例发生了一些细微变化，出现男女比例的变换，女性略微超过男性，但男女比例极为接近，几乎达到一半对一半。而 2010 年男性明显占据多数，为 1488 人，占总人数的 55.4%；女性 1190 人，占总人数的 44.3%（另有 9 人未填写个人资料当中的性别一项，0.3%）。具体情况详见表 2 - 3。

表 2 - 3　"中国民众的国际观"接受调查者的性别分布状况

性　别	人数	百分比
男	1332	49.2
女	1375	50.8
总　计	2707	100.0

就 2707 份有效问卷接受调查者的民族构成情况看，汉族占 91.4%（2475 人），少数民族仅为 8.6%（232 人）。

在受教育程度方面，小学学历 34 人，占 1.3%（2010 年为 23 人，0.9%，下同）；初中学历 109 人，占 4.0%（103 人，3.8%）；高中学历（含中技中专职高）394 人，占 14.6%（386 人，14.4%）；大学学历（本科或大专）1487 人，占 54.9%（1727 人，64.3%）；研究生学历（硕士或博士）662 人，占 24.5%（438 人，占 16.3%）；其他 20 人，占 0.7%（7 人，0.3%）。另有 1 人未填写个人资料当中的受教育程度一项，可以忽略不计，而 2010 年是 3 人，占总人数 0.1%。可见在受教育程度方面变化不大，高学历的人数仍然是绝对多数，占 79.4%，只是大学学历（本科或大专）比 2010 年有所减少，而研究生学历（硕士或博士）则大大增加。

在职业构成方面，基本涵盖了各行各业，并且与 2010 年国情调研时的状况大体相当，此消彼长，变化幅度不算大。其中公务员 154 人，占总人数的 5.7%（2010 年为 149 人，5.5%，下同）；教科文卫体工作人员 223 人，占总人数的 8.2%（172 人，6.4%）；企业经营管理者 175 人，占总人数的 6.5%（172 人，6.4%）；个体工商户 110 人，占总人数的 4.1%（101 人，3.8%）；专业技术人员 233 人，占总人数的 8.6%（336 人，12.5%）；学生 955 人，占总人数的 35.3%（897 人，33.4%）；商业服务业人员 287 人，占总人数的 10.6%（221 人，8.2%）；工人 158 人，占总人数的 5.8%（268 人，10.0%）；农民 14 人，占总人数的 0.5%（15 人，0.6%）；军人 68 人，占总人数的 2.5%（40 人，1.5%）；离退休人员 76 人，占总人数的 2.8%（57 人，2.1%）；其他 159 人，占总人数的 5.9%（218 人，8.1%）。另有 95 人未填写个人资料当中的职业一项，占总人数的 3.5%（41 人，1.5%），具体情况详见表 2-4。

表 2-4　"中国民众的国际观"接受调查者的职业分布状况

职业	人数	百分比
公务员	154	5.7
教科文卫体工作人员	223	8.2
企业经营管理者	175	6.5
个体工商户	110	4.1
专业技术人员	233	8.6
学生	955	35.3
商业服务业人员	287	10.6
工人	158	5.8
农民	14	0.5
军人	68	2.5
离退休人员	76	2.8
其他	159	5.9
小　计	2612	96.5
不知道/不清楚	16	0.6
不回答	79	2.9
小　计	95	3.5
总　计	2707	100.0

此外，作为参考，接受调查者月收入情况见表 2-5。

表 2-5　"中国民众的国际观"接受调查者月收入分布状况

月收入	人数	百分比
1000 元及以下	509	18.8
1001~3000 元	741	27.4
3001~5000 元	586	21.6
5001~10000 元	260	9.6
10001~50000 元	44	1.6
50001 元及以上	17	0.6
小　计	2157	79.7

续表

月收入	人数	百分比
不知道/不清楚	83	3.1
不回答	467	17.3
小　计	550	20.3
总　计	2707	100.0

二　中国民众对俄罗斯的了解程度

与 2007 年、2008 年两次国情调查相比，本次国情调查有一些新的变化，其基本方面是尽可能保持了与上一次——2010 年的国情调查的一致性。在俄罗斯问题方面，保持了 2010 年度问卷的 9 个问题，我们的考虑是在俄罗斯、中俄关系及国际关系未发生根本性变化的情况下，增强两次甚至多次社会调查的可比性。与 2010 年社会调查一样，由于增加了国际方面的综合性问题的数量，实际上有关俄罗斯问题的信息量并未受到影响。我们认为，与其他一些国家和地区进行横向比较，可以更清晰地反映我国民众对作为我国近邻的俄罗斯的了解程度，以及对俄罗斯人民的真挚、友好的感情。

与 2010 年的国情调查相比，我国民众对俄罗斯、美国、日本、欧盟的了解程度，在排序上没有变化，选项人数和比例方面的变化也不大。选择"非常了解""比较了解"和"一般了解"的人数相加仍然是选择美国的最多（2102 人，77.7%），其次是日本（2025 人，74.8%），俄罗斯居第三位（1626 人，60.1%，与 2010 年的 1713 人，63.8% 相差不多），而对欧盟的了解程度最低，但也超过了 50%（1441 人，53.2%），详见表 2-6。

表 2-6　对俄、美、日和欧盟的了解程度

	你是否了解俄罗斯		你是否了解美国		你是否了解欧盟		你是否了解日本	
	人数	百分比	人数	百分比	人数	百分比	人数	百分比
非常了解	85	3.1	129	4.8	86	3.2	141	5.2
比较了解	356	13.2	746	27.6	332	12.3	663	24.5
一般了解	1185	43.8	1227	45.3	1023	37.8	1221	45.1
不太了解	713	26.3	385	14.2	837	30.9	421	15.6

续表

	你是否了解俄罗斯		你是否了解美国		你是否了解欧盟		你是否了解日本	
	人数	百分比	人数	百分比	人数	百分比	人数	百分比
不了解	271	10.0	144	5.3	316	11.7	173	6.4
小　计	2610	96.4	2631	97.2	2594	95.8	2619	96.7
不清楚/不知道	69	2.5	54	2.0	73	2.7	54	2.0
不回答	28	1.0	22	0.8	40	1.5	34	1.3
小　计	97	3.6	76	2.8	113	4.2	88	3.3
总　计	2707	100.0	2707	100.0	2707	100.0	2707	100.0

与2010年国情调查一样，本次国情调查有关俄、美、日和欧盟对国际事务的影响程度的选项在排序上仍然是：美国、欧盟、俄罗斯、日本。数据显示，认为"影响很大"和"影响较大"的，美国为55.8%、28.0%，合计高达83.8%；欧盟相应的为24.9%、44.8%，合计69.7%；俄罗斯为10.6%、42.1%，合计52.7%；日本则为6.5%、31.1%，合计仅为37.6%。同时，认为日本"影响不大"和"没影响"的比例也是最高的，分别为11.7%和2.0%，显然这与日本在国际舞台上处处逢迎西方、事事追随美国，缺乏独立性不无关系。具体数据详见表2-7。

表2-7　俄、美、日和欧盟对国际事务的影响程度

	俄罗斯		美国		欧盟		日本	
	人数	百分比	人数	百分比	人数	百分比	人数	百分比
影响很大	288	10.6	1510	55.8	675	24.9	177	6.5
影响较大	1141	42.1	757	28.0	1214	44.8	842	31.1
影响一般	882	32.6	213	7.9	494	18.2	1115	41.2
影响不大	162	6.0	46	1.7	88	3.3	316	11.7
没影响	23	0.8	17	0.6	19	0.7	53	2.0
小　计	2496	92.2	2543	93.9	2490	92.0	2503	92.5
不清楚/不知道	170	6.3	139	5.1	176	6.5	154	5.7
不回答	41	1.5	25	0.9	41	1.5	50	1.8
小　计	211	7.8	164	6.1	217	8.0	204	7.5
总　计	2707	100.0	2707	100.0	2707	100.0	2707	100.0

而在选择中国与哪个国家或地区的双边关系最重要时，我国民众自然将中美关系放在了首位，其后依次是中俄关系、中欧关系、中日关系。其中认为"很重要"和"比较重要"的人数百分比两者相加，中美关系高达84.4%；中俄关

系与中欧关系相差不多，分别为 75.8% 和 75.1%；只有中日关系仅为 59.6%。具体数据详见表 2 – 8。

表 2 – 8　下列双边关系对中国的重要程度

	中俄关系		中美关系		中欧关系		中日关系	
	人数	百分比	人数	百分比	人数	百分比	人数	百分比
很重要	1041	38.5	1446	53.4	880	32.5	714	26.4
比较重要	1010	37.3	838	31.0	1154	42.6	899	33.2
一般重要	470	17.4	258	9.5	448	16.5	681	25.2
不太重要	48	1.8	41	1.5	70	2.6	178	6.6
不重要	17	0.6	21	0.8	18	0.7	107	4.0
小　计	2586	95.5	2604	96.2	2570	94.9	2579	95.3
不清楚/不知道	85	3.1	81	3.0	102	3.8	86	3.2
不回答	36	1.3	22	0.8	35	1.3	42	1.6
小　计	121	4.5	103	3.8	137	5.1	128	4.7
总　计	2707	100.0	2707	100.0	2707	100.0	2707	100.0

　　与 2010 年国情调查时的数据相比，2011 年的社会调查中关于对俄、美、日和欧盟的总体印象一项在国家和地区排序方面没有发生变化。相比其他国家和地区，中国人对俄罗斯的总体印象仍然是最好的，只是发生了细微的积极变化，回答"很好"和"比较好"的被调查者人数（1314，48.6%）明显多于对欧盟（1167，43.1%）①、对美国（886，32.8%）、对日本（400，14.7%）的人数，而选择"比较差"和"很差"的人数也明显减少了（表 2 – 9），这无疑与近年来国际形势的变化密切相关。

表 2 – 9　对俄、美、日和欧盟的总体印象

	俄罗斯		美国		欧盟		日本	
	人数	百分比	人数	百分比	人数	百分比	人数	百分比
很好	292	10.8	191	7.1	278	10.3	93	3.4
比较好	1022	37.8	695	25.7	889	32.8	307	11.3
一般	1180	43.6	1213	44.8	1214	44.8	990	36.6

① 2010 年回答对俄罗斯总体印象"很好"和"比较好"的被调查者人数（1255，46.7%）略少于对欧盟的人数（1285，47.8%），回答对俄罗斯印象"比较差"和"很差"的人数（110，4.1%）也少于对欧盟的人数（121，4.5%），同时明显好于对美国和日本的总体印象。

续表

	俄罗斯		美国		欧盟		日本	
	人数	百分比	人数	百分比	人数	百分比	人数	百分比
比较差	77	2.8	357	13.2	133	4.9	640	23.6
很差	18	0.7	137	5.1	26	1.0	553	20.4
小 计	2589	95.6	2593	95.8	2540	93.8	2583	95.4
不清楚/不知道	91	3.4	89	3.3	133	4.9	85	3.1
不回答	27	1.0	25	0.9	34	1.3	39	1.4
小 计	118	4.4	114	4.2	167	6.2	124	4.6
总 计	2707	100.0	2707	100.0	2707	100.0	2707	100.0

三　中国民众对俄罗斯保持着较高的亲近度

在本次调查中，在有关俄罗斯问题部分我们所设的第一个问题仍然是"您对俄罗斯是否抱有亲近感？"与 2010 年相比，回答对俄罗斯感到"非常亲近"和"亲近"的人数均有所增加：选择"非常亲近"的有 76 人，占接受调查人数的 2.8%，而 2010 年则为 67 人（2.5%）；选择"亲近"的有 773 人，占接受调查人数的 28.6%，而 2010 年则为 675 人（25.1%）；回答"一般"的接受调查者的人数有所减少：1370 人，占接受调查人数的 50.6%，而 2010 年是 1401 人（52.1%）。回答"不亲近"和"很不亲近"的接受调查者的人数也略有减少：390 人，14.4%（2010 年为 393 人，14.6%）和 27 人，1.0%（43 人，1.6%）。具体数据详见表 2 - 10。

表 2 - 10　对俄罗斯是否抱有亲近感

亲近感	人数	百分比
非常亲近	76	2.8
亲近	773	28.6
一般	1370	50.6
不亲近	390	14.4
很不亲近	27	1.0
小 计	2636	97.4
不清楚/不知道	46	1.7
不回答	25	0.9
小 计	71	2.6
总 计	2707	100.0

　　这项调查表明，我国民众对俄罗斯和俄罗斯人民普遍抱有好感。本次社会调查回答对俄罗斯感到"非常亲近"和"亲近"的接受调查者占总人数百分比相加达31.4%，比2010年的27.6%有明显增加，尽管仍然低于最初两次社会调查（2007年、2008年）所提供的数据（42.71%和39.6%），但仍然显现出稳定并且较高的比例，况且回答"不亲近"和"很不亲近"的接受调查者的比例一直相对很少，且呈现下降的趋势：本次为15.4%，2010年为16.2%。由此依然可以认定我国民众对俄罗斯和俄罗斯人民保持着较高的亲近度。

　　与2010年国情调查相比，本次所调查的城市只进行了微调——以成都市取代了自贡市，因此可比性应该不会受太大影响。与2010年调查结果相似，从来自不同城市的接受调查者的回答中可以发现，选择"一般"的接受调查者在除北京（2010年是自贡）之外的七个城市中所占的比例是最大的，也是较为均衡的。而回答"非常亲近"和"亲近"的接受调查者的地域分布情况则显示出一些特点，将回答这两项答案的人数进行排序依次是：

1. 北京（172人），2010年是自贡（181人）；

2. 长沙（129人），2010年是兰州（109人）；

3. 兰州（126人），2010年是长沙（92人）；

4. 长春（122人），2010年也是长春（89人）；

5. 成都（92人），2010年是北京（71人）；

6. 上海（91人），2010年也是上海（75人）；

7. 广州（61人），2010年也是广州（61人）；

8. 昆明（56人），2010年也是昆明（64人）。

再将回答"不亲近"和"很不亲近"的被调查者的地域分布进行排序依次是：

1. 上海（72人），2010年也是上海（80人）；

2. 长沙（70人），2010年是广州（62人）；

3. 成都（59人），2010年是长沙（61人）；

4. 广州（57人），2010年是自贡（56人）；

5. 北京（48人），2010年是昆明（50人）；

6. 长春（44人），2010年是北京（47人）；

7. 昆明（42人），2010年是兰州（42人）；

8. 兰州（25人），2010年是长春（38人）。

综合对照分析这两组数据可以看出，对俄罗斯抱有亲近感的城市大致依次是北京、长沙、兰州、长春、上海、成都、昆明、广州。详见表2-11、图2-1。

表2-11 不同城市对俄罗斯抱有亲近感情况

城市	非常亲近	亲近	一般	不亲近	很不亲近	总数
北京	9	163	119	45	3	339
兰州	13	113	139	24	1	290
上海	5	86	178	69	3	341
广州	4	57	222	48	9	340
昆明	9	47	220	42	0	318
长春	20	102	173	43	1	339
成都	6	86	177	54	5	328
长沙	10	119	142	65	5	341
总数	76	773	1370	390	27	2636

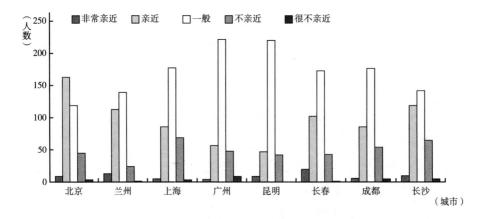

图2-1 不同城市对俄罗斯抱有亲近感情况

与2010年国情调查情况相仿，从不同年龄段对俄罗斯抱有亲近感的角度分析，依旧显示出较为复杂的特点。选择"一般"的在各个年龄段都达到了50%以上，其中在60周岁以上年龄段高达58.18%，在36~45周岁年龄段也达57.07%。[①] 回答对俄罗斯"非常亲近"和"亲近"的比例，按年龄段排列依次是：

1. 46~60周岁38.49%；

----

① 计算时只考虑做出有效回答的人数，选择"不清楚/不知道"和"不回答"的人数不计在内。下同。

2. 60 周岁以上 38.18%；

3. 36~45 周岁 33.87%；

4. 26~35 周岁 33.53%；

5. 25 周岁及以下 29.47%。①

回答对俄罗斯"不亲近"和"很不亲近"的比例，按年龄段排列依次是：

1. 25 周岁及以下 20.17%；

2. 26~35 周岁 14.53%；

3. 46~60 周岁 10.32%；

4. 36~45 周岁 9.07%；

5. 60 周岁以上 3.64%。②

综合比较分析这两组数据，大致可以看出，尽管数据呈现出较为复杂的局面，但在各个年龄段都是"非常亲近"和"亲近"的比例大大高于"不亲近"和"很不亲近"的比例。详见表 2-12、图 2-2。

表 2-12　不同年龄段对俄罗斯抱有亲近感情况

年龄段	非常亲近	亲近	一般	不亲近	很不亲近	总数
25 周岁及以下	29	342	634	238	16	1259
26~35 周岁	23	210	361	93	8	695
36~45 周岁	11	116	214	32	2	375
46~60 周岁	10	87	129	25	1	252
60 周岁以上	3	18	32	2	0	55
总　数	76	773	1370	390	27	2636

————————

① 2010 年国情调查时，回答对俄罗斯"非常亲近"和"亲近"的比例，按年龄段排列依次是：

　　1. 60 周岁以上 33.3%；

　　2. 36~45 周岁 31.68%；

　　3. 25 周岁及以下 30.32%；

　　4. 46~60 周岁 26.07%；

　　5. 26~35 周岁 25.82%。

② 2010 年国情调查时，回答对俄罗斯"不亲近"和"很不亲近"的比例，按年龄段排列依次是：

　　1. 26~35 周岁 18.70%；

　　2. 25 周岁及以下 16.86%；

　　3. 46~60 周岁 16.07%；

　　4. 36~45 周岁 10.74%；

　　5. 60 周岁以上 0%。

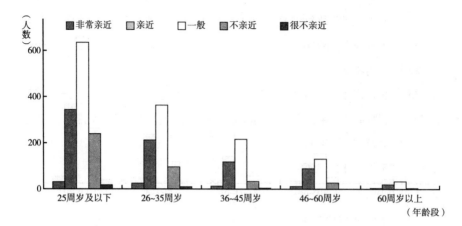

图2-2　不同年龄段对俄罗斯抱有亲近感情况

　　从接受调查者不同受教育程度方面分析，与上面几个分析角度的情况大体相同，在各类受教育程度的人群中，选择"一般"的均为大多数，而选择"非常亲近"和"亲近"的也大大多于选择"不亲近"和"很不亲近"的。简要把接受调查者不同受教育程度分为"大专及以上学历"和"高中及以下学历"进行对比，前者选择对俄罗斯"非常亲近"和"亲近"的约占30.42%，选择对俄罗斯"不亲近"和"很不亲近"的约占17.29%；而后者选择对俄罗斯"非常亲近"和"亲近"的约占39.50%，选择对俄罗斯"不亲近"和"很不亲近"的约占9.83%。综合两组数据很难得出究竟何种受教育程度对俄罗斯更有亲近感的结论，但不管怎么说在各种受教育程度的人群中间对俄罗斯抱有好感的是除感觉"一般"外的大多数，而且大大多于对俄罗斯"不亲近"和"很不亲近"的人数。具体数据详见表2-13、图2-3，表2-14。

表2-13　不同受教育程度对俄罗斯抱有亲近感情况

教育程度	非常亲近	亲近	一般	不亲近	很不亲近	总数
大专及以上学历	55	589	1107	339	27	2117
高中及以下学历	21	184	263	51	0	519
总　数	76	773	1370	390	27	2636

　　从不同职业人群角度考察我国民众对俄罗斯的亲近度，可以看出与以上几个角度相同的特点，除填写"其他"的人群中回答对俄罗斯"非常亲近"和"亲近"的人数超过选择"一般"的人数，军人回答对俄罗斯"非常亲近"和

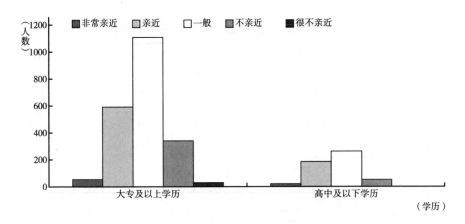

图 2 - 3　不同受教育程度对俄罗斯抱有亲近感情况

表 2 - 14　不同受教育程度对俄罗斯抱有亲近感情况

教育程度	非常亲近	亲近	一般	不亲近	很不亲近	总数
研究生（硕士或博士）	15	172	344	113	12	656
大学（本科或大专）	40	417	763	226	15	1461
高中（含中技中专职高）	12	140	190	36	0	378
初中	8	30	48	11	0	97
小学	1	9	16	2	0	28
其他	0	5	9	2	0	16
总　　数	76	773	1370	390	27	2636

"亲近"的人数与选择"一般"的人数持平以外，选择"一般"的接受调查者在其他各个职业群体中均占据了大多数。与 2010 年国情调查的数据略有不同的是，本次调查中任何职业的人群中选择"非常亲近"和"亲近"的人数均多于选择"不亲近"和"很不亲近"的人数。具体数据见表 2 - 15。①

根据回答"非常亲近"和"亲近"的被调查者在不同职业人群中比例的高低排序，依次为：

1. 其他 68 人，43. 59%；

2. 工人 63 人，43. 45%；

---

① 2010 年国情调查中，教科文卫体工作人员中回答对俄罗斯"不亲近"和"很不亲近"的人数略多于回答"非常亲近"和"亲近"的人数——34 人，20. 73%：33 人，20. 12%。

表2-15 不同职业对俄罗斯抱有亲近感情况

职业	非常亲近	亲近	一般	不亲近	很不亲近	总数
公务员	4	35	102	10	0	151
教科文卫体工作人员	5	75	108	30	1	219
企业经营管理者	6	62	88	15	1	172
个体工商户	4	35	60	7	0	106
专业技术人员	10	63	110	42	3	228
学生	19	230	497	183	14	943
商业服务业人员	1	86	147	40	2	276
工人	6	57	67	15	0	145
农民	1	2	8	1	0	12
军人	1	26	27	12	2	68
离退休人员	3	20	39	7	0	69
其他	11	57	64	20	4	156
总　数	71	748	1317	382	27	2545

3. 军人27人，39.71%；

4. 企业经营管理者68人，39.53%；

5. 个体工商户39人，36.79%；

6. 教科文卫体工作人员80人，36.53%；

7. 离退休人员23人，33.33%；

8. 专业技术人员73人，32.02%；

9. 商业服务业人员87人，31.52%；

10. 学生249人，26.41%；

11. 公务员39人，25.83%；

12. 农民3人，25.00%。

与2010年国情调查对比，职业分布的排序发生了一些变化。[①]

---

① 2010年国情调查选择对俄罗斯"非常亲近"和"亲近"者的职业分布情况：

　　1. 不回答11人，40.74%；

　　2. 离退休人员18人，36.00%；

　　3. 军人13人，33.33%；

　　4. 工人80人，32.65%；

　　5. 专业技术人员105人，32.20%；

　　6. 个体工商户28人，30.76%；

（转下页注）

根据回答"不亲近"和"很不亲近"的被调查者在不同职业人群中比例的高低排序，依次为：①

1. 学生 197 人，20.89%；

2. 军人 14 人，20.59%；

3. 专业技术人员 45 人，19.74%；

4. 其他 24 人，15.38%；

5. 商业服务业人员 42 人，15.22%；

6. 教科文卫体工作人员 31 人，14.16%；

7. 工人 15 人，10.34%；

8. 离退休人员 7 人，10.14%；

9. 企业经营管理者 16 人，9.30%；

10. 农民 1 人，8.33%；

11. 公务员 10 人，6.62%；

（接上页注①）7. 学生 263 人，30.02%；

    8. 农民 4 人，28.57%；

    9. 商业服务业人员 57 人，27.01%；

    10. 企业经营管理者 45 人，26.62%；

    11. 其他 54 人，25.47%；

    12. 公务员 29 人，20.27%；

    13. 教科文卫体工作人员 33 人，20.12%；

    14. 不知道、不清楚 1 人，20.00%。

① 2010 年国情调查中选择对俄罗斯"不亲近"和"很不亲近"者的职业分布情况：

    1. 教科文卫体工作人员 34 人，20.73%；

    2. 专业技术人员 67 人，20.55%；

    3. 不知道、不清楚 1 人，20.00%；

    4. 学生 161 人，18.37%；

    5. 工人 42 人，17.14%；

    6. 公务员 23 人，16.08%；

    7. 其他 33 人，15.56%；

    8. 商业服务业人员 32 人，15.16%；

    9. 农民 2 人，14.28%；

    10. 个体工商户 11 人，12.08%；

    11. 企业经营管理者 18 人，10.65%；

    12. 军人 4 人，10.25%；

    13. 离退休人员 5 人，10.00%；

    14. 不回答 2 人，7.40%。

12. 个体工商户 7 人，6.60%。

从不同收入人群角度考察我国民众对俄罗斯的亲近度，同样是选择"一般"的接受调查者仍然占据了绝大多数，在各个不同收入的人群中回答"非常亲近"和"亲近"的接受调查者均大大多于回答"不亲近"和"很不亲近"的接受调查者，详见表 2 - 16、图 2 - 4。

表 2 - 16　不同收入人群对俄罗斯抱有亲近感情况

月收入	非常亲近	亲近	一般	不亲近	很不亲近	总数
1000 元及以下	12	115	274	93	6	500
1001 ~ 3000 元	19	218	380	92	5	714
3001 ~ 5000 元	20	180	291	74	6	571
5001 ~ 10000 元	10	94	109	34	4	251
10001 ~ 50000 元	2	9	30	2	0	43
50001 元及以上	1	6	8	1	0	16
总　　数	64	622	1092	296	21	2095

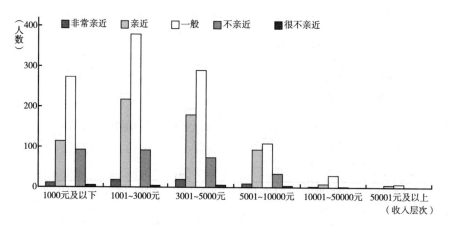

图 2 - 4　不同收入人群对俄罗斯抱有亲近感情况

关于对俄罗斯抱有亲近感的理由，与 2010 年社会调查结果十分相近，选择最多的前四项与 2010 年社会调查结果相同，只是次序略有变化，选择最多的仍然是"中俄友好交流的历史悠久"533 人，占接受调查者总人数的 19.7%（2010 年为 469 人，17.5%）；位列第二的是"俄罗斯是中国的战略伙伴"461

人，占接受调查者总人数的 17.0%（2010 年为 50 人，1.9%，居第四位）；位列第三的是"俄罗斯（苏联）曾经支持和援助中国革命和建设"443 人，占被调查者总人数的 16.4%（2010 年为 385 人，14.3%，居第二位）；处于第四位的是"俄罗斯（苏联）是最早的社会主义国家"400 人，占被调查者总人数的 14.8%（2010 年为 301 人，11.2%，居第三位）。值得注意的是选择"俄罗斯是中国的战略伙伴"的人数大幅增加，并从 2010 年的第四位一跃上升到第二位，这显然与当前国际形势的变化有关。选择其他几项理由的人数相对较少，并且与 2010 年相比变化不大。具体数据详见表 2 - 17。

表 2 - 17　对俄罗斯抱有亲近感的主要理由

主要理由	人数	百分比
中俄友好交流的历史悠久	533	19.7
俄罗斯(苏联)是最早的社会主义国家	400	14.8
俄罗斯(苏联)曾经支持和援助中国革命和建设	443	16.4
俄罗斯经济技术发达	66	2.4
俄罗斯是中国的战略伙伴	461	17.0
曾留学或访问过俄罗斯	31	1.1
有家人或亲友在俄罗斯	22	0.8
有俄罗斯朋友	35	1.3
其他理由	21	0.8

关于对俄罗斯没有亲近感的主要理由，选择对俄罗斯不亲近理由各选项的比例相加为 21.3%，低于 2010 年的 25.1%。与 2010 年国情调查数据相比较，选择对俄罗斯不亲近理由的次序没有变化，依旧为：

第一位："俄罗斯是我国潜在的威胁"201 人，占接受调查者总数的 7.4%（2010 年为 9.2%）；第二位："中苏之间发生过冲突"185 人，占接受调查者总数的 6.8%（2010 年为 7.8%）；第三位："沙皇俄国曾侵略中国"143 人，5.3%（2010 年为 6.3%）。其余理由依次是："其他原因"30 人，占接受调查者总数的 1.1%（2010 年为 1.1%）、"本人或亲友与俄罗斯人有过不愉快"17 人，占接受调查者总数的 0.6（2010 年为 0.4%）、"曾留学或访问俄罗斯"4 人，占接受调查者总数的 0.1%（2010 年为 0.3%），详见表 2 - 18。

表 2 - 18　对俄罗斯没有亲近感的主要理由

主要理由	人数	百分比
沙皇俄国曾侵略中国	143	5.3
中苏之间发生过冲突	185	6.8
俄罗斯是我国潜在的威胁	201	7.4
曾留学或访问俄罗斯	4	0.1
本人或亲友与俄罗斯人有过不愉快	17	0.6
其他原因	30	1.1

四　中国民众心目中的俄罗斯形象

在这次社会调查中，"说到俄罗斯（苏联），您会想到什么？"的选项与 2010 年一样，仍为多项选择（最多选三项）。与 2010 年相比，虽然略有变化，但变化依然不大，这说明我国民众对俄罗斯的基本看法是稳定的。

与 2010 年社会调查一样，本次社会调查结果又一次证明，无产阶级革命导师、"十月革命"在中国人的心目中占据着无法替代的重要地位。说到俄罗斯（苏联），中国民众首先想到的仍然是"列宁"和"十月革命"，有接近一半的人选择了这两项，只是本次两者的位置发生了细微的变化："十月革命"以 1332 票（49.2%）位列第一（2010 年为 1190 票，44.3%，下同）；"列宁"以 1300 票（48.0%）排在第二位（1221 票，45.4%）。

随后是"普京""斯大林"，这也与 2010 年相似，只是他们两人的位置再次发生了转换，"普京"以 719 票（26.6%）上升到第三位（697 票，25.9%，位列第四）；而"斯大林"则以 697 票（25.7%）退居第四位（732 票，27.2%，位列第三）。

处于第五位和第六位的也与 2010 年相近，也是次序略有变化，但相差不多："莫斯科红场"以 643 票（23.8%）上升到第五位（671 票，25.0%）；"苏联红军"则以 615 票（22.7%）退居第六位（675 票，25.1%）。

"苏联剧变和解体"仍然保持第七的位置（508 票 18.8%；2010 年为 391 票，14.6%）。

其余选项得票均未超过 10%，与 2010 年国情调查数据相比略有变化，依次为：

第八位"伏特加酒"253 票，9.3%（2010 年为 249 票，9.3%，同为第八位，下同）；

第九位"托尔斯泰"248 票，9.2%（191 票，7.1%，第十一位）；

第十位"反法西斯卫国战争"234 票，8.6%（201 票，7.5%，第十位）；

第十一位"芭蕾舞"216 票，8.0%（203 票，7.6%，第九位）；

第十二位仍然为"伏尔加河"138 票，5.1%（151 票，5.6%，同为第十二位）；

第十三位"白雪覆盖的大地"136 票，5.0%（91 票，3.4%，第十四位）；

第十四位"彼得大帝"83 票，3.1%（76 票，2.8%，第十五位）；

第十五位"北极熊"78 票，2.9%（94 票，3.5%，第十三位）；

"其他事物"仍然是最少的选项：32 票，1.2%（36 票，1.3%），详见表 2-19。

表 2-19 说到俄罗斯（苏联），您会想到什么

会想到	人数	百分比
十月革命	1332	49.2
莫斯科红场	643	23.8
苏联红军	615	22.7
彼得大帝	83	3.1
托尔斯泰	248	9.2
列宁	1300	48.0
斯大林	697	25.7
普京	719	26.6
苏联剧变和解体	508	18.8
反法西斯卫国战争	234	8.6
白雪覆盖的大地	136	5.0
芭蕾舞	216	8.0
北极熊	78	2.9
伏特加酒	253	9.3
伏尔加河	138	5.1
其他事物	32	1.2

五　积极评价中俄关系现状　乐观期待
两国关系的不断发展

从获得的数据上看，2011年国人对中俄关系前景的看法乐观程度有小幅上升，总体上依然表现出对中俄关系发展比较积极的取向。

与2010年相比，选择"顺利发展"的比例有所上升，从2010年的31.4%，上升到33.5%，"曲折发展"由33.8%下降到31.2%。对两国关系发展前景持乐观（"顺利发展"）和谨慎乐观（"曲折发展"）态度的，仍然占据了压倒性优势，达到64.7%，但比2010年的65.2%，还是下降了0.5个百分点。从数据上看，这主要是由于选择"曲折发展"的比例有所下降造成的。从"曲折发展"中分流出的数字，一部分流入到"顺利发展"上，另一部分体现在"不进不退"选项上，使选择这一项比例比2010年上升了2.3个百分点，是所有选项中变化最大的一项，即从2010年的18.2%增加到2011年的20.5%。两项具有否定意义的选项，都比2011年有所下降，其中，"可能倒退"由2010年的4.7%下降到2011年的3.6%，"肯定倒退"由2010年的0.4%下降到2011年的0.3%。回答"不清楚/不知道"与2010年几乎持平，为9.0%。综合以上数据可以看到，倾向肯定性评价和倾向否定性评价的都有所减少，比较中性的评价比例有所上升。这表现出国人对2011年中俄关系发展的感受缺少一些重大事件的刺激与支撑，中俄关系总体上的平稳状态，影响了人们对两国关系发展前景做出更有倾向性的判断，详见表2-20。

表2-20　对中俄关系前景的看法

看法	人数	百分比
顺利发展	906	33.5
曲折发展	845	31.2
不进不退	554	20.5
可能倒退	97	3.6
肯定倒退	8	0.3
小　计	2410	89.0
不清楚/不知道	243	9.0
不回答	54	2.0
小　计	297	11.0
总　计	2707	100.0

从不同年龄段对这个问题的选择上也可以发现直观和感性的刺激发挥着不小的影响。仅以"顺利发展"为例，统计数据显示，年龄越小，选择此项的比例越低，详见表2-21。

表2-21　不同年龄段对中俄关系前景的看法（以"顺利发展"为例）

年龄段	人数*	顺利发展	百分比
25周岁及以下	1139	394	34.59
26~35周岁	645	241	37.36
36~45周岁	343	150	43.73
46~60周岁	229	92	40.17
60周岁以上	54	29	53.70
总计	2410	906	—

*此处未计入选择"不清楚/不知道"和"不回答"的人数。

对中俄关系前景的判断需要有一定的阅历和经验，理性的分析和把握是非常重要的。本问自身的特点使年龄差别对做出选择的影响有了值得参考的意义。

就中俄关系发展最重要的方面上，2011年数据呈现的变化不大。

最重要方面的选项设置与2010年相比没有变化，选择"经济贸易"一项仍然高居首位，达到64.6%，与2010年61.6%的比例基本相同，说明受访者中的大部分对中俄两国经贸关系的健康发展看得很重。排在第二位和第三位的是"能源与环保合作"和"国际事务中的合作"，两者之间只有微小的差距，分别占33.8%和33.4%。此外，"首脑外交"和"文化交流"也和2010年一样，拥有超过20%的被选率；"地区经济合作"也接近20%，从2010年的17.0%增加到2011年的19.5%，标志着人们对这个问题的认同度有所上升。相反，2010年处于后位的"青少年交流"和"民间交往"不仅依然如此，而且被选的比例进一步降低，均由2010年的10%以上，降至10%以下。这反映出两国在这两方面的活动和成效影响较小，或者宣传力度不够。从上述数据看，除了超过60%的一项和不足10%的三项（"其他因素"为0.6%）之外，其他6项之间被选率差距不是很大，也就是说，这些因素都受到了关注。这说明，在受访者心中，中俄关系的健康发展需要两国在多方面的共同努力，详见表 2 - 22。

表 2 - 22　您认为下述哪些方面对 21 世纪中俄关系的健康发展最重要

最重要方面	人数	百分比
首脑外交	778	28.7
经济贸易	1749	64.6
科技合作	827	30.6
文化交流	608	22.5
能源与环保合作	914	33.8
青少年交流	249	9.2
民间交往	257	9.5
地区经济合作	529	19.5
国际事务中的合作	904	33.4
其他因素	17	0.6

本次调查问卷仍然保留了涉及中国的一些重大问题上俄罗斯会采取何种态度的问题。2011 年仍然保留了"您认为俄罗斯在中国实现和平统一问题上会采取什么态度？（单选）"这一问题。

这也是一个预估性问题。做出选择的心理基础是对中俄关系的评估。各个选项设置与 2010 年没有变化。

选择俄罗斯将对中国实现和平统一大业持积极态度（"积极支持"和"支持"）的比例有微小下降，从 2010 年的 53.9% 下降到 2011 年的 53.3%。其中，选择"积极支持"的比例上升了 0.2%。持否定态度的（"反对"和"坚决反对"）为 2.5%，几乎与 2010 年的 2.6% 没有差别。选择中立（"不支持不反对"）的，2011 年为 33.8%，比 2010 年的 32.1% 有所上升。总体上看，"支持"和"不支持不反对"两项相加达到 77.4%，比 2010 年相同两项之和提高了近 1%，显示出国人还是更倾向于俄罗斯在对中国完成和平统一问题上持比较温和的立场，既不会明确支持，也不会坚决反对，详见表 2 - 23。

表 2 - 23　您认为俄罗斯在中国实现和平统一问题上会采取什么态度

态度	人数	百分比
积极支持	262	9.7
支持	1180	43.6
不支持不反对	914	33.8
反对	64	2.4
坚决反对	2	0.1
其他	24	0.9
小　计	2446	90.4
不清楚/不知道	216	8.0
不回答	45	1.7
小　计	261	9.6
总　计	2707	100.0

六　中国民众对苏联、俄罗斯历史人物有较深刻的了解

2011 年问卷中仍然保留了关于对苏联、俄罗斯人物认知程度的调查。与 2010 年的问卷相同，本次也列出了 12 位人物，其中有俄国著名的君主、苏联党和国家领导人、俄罗斯政治家和文化名人等。

在上述人物中，位列前三的是列宁、斯大林和普京。与 2010 年相比，尽管三位人物没有变化，但前后位置有了改变：斯大林由 2010 年第三位上升到第二位，被选中的次数以 1355 次领先普京的 1313 次。列宁仍然高居首位，与几年以来的情况一致。第四位的高尔基、第五位的托尔斯泰和第六位的赫鲁晓夫与 2010 年位次一致，叶利钦超过彼得大帝居第七位，彼得大帝第八位，尼古拉二世也超过勃列日涅夫居第九位，最后三位是勃列日涅夫、托洛茨基和索尔仁尼琴（不计入"其他人物"）。从上述数据可以看出，无产阶级领袖人物的认知度依然较高，著名的文化名人也保持了靠前位次。普京的位次下降是一个新现象。对此现象的解释需要仔细分析，详见表 2 - 24。

表 2-24　下列人物中，您了解较多的人物是谁

人物	人数	百分比
彼得大帝	250	9.2
尼古拉二世	131	4.8
列宁	1907	70.4
斯大林	1355	50.1
托洛茨基	31	1.1
赫鲁晓夫	322	11.9
勃列日涅夫	96	3.5
叶利钦	300	11.1
普京	1313	48.5
托尔斯泰	494	18.2
高尔基	582	21.5
索尔仁尼琴	22	0.8
其他人物	8	0.3

七　中国民众对苏联解体的看法

1991 年的苏联解体是 20 世纪最重大的事件之一。

2011 年问卷延续了 2007 年开始的对 1991 年的苏联解体事件的关注调查。在问卷设计上，基本保持了和 2010 年相同的格式，除了有四项基本情感状态选择外，还有对选择理由的简要阐述，要求被问询者对自己的选择阐明理由。理由是以留言的方式由被问询者自己填写在问卷上，比较真实地表达了被问询者的想法。

从表 2-25 的数据可见，选择"惋惜"的有 28.0%，尽管是所有选项中最大的，但相比 2010 年的 29.5%、2008 年的 45.08% 和 2007 年的 45.38%，下降的趋势比较明显。选择"无所谓"的比 2010 年的 20.8% 有所上升，与 2008 年的 23.47% 极为接近。而选择"赞赏"的虽然比 2010 年的 9.8% 有上升，但还是低于 2008 年的 14.49% 和 2007 年 17.28%。这三组数据的环比变化，说明在"惋惜""无所谓"和"赞赏"之间出现的趋于均衡的变化仍在延续。另外，选择"不清楚/不知道"的，比 2010 年的 23.5% 有所下降，但仍有较高被选率；选择"不回答"的比例比 2010 年（14.0%）有所上升。"不清楚/不知道"和

"不回答"的两项之和（33.6%）仍然超过了三分之一，说明对这样一个重大问题，他们心中还存有不少疑问和疑惑，见表2-25。

表2-25　对1991年底苏联解体的看法

看法	人数	百分比
惋惜	759	28.0
无所谓	639	23.6
赞赏	308	11.4
其他	93	3.4
小　计	1799	66.5
不清楚/不知道	462	17.1
不回答	446	16.5
小　计	908	33.5
总　计	2707	100.0

更能说明被问询者心理状态的是他们在留言里对自己所选理由的简单阐述。问卷中就选择"惋惜"给出的理由大致有四个方面。

第一，认为苏联是第一个社会主义国家，是社会主义阵营的领头羊，是一个曾经取得了巨大成就的国家，同时也曾对中国给予巨大帮助。如"同为社会主义国家，情感上在同情；世界上第一个社会主义国家最终解体，是国际社会主义事业的一个损失。"（第88号问卷）"当年红色政权的老大不复存在，共产党的力量遭到削减，资本主义占上风。"（第119号问卷）"社会主义国家阵营少了一员。"（第153号问卷）"因为苏联是一个社会主义国家，它的解体会对其他的社会主义国家带来一定的冲击力。"（第1069号问卷）"社会主义阵营瓦解，直接造成现在一超多强局面，（是）对社会主义在全球发展的一次重击。"（第1086号问卷）"大型的社会主义国家分崩离析，同为社会主义国家并且有过良好友谊的中国应该感到惋惜。"（第1289号问卷）"它最早开始社会主义的探索，是'领头羊'，可却没走下去。"（第1413号问卷）"苏联曾经一度帮助过中国，对新中国的成立或多或少是有推进作用的。"（第1438号问卷）"第一个社会主义国家解体，感到对社会主义国家的未来有种困惑。"（第1932号问卷）"通过革命成功的一个强大的国家走向分裂，对欧洲亚太乃至世界的变革和影响巨大。"（第2327号问卷）

第二，认为苏联解体后，中国少了一个国际盟友和可以相互帮助的伙伴。如"中国面临的外部压力更大了。"（第 87 号问卷）"社会主义中国少了一位强有力的盟友。"（第 1950 号问卷）"中国曾经跟苏联关系非常友好，解体之后对中国影响较大。"（第 1815 号问卷）"最大的社会主义国家解体，中国失去了重要的战略伙伴。"（第 1871 号问卷）

第三，认为苏联是一个抗衡美国的超级大国，它的解体少了一个制约美国的重要因素。如"当时苏联把力量投往于军事，忽略民生问题，是解体的主要原因之一，从此能与美国抗衡的唯一国家消失。"（第 1057 号问卷）"少了一个超级大国抗衡美国。"（第 1101 号问卷）"1. 苏联是第一个社会主义国家，苏联的解体，让人对社会主义国家信心不足。2. 削弱了对美国等资本主义国家的威胁，让美国成为世界老大。"（第 1405 号问卷）"苏联的解体，使美国超级大国地位得到确定，不利于世界和平，利比亚遭袭就是例子。"（第 1427 号问卷）"本来苏联是唯一能与美国抗衡的大国，苏联解体，美国就成了头号强国，更加肆无忌惮。"（第 1440 号问卷）"苏联解体后，它的整体经济实力、军事实力被分解，世界上缺少一个可以与美国抗衡的国家，不利于世界和平稳定。"（第 2142 号问卷）

第四，苏联解体给自己的人民带来了灾难和痛苦。如"苏联解体是一个伟大国家的毁灭，是 20 世纪的一场政治灾难，本可以在国家框架内在新的基础上加以解决的问题，却以毁灭的方式来解决，不能不说是一场悲剧。"（第 51 号问卷）"苏联解体使俄罗斯在各方面的实力遭到重创，并没有为俄罗斯带来繁荣。"（第 1113 号问卷）"解体后社会混乱，经济发展停滞，民主无明显改善。"（第 1181 号问卷）"国土分裂、民族分裂、内忧外患。"（第 1508 号问卷）

问卷中就选择"无所谓"给出的理由大致有三种。

第一，认为苏联解体是别的国家的事情，外人无权干涉和置评，要尊重他们的选择。如"每个国家都有自己的发展道路，都有权利探索自己的发展道路。"（第 73 号问卷）"尊重他们自己的选择。"（第 131 号问卷）"各国有各国的发展道路，只要能向好的发展，什么形式并不重要。"（第 1098 号问卷）"每个国家的现实情况不同，只要适合该国家的发展就好。"（第 1935 号问卷）

第二，认为这是符合规律的发展结果，而且究竟是利大于弊还是弊大于利不好确定，或者认为有正负两方面作用。"这是历史发展的必然，这是发展的趋势。"（第 56 号问卷）"有正负两方面的影响，一为'苏式社会主义'解体，二为中国少了一个'巨人邻居'。"（第 144 号问卷）"事实证明，从长远来说，高度集中的计划经济并不适应社会主义社会的发展。"（第 1058 号问卷）"合久必分，分久必合，顺其自然，尽力而为。"（第 1163 号问卷）"之所以会解体，必有其内在原因，应该是一种必然趋势。"（第 1218 号问卷）"苏联解体有其内部和国际原因，有一定的必然性，但我们又不能否定共产主义的先进性，只能说可能还不是时候，解体正确与否不好确定。"（第 1959 号问卷）"历史的必然趋势，应客观面对！"（第 2553 号问卷）

第三，认为与己无关，不会影响到中国的发展。"中国的社会主义跟苏联关系不大。"（第 3 号问卷）"解体对中国无影响。"（第 20 号问卷）"苏联解体仅代表苏联模式的社会主义失败，对中国社会主义没太大影响。"（第 1265 号问卷）"作为一个小市民，别的国家的解体并没有与自己有何关系，故无所谓。"（第 1461 号问卷）"对中国影响不是很大，并且与中国战略关系仍在。"（第 1908 号问卷）

问卷中就选择"赞赏"给出的理由大致有四种。

第一，对中国的威胁消失了，有利于中国的发展。如"少一个强国在身边就少一份压力。"（第 22 号问卷）"苏联解体代表当地局势复杂，越复杂越有利于中国的外交政策。"（第 1078 号问卷）"为中国的发展指明了道路，提出（供）了失败的教训。"（第 1459 号问卷）"对于改革开放的中国有很好的启示作用。"（第 1778 号问卷）"对社会主义国家的发展有了正与反的借鉴。"（第 1873 号问卷）

第二，苏联的政治经济体制已经到了必须突破的地步，解体有利于独联体各国的发展。如"苏联机构当时漏洞百出，应时代之势而亡。""合久必分，有利于各自的发展就是对的。"（第 230 号问卷）"对俄罗斯来说，是新生活的开始，原来的整体已僵化，走到尽头。"（第 1159 号问卷）"在特定时期做出的果断抉择，是一种对人民负责任的表现。"（第 1283 号问卷）"苏联的大一统是以严厉的统治和人民的不自由为代价的，民族自决后的苏联解体更符合各民族和所有人民的利益。"（第 1517 号问卷）"冷战后期，苏联成为严重的经济负担体，选择解体，有种壮士断腕的英勇。"（第 1526 号问卷）"促进体制改革，加速经济发展。"（第 1660 号问卷）"面对积重难返的局面，有勇气破而后立是值得赞赏的。"（第 1861 号问卷）"从一个较为呆板的计划经济体制变为市场经济体制，结束了冷战时代。"（第 2205 号问卷）

第三，历史发展的必然。如"顺应大势，符合民意，谋求发展。"（第 229 号问卷）"在未能真正踏入共产主义之前，通过强权统一起来，限制在同一意识形态下的联合体毫无前途。"（第 1278 号问卷）"任何一种情况的发生都意味着一种改变、一种进步，突破十分有益处。"（第 1488 号问卷）"其解体有利于多极世界的建构，利于俄罗斯的经济发展。"（第 1529 号问卷）"社会发展之规律，用于改变，利于人民享有自由、自主；给世界各国以启迪——发展，没有一成不变的模式。"（第 2126 号问卷）"政党失去活力，对国家人民发展都不利，落后必将（遭到）淘汰，这是历史的选择。"（第 2468 号问卷）"苏联解体是必然趋势，因为在几经改革之后，制度发生变化，不再适合苏联国情，顺应时代和客观条件变化才是正确的。"（第 2774 号问卷）

第四，对世界和平有利。如"一个专制的堡垒土崩瓦解，一个战争机器消失了。"（第 72 号问卷）"会给民主和发展更多的机会，减少对抗，更有利于世界和平。"（第 1477 号问卷）"1. 改变世界两极格局，结束冷战；2. 事实已经证明，解体后的国家走上资本主义发展道路后，都比原来好很多。"（第 2152 号问卷）

八　中国民众了解俄罗斯的信息渠道

本次调查问卷保留了对获得有关俄罗斯信息渠道的问询。对于问卷中"您主要从哪些渠道获得有关俄罗斯的信息"的回答仍然呈现出多样性特点。

由表 2 - 26 可见，占据前三位的依次为"电视"（1871 票，占 69.1%），"互联网"（1848 票，占 68.3%）和"报纸杂志"（1345 票，占 49.7%）。这与 2010 年的排序没有区别。所不同的是，从"电视"和"互联网"上获得信息的比例很接近，绝对比例仅差 0.8%，而 2010 年这两个选项的比例差为 8.2%。在"报纸杂志"一项的比例基本保持不变的情况下（2010 年为 47.6%），前两项的接近表明，国人对有关俄罗斯信息获取的渠道正在出现均衡集中趋势。这与 2007 年开始问卷调查以来出现的国人获得有关信息渠道的密集性趋势是一致的。这种密集性将极大左右着国人对被调查国家的认识。此外，"广播"和"教科书"被选中的比例也有所上升，在 2010 年分别为 15.2% 和 14.5%。2010 年占

6.6%的"相关学术论文和著作"，2011年上升了1个百分点，而"亲友同事"项2011年的数据与2010年大致持平。"出国访问"仍然是所有选项中最低的（不考虑"其他途径"），但比2010年（1.4%）还是有略微提高。可见，获取有关信息的渠道正在逐步走向多元化。

表2-26 您主要从哪些渠道获得有关俄罗斯的信息

渠道	人数	百分比
报纸杂志	1345	49.7
电视	1871	69.1
广播	491	18.1
互联网	1848	68.3
教科书	446	16.5
相关学术论文和著作	206	7.6
出国访问	49	1.8
亲友同事	139	5.1
其他途径	36	1.3

第三部分　国情调查：美国问题[*]

2011 年 8 月至 10 月间，美国研究所"中国人看美国"课题组在全国 8 个城市就美国和中美关系问题进行了抽样问卷调查。这是中国社会科学院第四次展开"中国民众的国际观"国情调研项目的一部分。

一　国情调研的背景及执行情况

1. 本次调研的主要目的

过去几年中，中国的发展深刻地影响着世界政治和经济。在世界各国都受到金融危机冲击的情况下，中国仍然保持了较高的经济增速，已成为全球经济增长的重要引擎。在欧洲出现债务危机的时候，世界各国都在关注中国是否会出手相助。在地区和全球性议题上，中国的影响和声音不可或缺，国际社会亦有主张中国承担更多国际责任的呼声。中国政治、经济政策的发展同样引起国际社会的关注。中国国际影响力和国际地位上升是国际政治中的重要事态之一。

世界关注中国，中国也在关注世界。从电视、电台、报刊、书籍对国际问题的报道和分析中，从街头巷尾茶余饭后的闲谈和网络媒体的热议中都可以看出国内民众对国际问题的关注程度。显然，对国际问题的关注已经超越了政府职能部门和专业人士的范围。国内民众对国际问题的积极参与已经成为我国外交决策、政策规划的参考因素之一。为了更准确地了解和把握普通民众对国际问题的认

---

* 本课题由黄平主持，袁征负责具体执行，课题组成员包括倪峰、樊吉社、刘得手、张帆、罗伟清、何维保、李恒阳和王玮。

知，中国社会科学院连续几年以问卷调查的方式开展了题为"中国民众的国际观"的国情调研，意在通过调研了解普通民众对国际问题关注的程度和重点。调研根据区域和国别划分为几个部分，中国社会科学院美国研究所负责"中国人看美国"这一子项目，本次问卷调查由美国研究所所长黄平教授主持。

多年来，美国一直是我国外交工作的重点。虽然由于反恐战争的拖累和金融危机的影响，美国软硬实力在近年来呈现走弱之势，但美国在未来相当长的时期内对传统、非传统安全和发展的影响仍然不容忽视，美国对中国改革开放和稳定发展的影响同样如此。中长期内，中美关系毫无疑问仍然是最重要的双边关系，而国内民众对美国和中美关系的关注度相对较高，因此通过问卷调查中国人的美国观对于我们了解国内民众对美国的了解程度、对中美关系的认知尤为重要。本次问卷调查是此前多年同类调查的延续，此项调查意在掌握第一手资料，并在此基础上研判国内舆论的现状和发展趋势，为我国对美政策决策提供参考。

2. 调研的大背景

本次"中国人看美国"问卷调查期间中美关系的基本状态、美国内政外交的基本状态是影响调查结果的重要因素，较为全面地梳理这些事态有助于更好地理解问卷调查的结果。

（1）中美高层对话和交流频密

2011 年，中美首脑会晤频频。1 月 18 日至 21 日，国家主席胡锦涛应奥巴马总统邀请对美国进行国事访问，并会见了副总统约瑟夫·拜登及国会领导人。胡锦涛主席与奥巴马总统会谈时提出了发展中美关系的五点建议，即中美要发展求同存异、平等互信的政治关系；深化全面合作、互利共赢的经济关系；开展共同应对挑战的全球伙伴合作；推进人民广泛参与的中美友好事业；建立深入沟通、坦诚对话的高层交往模式。胡锦涛主席访美期间，中美发表了《中美联合声明》。2011 年 11 月 3 日，胡锦涛在出席二十国集团领导人戛纳峰会期间再次会见奥巴马；11 月 12 日，胡锦涛主席在夏威夷亚太经合组织会议期间会见奥巴马。自从 2009 年胡锦涛主席和奥巴马总统伦敦首次会晤迄今，两国领导人已经会晤十次，这对稳定中美关系意义重大。

2011 年 8 月中下旬，美国副总统拜登访华也是一重要事件。拜登访华期间，国家主席胡锦涛、全国人大常委会委员长吴邦国、国务院总理温家宝、国家副主席习近平分别与其会晤，习近平还陪同拜登访问成都。此外，美国国会参议院多数党领袖瑞德率领的参议院代表团于 2011 年 4 月下旬访问中国，并同中国国家领导人进行会面。

（2）中美举行战略与经济对话

2011 年 5 月 9 日至 10 日，中美在华盛顿举行第三轮中美战略与经济对话。本次对话旨在落实 2011 年年初首脑会晤达成的共识，推进建设全面互利的经济伙伴关系。双方讨论了双边、地区及全球层面的重大问题，取得了 48 项具体成果；国务院副总理王岐山和美国财政部长盖特纳在对话上确立了《中美关于促进经济强劲、可持续、平衡增长和经济合作的全面框架》。第三轮战略与经济对话还新创设了两个对话机制：中美战略安全对话和中美亚太事务磋商。此外，中美还于 2011 年 11 月举行了第 22 届中美商贸联委会会议，双方就高技术、知识产权、农业等领域达成多项共识。

（3）中美两军交流频繁

2011 年中美军方高层交流比较频繁。

首先，1 月份美国国防部长盖茨应国务委员兼国防部长梁光烈的邀请访华。访华期间，国家主席、中央军委主席胡锦涛，国家副主席、中央军委副主席习近平和外交部长杨洁篪分别会见盖茨；梁光烈与盖茨举行会谈；盖茨还参观了中国人民解放军第二炮兵司令部。

其次，中国人民解放军总参谋长陈炳德上将于 5 月份应美军参谋长联席会议主席迈克尔·马伦海军上将邀请访问美国，与美方军、政高层密集会晤。通过此次访问，中美就两军关系达成三项共识和六项具体成果。

再次，美军参谋长联席会议主席马伦海军上将应中国人民解放军总参谋长陈炳德上将邀请于 7 月对中国进行正式访问，这也是马伦任参谋长联席会议主席后首次访问中国。马伦访华期间与陈炳德上将就中美两军关系、美售台武器、南海问题、中国军力发展，以及双方共同关注的国际和地区问题进行交流，双方就两军关系达成五点共识。

最后，12 月中美两军在北京举行了第 12 次中美国防部防务磋商，此次磋商由中国人民解放军副总参谋长马晓天和美国国防部副部长米歇尔·弗卢努瓦共同主持。双方就两军关系、美售台武器、共同的安全挑战，以及其他国际和地区问题深入交换了意见，并重申了维护中美共同安全、管控危机和预防风险的重要性。这是自 2011 年 9 月美国宣布对台军售后中美两国国防部的首次接触。

（4）中美关系遭遇挫折

2011年上半年中美关系进展顺利，高层对话和交流频密，但下半年由于美国采取了损害中美关系的政策行为，导致中美关系遭遇挫折。这主要是指奥巴马会见达赖、美国宣布对台军售和美国施压人民币升值。

2011年7月16日，奥巴马不顾中方强烈反对在白宫会见了达赖喇嘛，中方在24小时内通过三种方式进行交涉，提出抗议：外交部新闻司司长马朝旭发表谈话、外交部副部长崔天凯紧急召见美国驻华使馆临时代办王晓岷、中国驻美国大使张业遂也向美方提出交涉。

2011年9月21日，美国政府不顾中方反对和交涉，宣布对台出售一批武器装备，包括升级台湾现有F－16A/B战斗机、军用飞机零件和训练项目，总额达58.52亿美元。外交部副部长张志军奉命召见了美国驻华大使骆家辉，向美方提出强烈抗议；中国驻美国大使张业遂也在华盛顿向美方提出强烈抗议。

2011年10月11日，美国国会参议院不顾多方反对，投票通过《2011年货币汇率监督改革法案》，该法案要求奥巴马政府对汇率被低估的国家征收惩罚性关税，此举显然主要针对人民币，意在对中国施压，迫使人民币升值。该法案在参议院通过后，中国外交部、商务部和央行均立即提出了抗议。

（5）美国高调重返亚洲

美国高调重返亚洲并非始于2011年，但2011年下半年美国采取了更多的政策和行动，加速战略东移。美国国务卿希拉里在2011年11月出版的《外交政策》杂志上撰写题为《美国的太平洋世纪》的文章，提出未来十年美国外交方略最重要的使命之一是大幅增加对亚太地区的投入，中美关系是美国有史以来必须管理的最具挑战性和影响最大的双边关系之一。2011年11月，奥巴马亲自参与二十国集团、亚太经济合作组织和东亚峰会，表明美国对亚洲的重视。2011年11月中旬奥巴马访问澳大利亚期间，美澳宣布美国将在达尔文部署2500名海军陆战队员，这是越南战争结束以来美军首次增加在澳大利亚的部署。此外，国务卿希拉里还高调访问菲律宾及缅甸，强化与菲律宾的军事关系，改善与缅甸的关系；美国还协同亚太其他国家多次举行联合军演。2011年，美国与中国周边国家的安全、军事、政治和经济关系都得到了同步加强，美国战略东移势头愈加明显。

3. 调查问卷的设计依据、结构、发送及回收情况

如同此前一样，这次调研依然通过问卷的方式来完成。本次调查问卷内容在

2010 年同类调查的基础上根据中美关系的发展和美国内政外交政策的变化做了适度调整。问卷调查所针对的对象为普通民众，因此问卷设计充分考虑到受访者的知识结构，尽可能做到通俗易懂，便于受访者选择和回答，同时问题设计也尽量避免出现引导性的问题或者答案选项。

问卷包括受访者个人简况信息，如受访者的性别、年龄、受教育程度、职业和收入状况。虽然问卷部分内容涉及个人隐私，但不要求受访者具名，这有助于保护受访者隐私并消除受访者接受问卷调查的顾虑。问卷的主题内容为十个问题，它们分别是："最能代表美国的符号""击毙本·拉登对美国反恐战争的影响程度""美国的国际影响力""普通美国人是否了解中国""普通中国人是否了解美国""如何看待当前的中美关系""对中美关系发展前景的看法""中美关系中最重要的领域或问题""今后中国应当如何处理中美关系""中国民众了解美国的主要渠道"。第 1 个问题意在了解受访者对美国的基本认识；第 2 个和第 3 个问题意在了解受访者对美国外交和国际影响力的认识；第 4 ~ 9 个问题意在了解受访者对美国和中美关系的认识和判断；最后一个问题意在了解受访者主要从哪些渠道获得有关美国的信息。

"中国人看美国"课题组对全国八个城市（北京、兰州、上海、广州、昆明、长春、长沙、成都）的普通民众进行了抽样问卷调查，共收回有效问卷 2707 份。

二 中国民众对美国及中美关系的基本认知

1. 最能代表美国的符号

在中国民众的心目中，什么最能代表美国的形象？这是一个非常有意思的问题。调查结果显示，排名前六的答案依次为"自由女神像"（26.7%）、"白宫"（26.6%）、"华尔街/美元"（11.8%）、"五角大楼"（7.0%）、"好莱坞"（4.8%）、"哈佛大学"（4.6%）。在美国人的心目中，"自由女神像"往往代表了美国的形象，而"白宫"在很大程度上则是美国政治的象征之一。分别有 26.7% 和 26.6% 的中国民众认为"自由女神像"和"白宫"最能代表美国的形象，此结果表明，就最能代表美国的符号而言，有相当部分的中国民众与美国人的看法趋同。见图 3 – 1。

2. 击毙本·拉登对美国反恐战争的影响程度

2011 年 5 月 1 日，美军击毙本·拉登。这一事件在世界范围内引起巨大反响。围绕此事件，全世界集中讨论的问题之一则是"击毙本·拉登对美国反恐

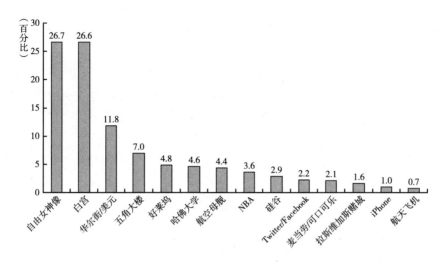

图 3 - 1　您认为哪个符号最能代表美国的形象

战争的影响程度"。中国民众认为此事件影响"比较大"和"一般"的分别为
40.7%和31.2%，回答"很大"的为18.4%，另外分别有5.7%和4.0%的受访
者回答"比较小"和"很小"。这一方面说明中国民众比较关注美国的反恐战
争，另一方面也说明他们能够就"击毙本·拉登对美国反恐战争的影响程度"
做出自己的判断。见图3 - 2。

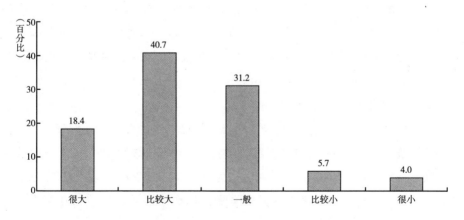

图 3 - 2　您认为击毙本·拉登对美国反恐战争的影响程度如何

3. 美国的国际影响力

自美国经济陷入衰退以来，美国实力地位的变化是国内外关注的重大问题之

一。中国民众如何看待美国的国际影响力的变化？调查显示，认为"基本持平"的人数占52.3%。分别有2.3%和21.4%的受访者回答"迅速上升"和"上升"，而回答"下降"和"迅速下降"的分别占22.0%和2.1%。这表明，超过一半的受访者认为美国会保持现有的国际事务影响力，不会发生太大变化，认为美国衰落的中国民众并不太多。见图3-3。

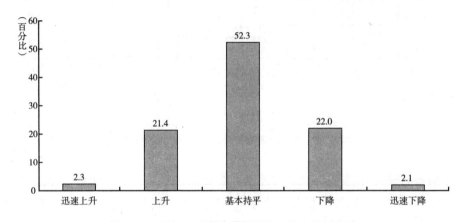

图3-3 您认为美国的国际影响力将会怎样变化

4. 普通美国人是否了解中国

调查显示，41.3%的中国民众认为，普通美国人"不了解"中国；回答"一般"和"了解"的比例分别为39.7%和11.0%；而回答"很了解"和"很不了解"的比例则分别为1.4%和6.6%。可以发现，在相当多的中国民众看来，普通美国人并不了解中国。见图3-4。

5. 普通中国人是否了解美国

就"普通中国人是否了解美国"而言，超过一半的受访者（54.2%）选择"一般"，选择"很了解"和"了解"的比例分别是1.4%和15.2%，而选择"不了解"和"很不了解"的比例则分别为26.0%和3.2%。尽管一半多的受访者选择了"一般"，但仍有相当多的中国民众（26.0%）认为，普通中国人"不了解"美国图3-5。

6. 如何看待当前的中美关系

近年来中美关系出现一些波折，那么普通民众是如何看待当前的中美关系呢？调查显示，分别只有0.9%和13.2%的受访者回答"很好"或"好"，回答

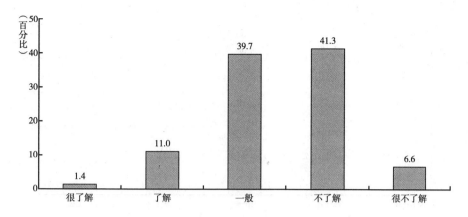

图 3 - 4　您认为普通美国人了解中国吗

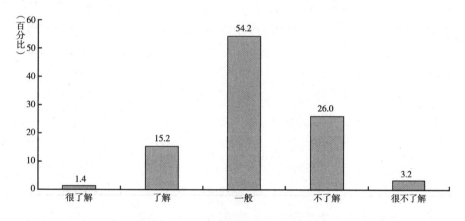

图 3 - 5　您认为普通中国人了解美国吗

"一般"的高达75.5%，回答"差"和"很差"的分别占9.1%和1.3%。超过三分之二的受访者选择了"一般"，表明相当多的民众对中美关系近年来的现状持有比较客观的态度，既看到两国关系中的积极因素，也能认识到其中的不足和问题。回答"好"的比例超过回答"差"的比例，回答"好"和"很好"的人数比例超过回答"差"和"很差"的比例，中国民众总体上对中美关系的现状持有相对积极的评价。见图 3 - 6。

7. 对中美关系发展前景的看法

对于中美关系发展的前景，63.4%的受访者认为将"曲折发展"，认为"顺利发展"的占8.3%，认为"不进不退"的占20.3%，认为"可能倒退"和"肯定

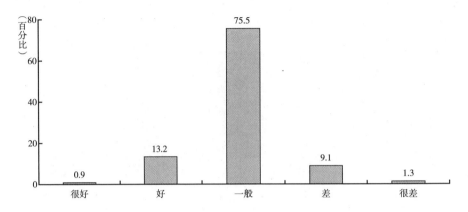

图 3 - 6　您如何看待当前的中美关系

倒退"的分别占 6.9% 和 1.1% ，这显示了多数中国民众对中美关系前景持有谨慎的乐观。中国民众对待这一问题的态度比较成熟，没有极端化倾向。见图 3 - 7。

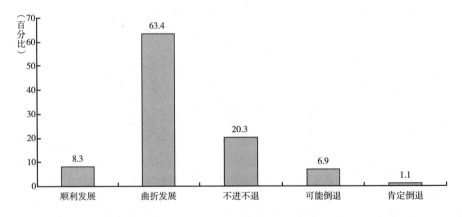

图 3 - 7　您对中美关系的发展前景持何种看法

8. 中美关系中最重要的领域或问题

在被问及中美关系中最重要的领域或问题时，分别有 33.8% 、20.0% 和 16.2% 的受访者认为"经贸"、"台湾问题"和"能源"是最重要的领域或问题。结果显示，在中国民众心目中，"台湾问题"仍然是中美关系中的重要问题，但其重要性相对于"经贸"有所下降。在中国民众心目中，"经贸"成为中美关系中最重要的问题，这不仅源于近年来中美贸易争端的增多，也是由于此类问题对中国民众的工作和生活具有直接影响。见图 3 - 8。

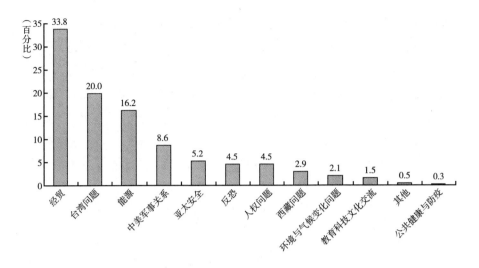

图3-8　您认为未来中美关系中最重要的领域或问题是什么

9. 今后中国应当如何处理中美关系

就如何处理对美关系而言，调查显示，主张"更坚持原则"和"稍微灵活一些"的分别占44.8%和40.2%，回答"无需改变"的占14.0%，另有1.1%的受访者选择"其他"。主张"更坚持原则"和"稍微灵活一些"的比例比较接近，在一定程度上表明，就如何处理中美关系而言，中国民众存在一定的分歧。见图3-9。

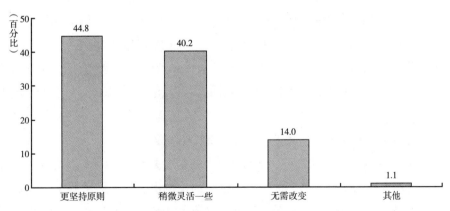

图3-9　您认为今后中国应当如何处理对美国的关系

10. 中国民众了解美国的主要渠道

调查显示，29.3%的受访者表示从"互联网"获得有关美国信息；28.6%

的受访者表示从"电视/电影"获得有关美国信息；21.5%的民众表示从"报纸杂志"获得有关美国信息；7.2%的民众表示从"广播"获得有关美国信息；3.2%的民众表示从"教科书"中获得有关美国的信息；3.3%的民众表示从"学术论文和著作"中获得有关美国信息。另外还分别有2.8%、2.4%和1.3%的受访者表示通过"亲友同事"获得有关美国信息、通过"手机报"获得有关美国信息和通过"出国访问"获得有关美国信息。总体来看，"互联网"、"电视/电影"和"报纸杂志"是中国民众目前获得有关美国信息的主要渠道。

三 性别因素分析

本次调查共收回有效问卷2707份，其中1332名受访者为男性，1375名受访者为女性，性别比例大致相当。

1. 最能代表美国的符号

共有2567名受访者回答了该问题，占总人数的94.8%。与上一年度的调查结果相同，"白宫"和"自由女神像"是男性和女性心目中最能代表美国的符号，选择这两个选项的男性和女性比例均在25%以上。"华尔街/美元"是位居第三的受访者认同的选项，10%以上的男性和女性选择了该项。"白宫"和"自由女神像"是美国政治的象征，"华尔街"和"美元"是美国经济的具象符号，所以受访者的选择从侧面反映了美国政治和经济的影响力。两性的差异表现在，选择"好莱坞"的女性多于男性几个百分点，而选择"航空母舰"和"NBA"的男性则多于女性几个百分点。这主要源于男性和女性的兴趣点不同，男性更关注军事和体育，女性则更热衷于文艺。见图3-10（仅以选择最多的前十一项为例）。

2. 击毙本·拉登对美国反恐战争的影响程度

共有2544名受访者回答了这个问题，占受访者总数的94.0%。男性和女性选择"比较大"的比例最高，选择"一般"的比例次之，选择"很大"的男性和女性比例再次之。差异表现在，选择"比较大"和"很大"的女性比例均高于男性约6个百分点，选择"一般"的男性比例则高于女性约6个百分点。这似乎可以推断出，女性比较高估本·拉登之死对美国反恐战争的影响，男性的判断则更为谨慎，考虑的因素更为复杂。见图3-11。

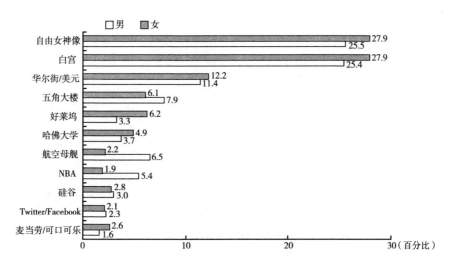

图 3 – 10　您认为哪个符号最能代表美国的形象

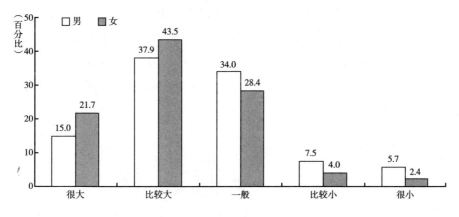

图 3 – 11　您认为击毙本·拉登对美国反恐战争的影响程度如何

3. 美国的国际影响力

共有 2543 名受访者回答了该问题，占总数的 93.9%。男性和女性对各选项的认知基本趋同，约半数男性和女性选择"基本持平"，各有 20% 左右的男性和女性选择"上升"或"下降"，选择"迅速上升"和"迅速下降"的男性和女性均寥寥无几。这反映了受访者的主流判断比较客观，思考比较理性。细微差别是，男性选择"基本持平"、"上升"和"迅速上升"的比例略低于女性，选择"下降"的比例则高于女性。从调查结果来看，男性对美国国际影响力的信心略低于女性。见图 3 – 12。

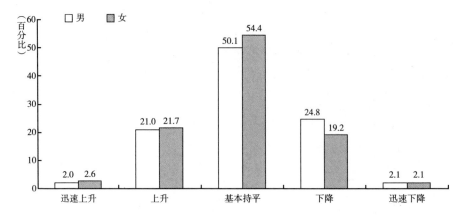

图 3 - 12　您认为美国的国际影响力将会怎样变化

4. 普通美国人是否了解中国

共有 2563 名受访者回答了该问题，占总数的 94.7%。男性和女性选择"一般"和"不了解"者居多，共有 80% 以上的男性和女性选择了这两个选项。选择"了解""很不了解""很了解"的男性和女性人数依次递减。由此可见，大多数中国民众认为美国人不太了解中国，而男性的观点似乎更不乐观，纵向地看，选择"不了解"者比例最高；横向地看，其比例高于女性几个百分点。见图 3 - 13。

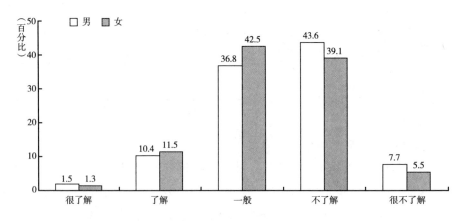

图 3 - 13　您认为普通美国人了解中国吗

5. 普通中国人是否了解美国

共有 2612 人回答了该问题，占总数的 96.5%。半数以上的男性和女性选择

"一般"，四分之一以上的男性和近四分之一的女性选择"不了解"，男性和女性选择"了解"、"很了解"和"很不了解"比例之和均在五分之一左右。可见，中国民众对美国有一定程度的了解，但自认为这种了解还不够。见图3－14。

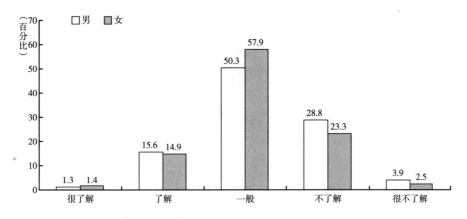

图3－14　您认为普通中国人了解美国吗

6. 如何看待当前的中美关系

共有2580名受访者回答了该问题，占总数的95.3%。男性和女性对各选项的认识趋同。选择"一般"的男性和女性比例均为75.5%，10%左右的男性和女性选择"好"或"差"，分别有1%左右的男性和女性选择"很好"或"很差"。这一结果反映了主流判断的客观性和理性。见图3－15。

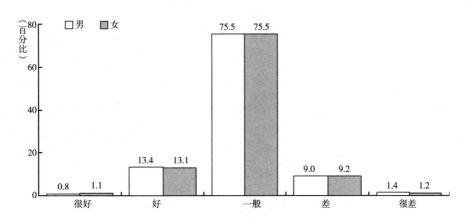

图3－15　您如何看待当前的中美关系

7. 对中美关系发展前景的看法

共有2473人回答了该问题，占总数的91.4%。受访者对该问题的主流看法是中美关系将"曲折发展"，分别有64.3%的男性和62.5%的女性认同该选项。选择"不进不退"的男性和女性均在20%左右；选择"顺利发展"、"可能倒退"和"肯定倒退"的人数依次递减，为数较少。比较而言，女性似乎比男性的看法稍微乐观一些，选择"顺利发展"和"不进不退"的比例高于男性几个百分点；在其他较为消极的选项上，其比例则低于男性。见图3-16。

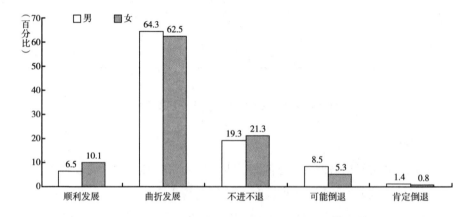

图3-16 您对中美关系的发展前景持何种看法

8. 中美关系中最重要的领域或问题

共有2518名受访者回答了该问题，占总数的93.0%。男性和女性的选择差异不大。与上一年的调查结果相同，"经贸"、"台湾问题"和"能源"依然被男性和女性受访者视为中美关系中最重要的问题。"中美军事关系""亚太安全""反恐"之类的安全问题也受到少部分受访者的关注。受访者对"教育科技文化交流""公共健康与防疫""环境与气候变化问题"和"西藏问题"的重视程度较低。比较而言，女性似乎比男性更重视经贸问题，男性比女性更看重台湾问题。见表3-1。

9. 今后中国应当如何处理中美关系

共有2543名受访者回答了该问题，占总数的93.9%。男性和女性受访者均首选"更坚持原则"，"稍微灵活一些"则紧随其后。合计有82.9%的男性和87%

表 3 – 1　中美关系中最重要的领域或问题

单位：百分比

中美关系中最重要的领域或问题	性别		合计
	男	女	
经贸	31.2	36.3	33.8
能源	17.2	15.2	16.2
反恐	4.5	4.5	4.5
环境与气候变化问题	1.4	2.8	2.1
公共健康与防疫	0.1	0.6	0.3
台湾问题	23.7	16.3	20.0
西藏问题	2.1	3.8	2.9
人权问题	4.0	5.0	4.5
教育科技文化交流	1.4	1.7	1.5
亚太安全	6.9	3.5	5.2
中美军事关系	7.5	9.6	8.6
其他	0.2	0.7	0.5
合　计	100.0	100.0	100.0

的女性选择这两个选项。另有百分之十几的受访者选择"无需改变"。比较而言，女性受访者选择"稍微灵活一些"的比例高于男性近五个百分点。这或许反映了女性更为灵活、变通的态度，也反衬出男性的原则性更强。见图 3 – 17。

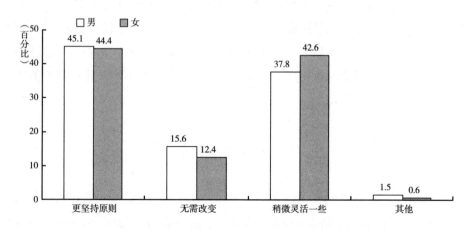

图 3 – 17　您认为今后中国应当如何处理对美国的关系

10. 中国民众了解美国的主要渠道

"互联网""电视/电影""报纸杂志"是男性和女性受访者了解美国的最常用的途径。比较而言，男性对"互联网"利用更多，女性对"电视/电影"更为青睐。"广播"在介绍美国方面依然发挥着一定的传统作用。其他选项受职业、经历等因素的影响，不具有普遍性。见图3-18。

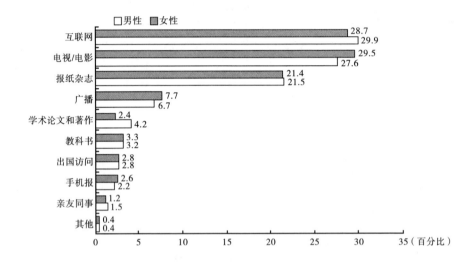

图3-18 您主要从哪些渠道获得有关美国的信息

通过上述统计和分析，初步可以得出以下结论和推断：①男性和女性受访者对美国的总体认知水平比较接近，无明显差异。两性的主流判断均较为理性和客观，但比较而言，男性的思考更显复杂和全面。②受访者对美国的总体关注度较高，其中政治、经济是其最关注的领域。差异在于男性对军事、体育更为关注，女性对文化艺术更感兴趣。

四　年龄因素分析

本次调查回收有效问卷2707份，其中25周岁及以下的受访者1283人，占总数的47.4%；26～35周岁的受访者712人，占总数的26.3%；36～45周岁的受访者386人，占总数的14.3%；46～60周岁的受访者266人，占总数的

9.8%；60 周岁以上的受访者 60 人，占总数的 2.2%。因 60 周岁以上的受访者
人数太少，样本不具有代表性，故分析中按忽略不计处理。见表 3 - 2。

表 3 - 2　受访者年龄分布情况

	人员年龄分布（人数）	所占比例（百分比）
25 周岁及以下	1283	47.4
26 ~ 35 周岁	712	26.3
36 ~ 45 周岁	386	14.3
46 ~ 60 周岁	266	9.8
60 周岁以上	60	2.2
总计	2707	100.0

1. 最能代表美国的符号

调查结果显示，"白宫"和"自由女神像"是各年龄段受访者最为认可的选
项。这既反映了"白宫"和"自由女神像"更为中国民众所熟知，也在一定程度
上反映了其内涵的影响力。差异在于，随着年龄的增长，选择"白宫"的受访者
比例逐渐上升，这可能与年纪越长越关注国际时事和新闻报道有关。26 ~ 35 周岁
的受访者选择"自由女神像"的比例最高（占该组 30.9%），46 ~ 60 周岁的受访
者则最低（占该组 19.8%）。这可能源于中老年人更为务实，而青年人更富浪漫情
怀和理想主义色彩，对自由女神的形象和称谓更为偏爱。另外，25 周岁及以下的
受访者似乎对"五角大楼""航空母舰"所代表的美国军事关注较少；46 ~ 60 周岁
的受访者则对好莱坞兴趣不大。见图 3 - 19（选择最有代表性的几项为例）。

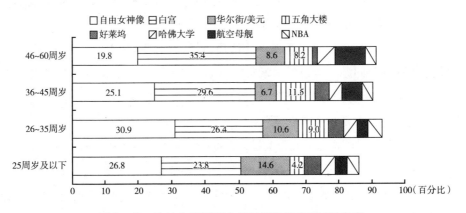

图 3 - 19　您认为下列哪个符号最能代表美国的形象

2. 击毙本·拉登对美国反恐战争的影响程度

对此问题，各年龄段受访者的选择差异不大。半数以上的受访者认为本·拉登之死对美国反恐战争影响"比较大"或"很大"，三分之一左右的受访者认为影响"一般"，极少数受访者认为影响"很小"。比较而言，25周岁及以下的青年人认为本·拉登之死对反恐战争的影响"很大"，这或许源于他们的想法更为单纯。见图 3 – 20。

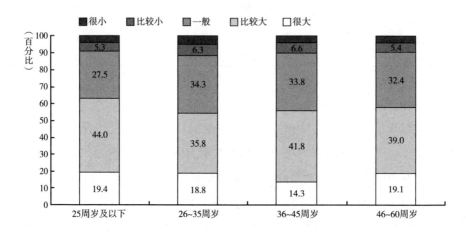

图 3 – 20　您认为本·拉登之死对美国反恐战争的影响程度如何

3. 美国的国际影响力

各年龄段受访者的判断没有明显差异。与上一年度的调查结果一样，受访者的主流判断是美国的国际影响力"基本持平"。分别有 20% 左右的受访者选择"上升"或"下降"。细微差别在于，25 周岁及以下的受访者选择"基本持平"的比例比其他年龄组选择这一选项的平均比例高 8.2 个百分点，其他受访者似乎在这个问题上考虑的因素更为复杂，因而对美国的国际影响力作出了更为具体的发展趋势预测。见图 3 – 21。

4. 普通美国人是否了解中国

对此问题，受访者的主流看法是，普通美国人对中国不够了解。各年龄段选择"一般"、"不了解"和"很不了解"的受访者均累计达到 85% 以上，选择"了解"和"很了解"的比例很低。年龄越小，选择"不了解"的比例越高。这或许暗示着年轻人对美国更怀有抵触情绪。见图 3 – 22。

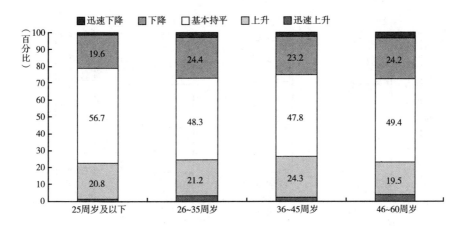

图 3 - 21 您认为美国的国际影响力将会怎样变化

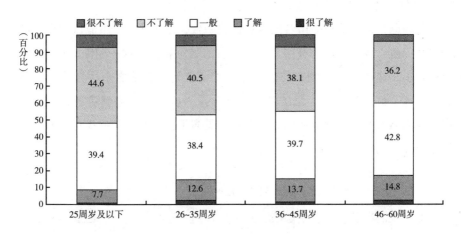

图 3 - 22 您认为普通美国人了解中国吗

5. 普通中国人是否了解美国

对此问题，各年龄段受访者的认识基本趋同，分别有半数以上的受访者
选择"一般"，25%左右的受访者选择"不了解"。受访者的主流判断是普通
中国人并不十分了解美国。但与上题相比，受访者选择"一般"和"了解"
的比例明显上升，选择"不了解"和"很不了解"的比例明显下降。这说明
多数受访者认为，中国人对美国的了解要胜过美国人对中国人的了解。见
图 3 - 23。

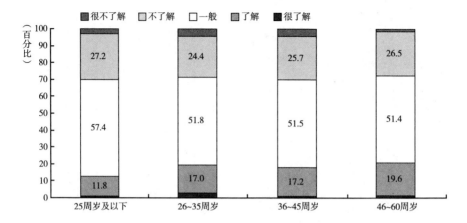

图3－23　您认为普通中国人了解美国吗

6. 如何看待当前的中美关系

对此问题，各年龄段受访者的选择比较一致，差异甚微。主流认识是当前的中美关系一般，各年龄段均有四分之三左右的受访者作出这一判断。选择"好"的受访者多于选择"差"的受访者。这反映了受访者谨慎之余稍显乐观的整体心态。选择"好"的中老年受访者略多于选择"差"的青年受访者，这可能源于中老年人多次亲历中美关系的跌宕起伏，见多不怪，而青年一代对于两国关系的期望更高。见图3－24。

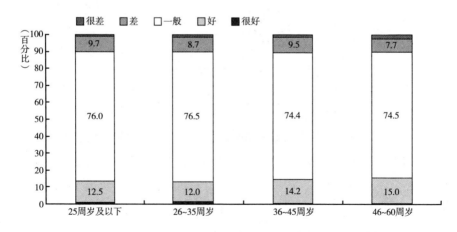

图3－24　您如何看待当前的中美关系

7. 对中美关系发展前景的看法

各年龄段受访者对中美关系发展前景的看法基本一致，半数以上的受访者认为中美关系将"曲折发展"，选择"不进不退"的受访者人数次之。25 周岁及以下的受访者选择"曲折发展"的比例高于其他年龄段十几个百分点。年长者可能对中美关系的发展轨迹更为熟悉，因而其判断更显冷静一些。见图 3 – 25。

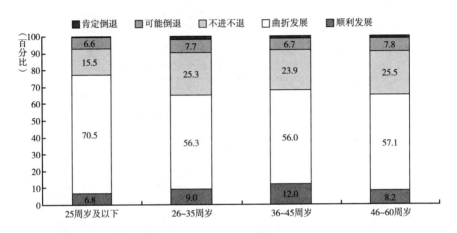

图 3 – 25　您对中美关系的发展前景持何种看法

8. 中美关系中最重要的领域或问题

对此选题，各年龄段受访者的认识差异不大。与上一年度调查结果相同，"经贸""台湾问题""能源"仍是位居前三位的受访者最关注的问题。"中美军事关系"、"亚太安全"和"反恐"等安全问题，以及"人权问题"和"西藏问题"受到少部分受访者的关注。受访者对科技、教育、公共卫生、环境、气候等方面问题的关注度很低，几乎可以忽略不计。见图 3 – 26。

9. 今后中国应当如何处理中美关系

对此问题，各年龄段受访者的回答基本趋同，但也存在差异。总体而言，主张在今后的对美关系中"更坚持原则"的受访者最多，分别占各年龄段的40%以上。差异表现在，25 周岁及以下的受访者选择该项的比例最低，选择"稍微灵活一些"的比例最高（47.1%），且横向来看高出其他各组十几个百分点。26～35 周岁、36～45 周岁，以及 46～60 周岁三组受访者中，选择"无需改变"的比例明显高于 25 周岁及以下的受访者的比例。这似乎说明在这个问题上，年长的受访者比年轻受访者更有原则性。见图 3 – 27。

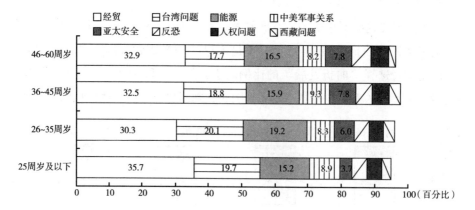

图 3-26　您认为未来中美关系中最重要的领域或问题是什么

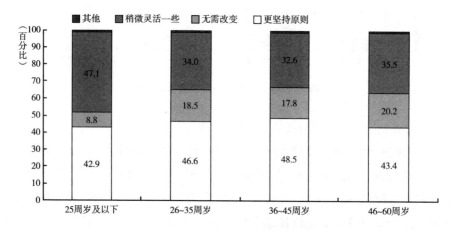

图 3-27　您认为今后中国应当如何处理对美国的关系

10. 中国民众了解美国的主要渠道

调查结果显示，"电视/电影"、"互联网"和"报纸杂志"是受访者了解美国的主要途径。广播、学术著作、教科书也为部分受访者提供了了解美国的途径。选择其他了解途径的受访者寥寥无几，几乎可以忽略不计。主要差异表现在，年纪越大的受访者，越爱阅读报纸杂志；25 周岁及以下的年轻人利用教科书了解美国的比例高于其他年龄段的受访者；36 周岁以下的受访者利用互联网了解美国的比例高于 36 周岁以上的受访者。见图 3-28。

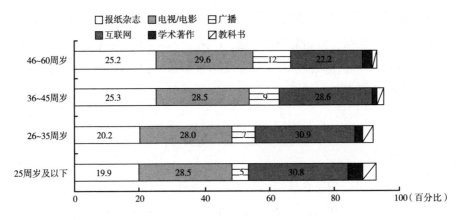

图 3 - 28 您主要从哪些渠道获得有关美国的信息

通过上述统计和分析，初步可以得出以下结论和推断：①各年龄段受访者对上述各选题的认知水平基本相当，并不存在十分明显的差异。②美国的政治、经济、军事是各年龄段受访者普遍关注的问题，其中美国政治的影响力较为凸显。除此之外，比较而言，中老年受访者更关注美国军事和国际安全问题，年轻人更偏爱美国的娱乐业和文化。另外，年轻人对美国经济的敏感度略高于中老年人。③在中美关系涉及的诸多问题中，受访者最关注影响中国百姓生活的经贸问题、关系国家主权和领土完整的台湾问题，以及为经济建设和国家安全提供保障的能源问题。比较而言，中老年受访者更关心国家和地区的安全问题，更具忧患意识。④受访者普遍认为本·拉登之死对美国反恐战争具有较大影响，其中青年受访者对这种影响评估更高，中老年受访者基于更全面的思考，持相对而言比较谨慎的态度。⑤受访者的主流观点认为，美国的国际影响力基于其大国的实力，依然保持稳定的态势。亦有少部分受访者认为其影响力可能上升或下降。⑥受访者普遍认为，中美两国人民之间缺乏足够的了解，而中国人对美国的了解又胜过美国人对中国的了解。年轻人更倾向于认为美国人对中国不太了解。这种认识可能基于些许抵触心态。⑦受访者对中美关系的现状和前景做出了较为理性和客观的判断，普遍认为中美关系不冷不热；与此相对应，对中美关系前景的基本判断是维持现状或曲折发展。总体而言，受访者持谨慎乐观的态度。⑧在处理中美关系方面，主张"更坚持原则"的受访者和主张"稍微灵活一些"的受访者几乎平分秋色，各年龄段选择前者的累计比例略高于选择后者的。中老年人在此问题上似乎原则性更强，年轻人似乎更为机动灵活。⑨受访者了解美国的渠道日趋多元化，其中影视、网络、报刊是主要渠道，广播、学术著作、教科书等也是受访者了解美国的途径。总体而言，各年龄段受访者的素质普遍较高，体现了其客观、公正、理性的思维素养。

五 文化程度分析

受教育程度是影响民众认知的一个重要因素。本次调查中，受访者填写了学历的有效问卷有2707份。其中，研究生662人（占24.5%），本科及大专学历1487人（占54.9%），高中（含中技中专职高）学历394人（占14.6%），初中109人（占4.0%），小学及其他54人（2.0%），另有1人未回答。同2010年相比，受访者中研究生所占比例有所提高（2010年为16.3%），大学生的比例有所下降（2010年为64.3%）。按照是否接受普通高等教育为标准，这里将受访者分为两组：大专及以上学历组（下称第一组）和高中及以下学历组（下称第二组）。

1. 最能代表美国的符号

在此问题上，两组民众的认识体现出较大的差异。第一组中，排在前五名的回复分别是"自由女神像""白宫""华尔街/美元""五角大楼""好莱坞"。而在第二组中，排在前五名的回复则是"白宫""自由女神像""五角大楼""华尔街/美元""好莱坞"。两组之间有着明显的差异。从统计数据看，第一组有着自由先于权力、经济高于军事的认知倾向。相反，第二组则有着权力高于自由、军事重于经济的认知倾向。见图3-29。

2. 击毙本·拉登对美国反恐战争的影响程度

两组受访者的看法几乎完全一致。两组受访者选择"比较小"和"很小"的人都很少，而且在涉及"一般""比较大""很大"的程度判断上，两组受访者的判断也只有微弱的差异（图3-30）。从统计结果看，受访者的认知呈明显的偏峰分布，总体上认为击毙本·拉登对美国反恐战争的影响较大。

3. 美国的国际影响力

两组受访者的看法存在一些差异。在第一组中，有54.1%的受访者认为美

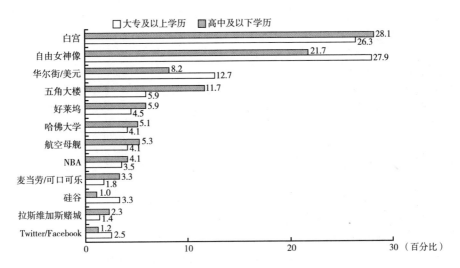

图 3 – 29　您认为哪个符号最能代表美国的形象

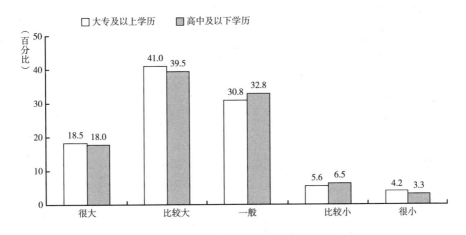

图 3 – 30　您认为击毙本·拉登对美国反恐战争的影响程度如何

国的国际影响力"基本持平"，而在第二组中，只有 44.4% 的人持有类似看法。这就是说，文化程度高的受访者倾向于认为美国的国际影响力处在维持之中，而文化程度低的受访者则倾向于认为它是处在变动之中的。从这一角度看，两组受访者存在一定的认识差异。见图 3 – 31。

4. 普通美国人是否了解中国

两组受访者的回复存在明显的差异。在第一组中，有过半数的人认为美国人

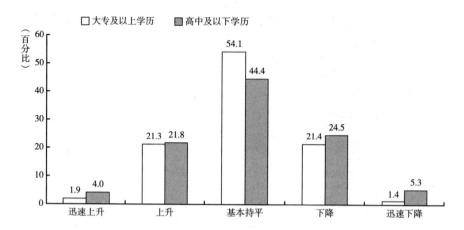

图 3-31　您认为美国的国际影响力将会怎样变化

"不了解"或"很不了解"中国，而只有 10.6% 的人认为美国人"了解"或"很了解"中国（图 3-32）。在第二组中，有 33.3% 的受访者认为美国人"不了解"或"很不了解"中国，但同时有 19.9% 的人认为美国人"了解"或"很了解"中国。这表明，文化程度高的受访者高度怀疑美国人对中国的了解程度；文化程度低的受访者则认为美国人对中国还是有一定了解的。

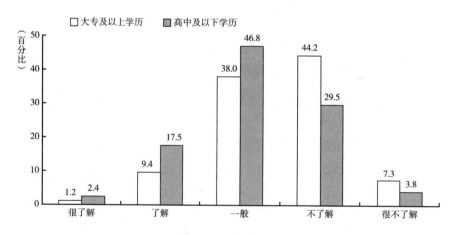

图 3-32　您认为普通美国人了解中国吗

5. 普通中国人是否了解美国

在此问题上，两组受访者的回复也有着明显的差异。在第一组中，有

29.7% 的受访者认为中国人"不了解"或"很不了解"美国，同时却有 15.4% 的人认为中国人"了解"或"很了解"美国（图 3－33）。在第二组中，有 27.0% 的受访者认为中国人"不了解"或"很不了解"美国，但同时也有 21.4% 的人认为中国人"了解"或"很了解"美国。同第一组受访者相比较，第二组受访者更倾向于认为中国人比较了解美国。

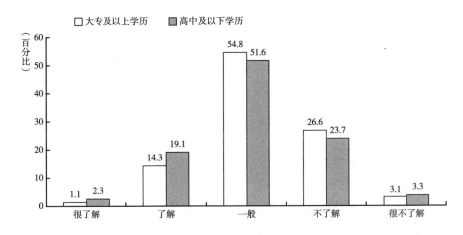

图 3－33　您认为普通中国人了解美国吗

　　比较受访者对"普通美国人是否了解中国"和"普通中国人是否了解美国"的回答，有两个值得注意的发现。第一，受教育程度高者对中美相互认知的难度有更清醒的认识。他们在上述两个问题中，回答"了解"的比例总是低一些，而回答"不了解"的比例总是高一些。第二，国人自认为比较了解美国，同时却认为美国人不够了解中国。

　　6. 如何看待当前的中美关系

　　两类受访者的看法基本一致，但也有微弱的差异（图 3－34）。两大群体中，各有七成以上的人认为当前中美关系"一般"，各有 15% 左右的人认为中美关系处于良好状态（选择"好"），各有一成左右的人认为中美关系处于不良态势（选择"差"），只有极少数人认为中美关系"很好"或"很差"。中美关系的基本态势已经延续了很多年，国人对这种格局也已经习以为常，因此才会有 70% 以上受访者认为中美关系"一般"。相比较而言，第一组受访者在认识问题上的一致性更高，有 76.6% 的人选择了"一般"这一中间选项。

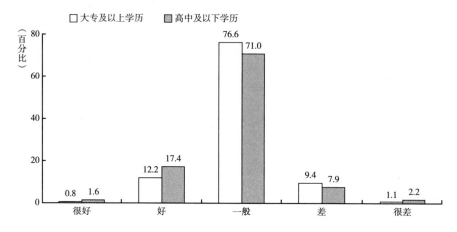

图 3 - 34　您如何看待当前的中美关系

7. 对中美关系发展前景的看法

两组受访者的回答大不相同（图 3 - 35）。在第一组中，近七成的受访者认为中美关系会"曲折发展"。在第二组中，这一数字则只有四成。第一组有相当一致的认识，即中美关系发展的难度固然很大，但毕竟会"曲折发展"。而在第二组中，受访者对中美关系前景的判断非常不一致。有 34.3% 的人认为中美关系会陷入"不进不退"的僵局，又有 14.6% 的人认为中美关系会"顺利发展"。很明显，文化程度低的受访者对中美关系前景的看法差异较大，而文化程度高的

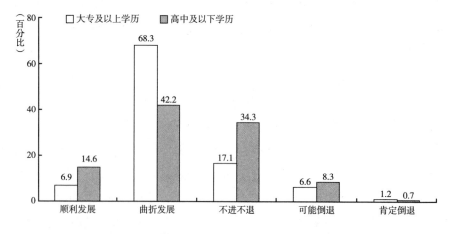

图 3 - 35　您对中美关系的发展前景持何种看法

受访者则有更高的共识度。显然，在这一问题上，所受教育程度是一个显著的影响因子。

8. 中美关系中最重要的领域或问题

在这一问题上，两组受访者的看法总体上相差不大，只有细微差异（图 3 -
36）。"经贸"问题是中美关系的首要议题，"台湾问题"和"能源"问题分列
第二、第三位。不过，两组受访者对"反恐"问题和"亚太安全"问题的认识
有较大的差异。第一组认为"亚太安全"问题在中美关系中比较突出（5.7%）。
相反，第二组认为"反恐"问题比较突出（8.8%）。

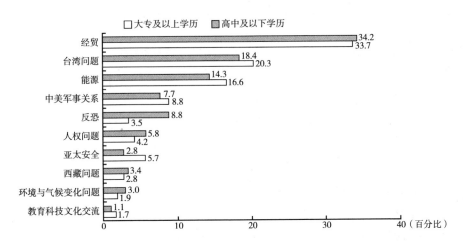

图 3 - 36　您认为未来中美关系中最重要的领域或问题是什么

9. 今后中国应当如何处理中美关系

两组受访者的看法表现出了一些共性，但同时也存在一些差异（图 3 - 37）。
从共性的角度看，两组对同一问题的看法都表现出了"双峰分布"的特征，各
有很大一部分人认为中国应当"更坚持原则"或"稍微灵活一些"。它反映出这
样一个基本事实，中国民众认为，在面对美国时，原则性和灵活性都很重要。由
于受教育程度不同，两组受访者在以下两个问题上分歧明显。第一，与未接受高
等教育的群体相比（33.0%），接受高等教育的群体（42.0%）更有可能支持灵
活的策略。第二，与接受高等教育的群体相比（12.4%），未接受高等教育的群
体（20.3%）更有可能支持现行的策略。

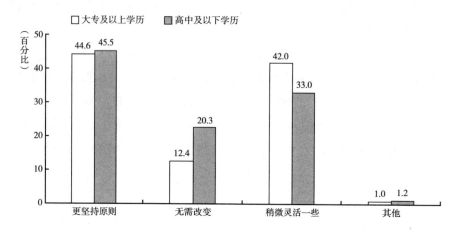

图 3 - 37   您认为今后中国应当如何处理对美国的关系

六　地域因素分析

按照所处的地理位置和各地区经济发展状况的差异，本课题组将受访者分成两类：沿海地区受访者和内陆地区受访者。其中，沿海地区包括 3 个城市：上海、广州、北京；内陆地区包括 5 个城市：兰州、昆明、长春、成都、长沙。在本课题组共收回的 2707 份有效问卷中，沿海地区 1047 份，占 38.7%，内陆地区 1660 份，占 61.3%。

1. 最能代表美国的符号

在被问及代表美国的符号时，在沿海地区受访者中，比例最高的两个选项是"自由女神像"（27.8%）和"白宫"（26.2%）；在内陆地区受访者中，比例最高的两个选项是"白宫"（27.0%）和"自由女神像"（26.0%）。可见，两类人群对美国的象征符号认识较为统一，都有超过四分之一的人把"白宫"和"自由女神像"作为美国的象征。见图 3 - 38。

2. 击毙本·拉登对美国反恐战争的影响程度

关于击毙本·拉登对美国反恐战争的影响，沿海地区受访者回答"比较大"的占 41.7%，回答"一般"的占 32.5%；在内陆地区受访者中，认为"比较大"的占 40.0%，认为"一般"的占 30.3%。可见，两类人群在看待本·拉登

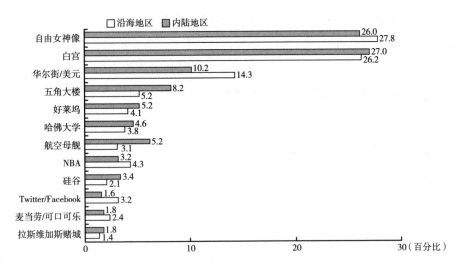

图 3 - 38　您认为哪个符号最能代表美国的形象

被击毙的事情上观点基本是一致的，都有四成左右的人认为对反恐战争影响较大。见图 3 - 39。

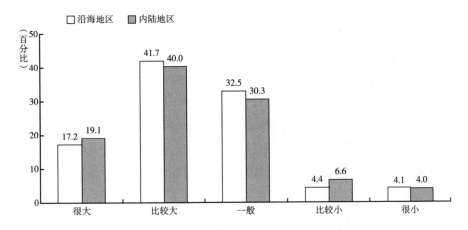

图 3 - 39　您认为击毙本·拉登对美国反恐战争的影响程度如何

3. 美国的国际影响力

在被问及美国的国际影响力问题时，沿海地区受访者中比例最高的三个选项是"基本持平"（52.5%）、"上升"（22.5%）和"下降"（20.8%）；内陆地区受访者中比例最高的三个选项是"基本持平"（52.1%）、"下降"（22.7%）和

"上升"（20.6%）。可见，涉及美国的国际影响力的变化，两类地区的受访者的观点非常接近，都有超过半数的人认为是保持不变。略有不同的是，除了认为美国影响力"基本持平"的人，更多的沿海地区受访者认为美国的影响力在"上升"，而更多的内地受访者认为这种影响力在"下降"。见图3-40。

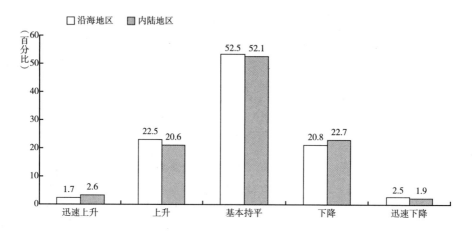

图3-40 您认为美国的国际影响力将会怎样变化

4. 普通美国人是否了解中国

关于普通美国人是否了解中国，在沿海地区受访者中，42.3%的人认为"一般"，35.4%的人认为"不了解"；在内陆地区受访者中，45.0%的人认为"不了解"，38.0%的人认为"一般"。可见，两个群体在这一问题上的看法大相径庭，近半数的内地受访者认为普通美国人不了解中国，而沿海地区受访者中更多的人觉得普通美国人还是了解一点中国的。这或许与沿海地区外资企业较多，通过出国学习、旅游，以及在本地的外企工作，当地人接触美国人的机会较多有关。见图3-41。

5. 普通中国人是否了解美国

在沿海地区受访者中，认为普通中国人对美国了解程度"一般"的占56.7%，认为对美国"不了解"的占21.2%；内陆地区受访者持这两种观点的比例分别为52.6%和29.1%。可见，不同地区的受访者在此问题上观点非常一致，都有超过半数的人认为普通中国人对美国的了解程度一般。略有不同的是，更多的内地受访者认为普通中国人"不了解"美国。见图3-42。

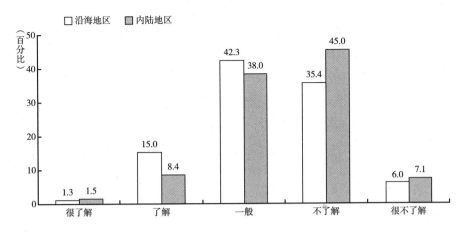

图 3 - 41　您认为普通美国人了解中国吗

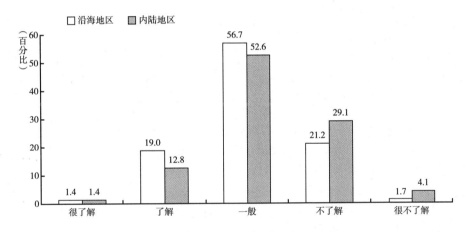

图 3 - 42　您认为普通中国人了解美国吗

6. 如何看待当前的中美关系

在被问及如何看待当前的中美关系时，在沿海地区受访者中，认为"一般"的占 72.1%，认为"好"的占 17.6%；在内陆地区受访者中，认为"一般"的占 77.6%，认为"好"的占 10.4%。可见，两类人群对当前的中美关系看法基本一致，大部分的受访者都认为关系"一般"。稍有不同的是，相对于内陆地区受访者，沿海地区受访者对当前的中美关系更乐观，选择"好"的比例要高一些。见图 3 - 43。

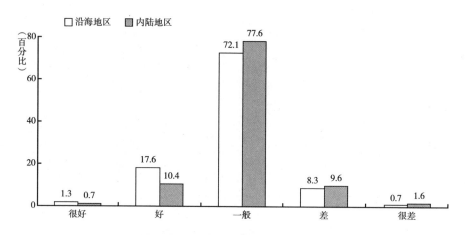

图 3 - 43　您如何看待当前的中美关系

7. 对中美关系发展前景的看法

关于对中美关系发展前景的看法，在沿海地区受访者中，回答"曲折发展"的占58.8%，回答"不进不退"的占25.8%；在内陆地区受访者中，回答"曲折发展"的占66.3%，回答"不进不退"的占16.9%。可见，不同地区受访者对中美关系发展前景的看法基本一致，都有半数以上的人认为是"曲折发展"。除此之外，相对于内陆地区受访者，更多的沿海地区受访者认为中美关系会维持现状，即"不进不退"。这一点与2010年的调查结果正好相反。见图3 - 44。

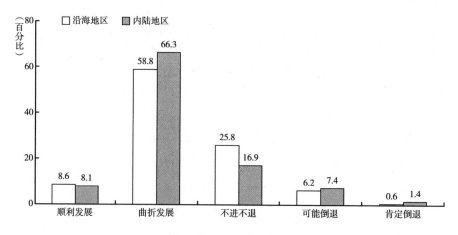

图 3 - 44　您对中美关系的发展前景持何种看法

8. 中美关系中最重要的领域或问题

在被问及中美关系中最重要的领域或问题时，在沿海地区受访者中，排在前三位的选项是"经贸"（38.4%）、"能源"（16.7%）和"台湾问题"（15.6%）；在内陆地区受访者中，排在前三位的选项是"经贸"（30.7%）、"台湾问题"（22.8%）和"能源"（15.9%）。可见，两类受访者都把"经贸"、"台湾问题"和"能源"列为中美关系中最重要的问题，而且大家都认为"经贸"问题是头等大事。稍有不同的是，除了"经贸"问题，沿海地区受访者认为"能源"问题更重要，而内地受访者则认为"台湾问题"更重要。见图3-45。

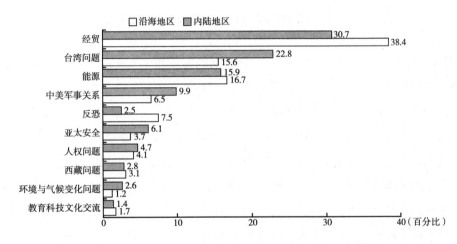

图3-45 您认为未来中美关系中最重要的领域或问题是什么

9. 今后中国应当如何处理中美关系

关于今后中国应当如何处理中美关系，40.6%的沿海地区受访者认为要"更坚持原则"，其次是"稍微灵活一些"（39.8%）；在内陆地区受访者中，47.3%的人认为要"更坚持原则"，其次是"稍微灵活一些"（40.5%）。可见，两类人群在这个问题上观点基本相同，都有超过四成的人希望中国在处理中美关系中"更坚持原则"。这一点与2010年的调查结果相同。见图3-46。

10. 中国民众了解美国的主要渠道

关于获取有关美国信息的渠道，在沿海地区受访者中，比例最高的选项是"互联网"（28.3%），其次是"电视/电影"（27.5%），第三位是"报纸杂志"

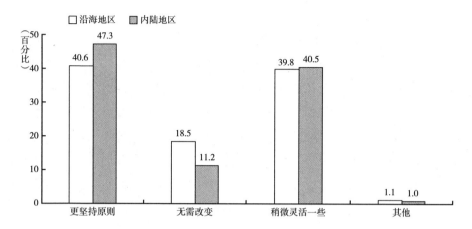

图3-46　您认为今后中国应当如何处理对美国的关系

（22.6%）；在内陆地区受访者中，比例最高的选项是"互联网"（29.9%），其次是"电视/电影"（29.3%），第三位是"报纸杂志"（20.7%）。可见，不同地区的受访者在获取美国有关信息的渠道上基本相同，"互联网"都是受访者获取信息最主要的渠道。与2010年相比，内陆地区受访者通过"电视/电影"了解美国的比例有所下降，导致"电视/电影"的选项比例由2010年的第一位降至今年的第二位。可见，随着网络在内地的普及，其方便快捷的特点使之更受广大民众的青睐。此外，无论沿海地区受访者还是内陆地区受访者，其获取信息的主要手段都比较平均，没有出现对某一种媒体过分依赖的现象。见图3-47。

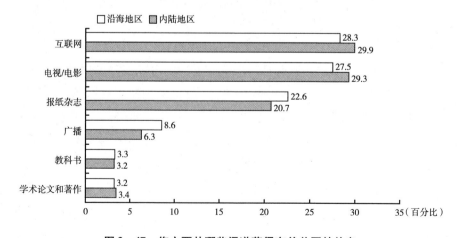

图3-47　您主要从哪些渠道获得有关美国的信息

从地域视角来看，主要有以下四个特点。第一，在多数问题上，两个地区受访者的观点差异不大，基本能够形成共识。第二，内陆地区受访者的观点相对集中，而沿海地区受访者的观点有些分散。通过对比排名前两个选项的差距，可以发现在所有 10 个问题中，有 6 个问题内陆地区受访者的百分比差高于沿海地区受访者。第三，在有关中美关系的现状、发展，以及处理手段等具体问题上，不同地区的人群看法有些差异。总体来说，沿海地区受访者的态度比较乐观，而内陆地区受访者的态度更加谨慎和保守。更多的沿海地区受访者倾向于认为目前中美关系较好、发展较顺利、处理中美关系要原则性和灵活性相结合；而更多的内陆地区受访者则认为目前中美关系不是很好、发展不太顺利、处理中美关系要更坚持原则。第四，关于中美两国人民对其对象国的认知方面，两类人群的看法不同。沿海地区受访者认为这种了解的程度较高，而内陆地区受访者认为这种了解的程度较低。这可能和沿海地区接触外国人（包括美国人）较多有关，该地区的人认为相互交往多了，自然了解就多了；而在内陆地区这样的机会较少，受访者认为相互认知的程度就较低。

七 职业因素分析

本次发放问卷的范围限于大学、政府机关和企业事业单位，发放问卷 2707 份，填写了职业一栏的问卷 2612 份，另有 95 份问卷未就职业做出回答（回答"不知道/不清楚""不回答"）。这 95 份问卷被视为缺失而在分析中忽略。在 2612 份问卷中，按某种职业的受访者在总受访人中所占的百分比从大到小的顺序排列，依次为：学生（35.3%）、其他（11.7%，其中包括离退休人员 2.8%、军人 2.5%、农民 0.5%，由于这三个职业群体的样本过低，恐不具有代表性，因而都归于"其他"一类）、商业服务业人员（10.6%）、专业技术人员（8.6%）、教科文卫体工作人员（8.2%）、企业经营管理者（6.5%）、工人（5.8%）、公务员（5.7%）、个体工商户（4.1%）。见图 3-48。

1. 最能代表美国的符号

本题的设计选项多达 17 个，"白宫"和"自由女神像"是上述 9 种职业群体的受访者最倾向于选择的两个选项。这表明来自不同职业群体的调查对象对美国象征或美国符号的认识趋向于一致，他们都更倾向于从政治与价值观层面看美国。值

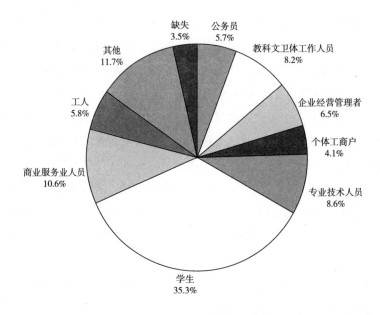

图3-48 受访者的职业及其百分比

得注意的是，除学生和企业经营管理者之外，其他职业群体中选择"白宫"的人数都多于选择"自由女神像"的人数。而学生和企业经营管理者选择"自由女神像"的人数高于选择"白宫"的人数，以百分比计，前者高出6.8个百分点，后者高出1.2个百分点。在此基础上，受访者中选择"五角大楼"和"航空母舰"的比例也较高，其合计比例按从大到小的顺序依次为个体工商户（19.2%）、其他（18.7%）、工人（17.7%）、公务员（16.9%）、企业经营管理者（15.8%）、专业技术人员（13.3%）、商业服务业人员（11.3%）、教科文卫体工作人员（9.2%）、学生（5.9%）。在这两个选项上，不同职业群体之间的差异较为明显，其中学生、商业服务业人员、教科文卫体工作人员选择"华尔街/美元"的比例都高于他们选择"五角大楼"和"航空母舰"的合计比例，分别高出9.5个、1.6个、0.4个百分点，这表明这三种职业群体的受访者中一部分人相对而言更倾向于从经济层面看美国，而其他职业的受访者中也有一部分人倾向于从军事层面看美国。见图3-49。

2. 击毙本·拉登对美国反恐战争的影响程度

上述9种职业群体的受访者对于这个问题的判断的一致性十分明显，他们中的多数人都倾向于选择"比较大"和"一般"两个选项。而且，这几个职业群体中人数比例居于第三位的选项都是"很大"。与其他6种职业群体相比，其

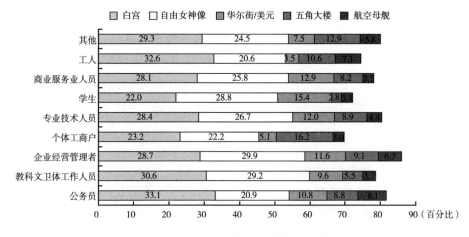

图 3 – 49　您认为哪个符号最能代表美国的形象

他、教科文卫体工作人员和公务员三个职业群体中有相当一部分人认为击毙本·拉登对美国反恐战争的影响"一般"。但认为这一影响"比较小"和"很小"的人在这 9 种职业群体中都明显处于少数。见图 3 – 50。

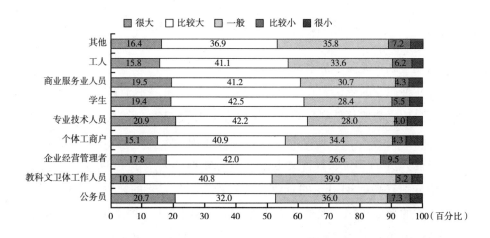

图 3 – 50　您认为击毙本·拉登对美国反恐战争的影响程度如何

3. 美国的国际影响力

在上述 9 种职业群体中，认为美国国际影响力未来"基本持平"的人数都居于首位，其中教科文卫体工作人员中选择此项的人数比例最高，占 60.1%，而个体工商户中选择此项的人数则相对较低，只占 39.4%。百分比居于第二位的则为"上升"或"下降"两个选项，其中除专业技术人员和公务员这两个职业群体外，其他群体选择"下降"的人数都多于或略多于选择"上升"的人数，而专业技术人员和公务员中则分别有 27.0% 和 31.8% 的人认为，美国的国际影响力未来仍将处于上升势头。这表明不同职业群体在如何看待美国国际影响力的变化方面尽管有一定程度的共识，但也存在明显的差异。见图 3 –51。

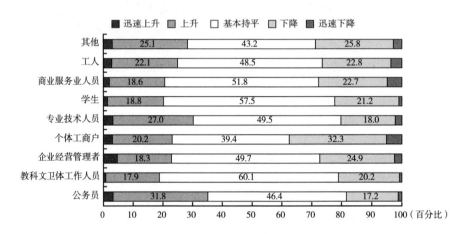

图 3 –51 您认为美国的国际影响力将会怎样变化

4. 普通美国人是否了解中国

上述 9 种职业的受访者较集中于选择"一般"和"不了解"这两个选项，两者的百分比之和按从低到高的顺序依次为工人 75.3%、个体工商户 76.8%、其他 77.5%、企业经营管理者 78.6%、公务员 79.6%、专业技术人员 79.7%、商业服务业人员 81.0%、教科文卫体工作人员 81.9%、学生 84.8%。特别是受访者中分别有高达 41.1% 的企业经营管理者、41.2% 的教科文卫体工作人员、47.2% 的学生和 51.3% 的公务员认为普通美国人不了解中国，这表明这些职业群体的受访者更倾向于认为普通美国人对中国缺乏了解。见图 3 – 52。

5. 普通中国人是否了解美国

上述 9 种不同职业的受访者分别有近一半或超过半数的人认为普通中国人对美国的了解"一般"，而除工人群体之外，其他职业群体中居于第二位的选项都是"不了解"。其中公务员、学生和个体工商户三个职业群体的受访者回答"不了解"的人数要明显多于回答"了解"的人数，依次分别高出 25.0

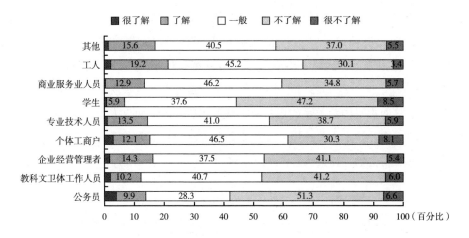

图 3-52　您认为普通美国人了解中国吗

个、17.4 个和 16.4 个百分点。从中可以看出，普通中国人对美国的了解还比较欠缺，在受访的公务员、学生和个体工商户中的相当一部分人看来，情况尤其如此。见图 3-53。

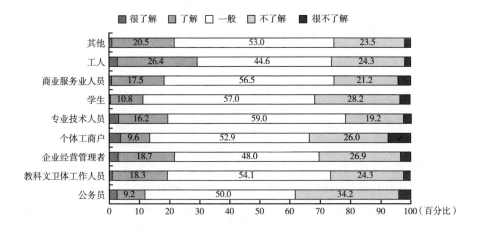

图 3-53　您认为普通中国人了解美国吗

6. 如何看待当前的中美关系

来自上述 9 种职业群体的受访者中分别都有压倒多数的人首选"一般"，按百分比从大到小的顺序，依次为公务员 80.0%、学生 77.5%、专业技术人员 76.4%、商业服务业人员 75.4%、教科文卫体工作人员 74.8%、其他 73.0%、工人 71.6% 、企业经营管理者 70.7% 、个体工商户 69.5% 。除个体工商户群体之外，其他职业群体选择"好"的人数都多于选择"差"的人数，其中工人、其他、教科文卫体工作人员、专业技术人员、商业服务业人员等五个职业群体分别高出 11.5 个、9.8 个、7.5 个、6.6 个、6.1 个百分点。这表明来自不同职业群体的受访者大多数都对中美关系的现状持不好不坏的评价，而工人、其他、教科文卫体工作人员、专业技术人员，以及商业服务业人员中对中美关系的现状持较为积极评价的人多于持消极评价的人。见图 3 - 54。

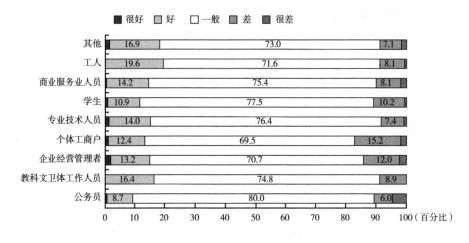

图 3 - 54　您如何看待当前的中美关系

7. 对中美关系发展前景的看法

相对于其他选择，选择"曲折发展"的人数在上述各职业群体中都居于首位，其中除个体工商户之外，其他职业群体选择"曲折发展"的人数都超过一半，按百分比从高到低的顺序依次为学生 72.9% 、教科文卫体工作人员 65.6% 、其他 62.2% 、公务员 60.1% 、专业技术人员 59.6% 、商业服务业人员 56.9% 、工人 54.5% 、企业经营管理者 50.6% 。这表明上述 9 种职业群体的受访者当中有相当多的人对中美关系的前景持谨慎乐观的态度，这一态度在受访的学生群体中表现得尤为突出。见图 3 - 55。

8. 中美关系中最重要的领域或问题

在所有选项中，选择"经贸"的人数在上述 9 种职业群体的受访者中都居于首位。"台湾问题"和"能源"则居于第二位或第三位，其中除企业经营管

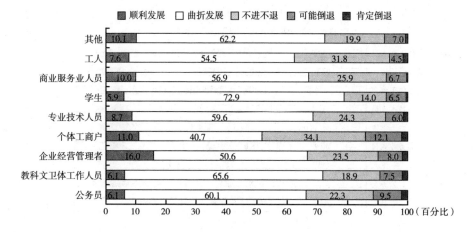

图3－55　您对中美关系的发展前景持何种看法

理者、商业服务业人员和"其他"之外，其他职业的受访者选择"台湾问题"的人数都相应地居于第二位，而公务员和商业服务业人员选择"能源"的人数只略多于选择"台湾问题"的人数。此外，受访的各职业群体当中还有一部分人认为"反恐""西藏问题""人权问题""亚太安全""中美军事关系"等是中美关系中最重要的领域或问题，受访的个体工商户中选择"反恐"的占15%左右，而包括离退休人员、军人、农民在内的其他职业群体中选择"中美军事关系"的占18.8%。这表明上述9种职业群体的受访者在对中美关系中最重要的领域或问题的看法上有较大的一致性，同时也存在细微的差别。见图3－56。

9. 今后中国应当如何处理中美关系

选择"更坚持原则"与"稍微灵活一些"这两个选项的人数在上述9种职业群体中居于前两位，分别超过甚至大大超过选择"无需改变"的人数。其中，除学生和教科文卫体工作人员这两个职业群体（这两个职业群体中，受访者选择"稍微灵活一些"的比选择"更坚持原则"的分别高10.6个和3.8个百分点）外，其他职业群体中选择"更坚持原则"的人数都略多于或明显多于选择"稍微灵活一些"的人数。这表明在对待中国如何处理对美关系的问题上，上述9种职业群体的受访者中大多数都更倾向于做某种改变，而在向哪一个方向改变的问题上，不同职业群体之间存在着差异，其中学生、教科文卫体工作人员中的受访者

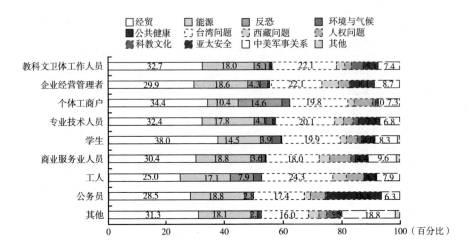

图3-56 您认为未来中美关系中最重要的领域或问题是什么

更倾向于支持以稍微灵活的方式处理对美关系，而其他职业群体的受访者则更倾向于支持以更坚持原则的方式处理对美关系。见图3-57。

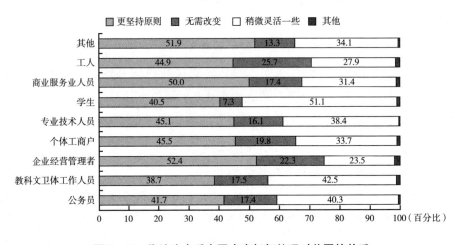

图3-57 您认为今后中国应当如何处理对美国的关系

10. 中国民众了解美国的主要渠道

上述9种职业群体的受访者人数居于前三位的选项都是"互联网""电视/电影""报纸杂志"。其中学生、专业技术人员、教科文卫体工作人员、公务员四种职业群体选择"互联网"的百分比都高于选择"电视/电影"的百分比，其中教科文卫体工作人员选择"互联网"的比例最高，达 32.7%。其他职业群体则相反，他们选择"电视/电影"的百分比都高于或等于选择"互联网"的百分比，其中个体工商户选择"电视/电影"的比例最高，达 30.5%。不同职业群体选择"报纸杂志"的百分比都低于"电视/电影"和"互联网"的百分比而位居第三。其中学生群体选择"报纸杂志"的比例最低，其他职业群体选择"报纸杂志"的比例则大约在 21% ~ 25%。从中可以看出，上述 9 种职业群体获取美国信息的渠道比较集中，主要是"互联网""电视/电影""报纸杂志"，但它们之间也存在一定差异。见图 3 – 58。

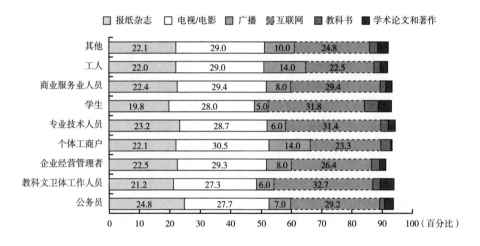

图 3 – 58　您主要从哪些渠道获得有关美国的信息

　　从职业视角来看，此次问卷调查反馈的信息显示，来自上述 9 种职业群体的受访者在有关美国、中美关系的问题上有相当程度的共识，如在关于"击毙本·拉登对美国反恐战争的影响程度""美国的国际影响力""普通美国人是否了解中国""普通中国人是否了解美国""如何看待当前的中美关系""对中美关系发展前景的看法""中美关系中最重要的领域或问题"等问题上，其人数居于首位的选项都是一致的。与此同时，在关于"最能代表美国的符号""普通美国人是否了解中国""今后中国应当如何处理中美关系"，以及"中国民众了解美国的主要渠道"等问题上，受访的不同职业群体之间的差异又十分明显。突出表现在：公务员和学生在普通美国人"不了解"中国、普通中国人"不了解"

美国、中美关系的现状"一般"等选项上的人数比例都明显高于其他职业群体。而在中美关系将"曲折发展"、处理中美关系的方式应"稍微灵活一些"等选项上，受访的学生群体都分别以"72.9%"和"51.1%"的百分比而明显领先于其他职业群体在同一选项上的百分比。这表明，与其他职业群体比较而言，公务员和学生对中美两国人民之间相互缺乏了解的现状更为担忧。尽管如此，学生更倾向于以较为灵活的方式处理对美关系并对中美关系的发展前景更为乐观。

八　收入因素分析

本次调查发放问卷 2707 份，其中 2157 份问卷填写了收入情况，而表示"不知道/不清楚"的问卷有 83 份，选择"不回答"的问卷 467 份。后两类问卷视为缺失问卷，将不作为分析的依据。在 2157 份有效问卷中，月收入为 1000 元及以下的受访者在总受访者中占 18.8%、1001~3000 元的占 27.4%、3001~5000 元的占 21.6%、5001~10000 元的占 9.6%、10000 元以上的占 2.3%。见表 3-3。

表 3-3　受访者的收入、人数及百分比

	收入	人数	百分比
有效问卷	1000 元及以下	509	18.8
	1001~3000 元	741	27.4
	3001~5000 元	586	21.6
	5001~10000 元	260	9.6
	10000 元以上	61	2.3
	小计	2157	79.7
缺失	不知道/不清楚	83	3.1
	不回答	467	17.3
	小计	550	20.3
合　计		2707	100.0

1. 最能代表美国的符号

不同档次收入的受访者人数居于前两位的选项都是"白宫"和"自由女神像"，其百分比分别远远高于其他选项所占的百分比，二者之和按从高到低的顺序分别为月收入 10000 元以上的受访者 57.6%、3001~5000 元 56.9%、5001~

10000 元 54.5%、1001～3000 元 54.0%、1000 元及以下 52.2%。月收入 10000
元以上的受访者选择"白宫"和"自由女神像"的百分比同样多；在其他收入
群体中，除月收入 1000 元及以下的受访者之外，百分比居于首位的选项都是"白
宫"。这表明，不同收入的受访者多数都倾向于从政治或价值观的视角看美国，而
低收入受访者相对而言则更倾向于从价值观的层面看待美国。见图 3－59。

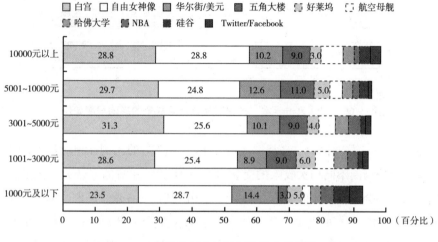

图 3－59 您认为哪个符号最能代表美国的形象

2. 击毙本·拉登对美国反恐战争的影响程度

不同收入群体的受访者人数居于首位和第二位的选项分别都是"比较大"
和"一般"，二者之和在相应收入群体都压倒多数，且不同收入群体的受访者选
择"比较大"的比例都明显高于选择"一般"的比例，二者之差按从高到低的
顺序依次为月收入 1000 元及以下的受访者 15.5 个百分点、10000 元以上 14.6 个
百分点、3001～5000 元 6.6 个百分点、5001～10000 元 5.2 个百分点、1001～
3000 元 4.9 个百分点。这说明不同收入的受访者有相当一部分人倾向于认为击
毙本·拉登对美国反恐战争的影响比较大，同时也有一定数量的人认为影响不那
么大。见图 3－60。

3. 美国的国际影响力

在不同档次收入的受访者中，与其他选项相比，选择"基本持平"的人数
都是最多的，按百分比从高到低的顺序依次为月收入 1000 元及以下 58.8%、
10000 元以上 52.7%、5001～10000 元 52.4%、3001～5000 元 49.3%、1001～

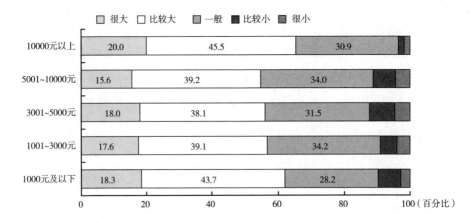

图 3-60 您认为击毙本·拉登对美国反恐战争的影响程度如何

3000 元 47.6%。与此同时，选择"上升"和"下降"的比例在相应收入群体的
受访者中也较高。不同档次收入的受访者中都有 50% 左右的人认为美国的国际
影响力未来不会出现明显的变化。而受访者中的其他人在这个问题上的分歧也较
为明显，有 20% 左右的受访者认为这一影响力未来会上升，也有与此比例相当
的受访者认为会下降。且月收入 1000 元及以下和月收入 10000 元以上的受访者
认为上升的比例要高于下降的比例，而其他收入的受访者的判断则恰好相反。见
图 3-61。

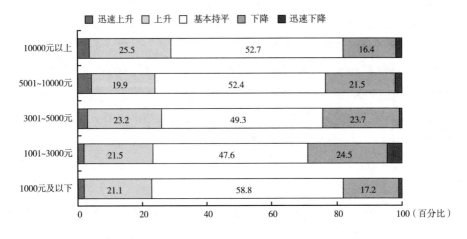

图 3-61 您认为美国的国际影响力将会怎样变化

4. 普通美国人是否了解中国

不同档次收入的受访者居于前两位的选项都是"一般"和"不了解"。除月收入 5001～10000 元和月收入 10000 元以上的受访者之外，其他档次收入的受访者选择"不了解"的人数在该收入群体中所占的百分比都高于选择"一般"的百分比，二者之差按从低到高的顺序依次为月收入 3001～5000 元 0.7 个百分点、1001～3000 元 2.5 个百分点、1000 元及以下 8.6 个百分点。从中可以看出，不同收入群体的受访者都倾向于认为普通美国人对中国的了解还比较欠缺，在月收入 1000 元及以下的受访者看来，情况尤其如此。见图 3 - 62。

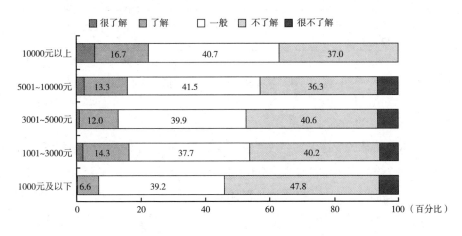

图 3 - 62 您认为普通美国人了解中国吗

5. 普通中国人是否了解美国

不同档次收入的受访者选择"一般"的人数在相应收入群体中所占的百分比都居于首位，除月收入 3001～5000 元和月收入 10000 元以上的受访者之外，其他档次收入群体选择"一般"的人数在相应群体中都超过一半。相应地，不同收入群体中百分比居于第二位和第三位的选项都是"不了解"和"了解"。且除月收入 5001～10000 元的受访者在这两个选项上的百分比较为接近之外，其他收入群体选择"不了解"的百分比都明显高于选择"了解"的百分比，按从高到低的顺序依次为月收入 1000 元及以下的高 17.4 个百分点、3001～5000 元的高 10.5 个百分点、1001～3000 元的高 9.3 个百分点、10000 元以上的高 1.7 个百分点。这表明，不同收入的受访者都倾向于认为普通中国人对美国的了解还较为欠缺。特别是月收入1000元及以下的受访者，他们认为这种了解尤为不足。见图3－63。

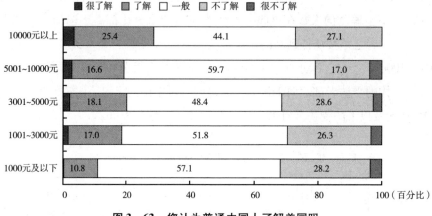

图3－63　您认为普通中国人了解美国吗

6. 如何看待当前的中美关系

不同收入群体的受访者都一致首选"一般"，该选项以压倒多数的百分比而领先于其他四个选项，其中月收入10000元以上的受访者选择"一般"的百分比甚至高达84.2%。同时，在其余四个收入群体的受访者中，选择"好"的百分比都明显高于选择"差"的百分比。这说明，收入的差异并没有影响受访者在这个问题上的判断，大多数受访者都倾向于认为时下的中美关系不好也不坏，而其他少数人当中对中美关系持积极评价的人相对要多于持消极评价的人。见图3－64。

7. 对中美关系发展前景的看法

不同收入群体的受访者中分别都有超过一半的人选择"曲折发展"，按百分比由高到低的顺序依次为月收入1000元及以下的71.0%、3001～5000元的63.7%、10000元以上的61.1%、5001～10000元的56.1%、1001～3000元的56.0%。而人数居于第二位的选项则都是"不进不退"，按百分比从高到低的顺序依次为5001～10000元的27.9%、1001～3000元的25.0%、3001～5000元的18.8%、1000元及以下的15.0%、10000元以上的14.8%，且它们都分别明显高于其他三个选项相应所占的百分比。这表明不同收入群体的受访者中多数人都倾向于对中美关系的前景持谨慎乐观的看法，其中月收入1000元及以下的受访者持这一看法的人最多。见图3－65。

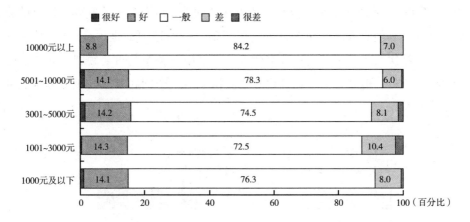

图 3 - 64　您如何看待当前的中美关系

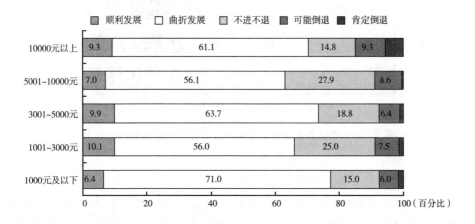

图 3 - 65　您对中美关系的发展前景持何种看法

8. 中美关系中最重要的领域或问题

不同档次收入的受访者居前三位的选项都是"经贸""台湾问题""能源"，这三个选项所占的百分比之和按从高到低的顺序依次为月收入 1000 元及以下的 74.8%、5001 ~ 10000 元的 74.3%、10000 元以上的 70.4%、3001 ~ 5000 元的 69.8%、1001 ~ 3000 元的 65.3%。而且，"经贸"选项以明显高于"台湾问题"选项的百分比优势位居第一位，二者之差，按从高到低的顺序依次为月收入 10000 元以上的高 29.6 个百分点、1000 元及以下的高 21.4 个百分点、5001 ~ 10000 元的高 18.7 个百分点、1001 ~ 3000 元的高 9.3 个百分点、

3001~5000 元的高 6.8 个百分点。值得注意的是，除月收入 10000 元以上的受访者之外，其他收入的受访者百分比居于第二位的选项都是"台湾问题"。这表明不同档次收入的受访者中大多数人在未来中美关系的重要领域或问题上的看法较为一致，但收入差异的确也导致受访者对这个问题看法的细微差别。见图 3–66。

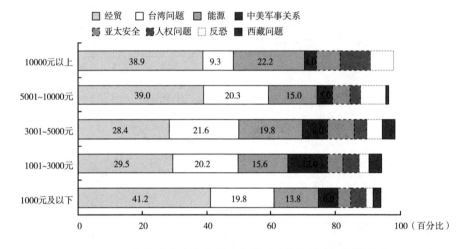

图 3–66　您认为未来中美关系中最重要的领域或问题是什么

9. 今后中国应当如何处理中美关系

收入对受访者在中国处理对美关系适当方式上的看法的影响较为明显，与其他档次收入的受访者不同，月收入 1000 元及以下的受访者中主张"稍微灵活一些"的百分比明显高于主张"更坚持原则"的百分比，二者之差高达 15.2 个百分点。月收入 10000 元以上的受访者中主张"更坚持原则"和"稍微灵活一些"的百分比则很接近，且该群体中选择"无需改变"的百分比比其他收入群体在该选项上的百分比都高，达 25.5%。月收入 1001~3000 元和 3001~5000 元的受访者中分别都有近一半的人主张在处理对美关系时应"更坚持原则"，而月收入 1000 元及以下的受访者中则有超过一半的人主张应"稍微灵活一些"，月收入 5001~10000 元的受访者在相关问题上所持的立场介于这两者之间，而月收入 10000 元以上的受访者中则有相当一部分人主张"无需改变"目前处理对美关系的方式。见图 3–67。

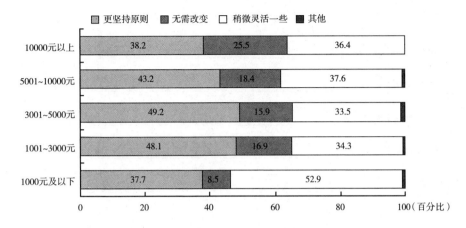

图 3-67 您认为今后中国应当如何处理对美国的关系

10. 中国民众了解美国的主要渠道

月收入1001~3000元的受访者居于前三位的选项依次是"电视/电影""互联网""报纸杂志"，其他档次收入的受访者居于前三位的选项则依次都是"互联网""电视/电影""报纸杂志"。这说明不同档次收入的受访者获得有关美国的信息的主要渠道是相同的。当然，这其中也存在细微的差别，即与其他档次收入的受访者相比，在获取有关美国信息的渠道方面，月收入1001~3000元的受访者对"电视/电影"的依赖明显多于对"互联网""报纸杂志"等其他渠道的依赖，而其他收入群体对"互联网"的依赖相对而言都是最大的。与这三种渠道相比，其他渠道对于不同收入的受访者获取美国信息的影响要小得多。见图3-68。

从收入视角来看，本次调查问卷反馈的信息显示，不同档次收入群体在对美国的认知和中美关系问题上存在较强的共识。换言之，收入的差异并没有对受访者的相关看法造成太大的影响。同时也应该看到，不同档次收入群体在某些问题上的确存在细微的差别。这一差异突出表现在，月收入1000元及以下的受访者中大多数人认为未来中美关系将在曲折中发展，持这种主张的人在该收入群体中所占的百分比明显高于持相同主张的其他收入群体的受访者所占的百分比；这一收入群体中有超过一半的人主张中国处理对美关系应更灵活些，其所占的百分比同样也明显高于其他收入群体持同样主张受访者的百分比。

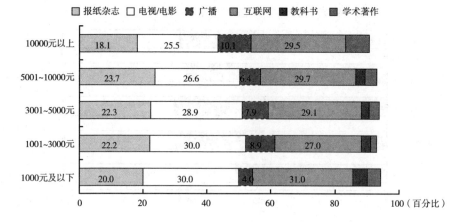

图3-68　您主要从哪些渠道获得有关美国的信息

九　本次问卷调查反映的倾向与问题

1. 中国民众在某些问题上的主流看法

在本次问卷调查中，除问题"您主要从哪些渠道获得有关美国的信息？"为多选题外，其余9个题目皆为单选题。在这些单选题中，每题都至少有6~7个可供选择的选项。鉴于这些单选题的选项都比较多，我们认为，如果某个选项的选择人数比例达到了50%以上，那么便可以认为这一选项构成了中国民众在此问题上比较主流的看法或倾向。

依照这种标准来衡量，在9个单选题中，受访者在其中4个题目上形成了比较主流的看法或倾向。表3-4显示了这4个问题及其选择比例最高的选项。

表3-4　形成主流看法或倾向的4个问题

问卷问题	选择比例最高的选项	选择该项者所占的比例（百分比）
您如何看待当前的中美关系？	一般	75.5
您对中美关系的发展前景持何种看法？	曲折发展	63.4
您认为普通中国人了解美国吗？	一般	54.2
您认为美国的国际影响力将会怎样变化？	基本持平	52.3

　　在上面 4 个问题中，前两个问题涉及受访者对当前和未来中美关系的评价和评估。在这两个问题上，受访者集中选择某一个选项的比例分别达到了 75.5% 和 63.4%，这说明受访者在这两个问题上的看法一致性相当高。

　　数据显示，大部分受访者对当前中美关系的评价既不高也不低。认为当前的中美关系发展状况"一般"，这反映出他们认为当前中美关系的情况有喜有忧、好坏参半。对于中美关系未来的发展前景，大部分受访者认为中美关系将会"曲折发展"，这说明他们对于未来的中美关系既持有希望，也有所担忧。持有希望是指他们认为未来中美关系还将会继续"发展"；有所担忧，是指他们意识到可能存在的问题，认为未来中美关系的发展将会有所"曲折"，而不会是"顺利发展"。

　　这些受访者对当前中美关系的评价与对未来中美关系的预期，应当说基本上反映了近年来中美关系发展的现实。在过去的几年中，中美两国经济上的相互依赖继续加强，两国在应对金融危机、朝核等热点问题，以及反恐和防扩散等问题上继续加强合作，两国间的文化交流和对话也继续发展。与此同时，中美两国间也不时发生摩擦：美国在贸易逆差、人民币汇率问题上对中国施压，在台湾、西藏、人权等问题上干涉中国内政，并借战略大调整的时机加强对中国的围堵。这些都是中美关系中不和谐的一面。中美既合作又斗争的现实经过国内媒体的报道和传播，已经被中国民众广泛认知。因此，大部分中国民众在评价当前的中美关系及预期未来的中美关系时，既不过分悲观，也不过分乐观，而是体现出了一种比较理性的稳健。

　　在普通中国人是否了解美国的问题上，54.2% 的受访者认为普通中国民众对美国的了解停留在"一般"的水平上。这说明，尽管近年来中美间的各种交流不断加强，人员往来不断增多，国内各类媒体对美国的报道也不断增多，美国生产制作的电影、电视、音乐和书籍等能反映美国生活的各种文化产品也大量涌入中国，但大部分中国民众仍然认为普通中国人对美国的了解比较有限。当然，"一般"也是个比较模糊的概念，对美国的认识达到何种程度才算是对美国"了解"或"很了解"？不同的人对这个问题可能也有不同的回答。一个自认为对美国的认识"一般"的受访者，也有可能是一个亲身到美国旅游过多次、事实上非常了解美国的人，而一个自认为"很了解"美国的受访者，其对美国的认识可能仍停留在肤浅的表面，甚至可能会持有一些错误的认识。这都是完全有可能的。而本次问卷调查通过这个问题所反映的只是普通民众在认知美国问题上的自我感受，即大部分民众认为普通中国人对美国的了解还处于"一般"的水平上。这种自我感受是否准确，可能还需要进一步的评估。

在关于美国的国际影响力将会发生何种变化的问题上，52.3% 的受访者认为美国的国际影响力将会基本持平。这说明，尽管美国受金融危机冲击比较大、政府债务和财政赤字不断增大、国内经济状况糟糕、备受反恐战争拖累，但大部分受访者并没有因此认为美国的国际影响力将会"下降"或"迅速下降"。这表明多数受访者认为，未来一段时间美国的国际影响力依旧是其他国家所难以企及的。

除了上述这 4 个问题以外，在其余 5 个单选题中，受访者的选择分散在各个选项上，没有达成主流共识。

2. 中国民众看法分歧较大的问题

在本次问卷调查中，受访者在个别问题上的看法出现了比较大的分歧。其直接表现就是，在每题 6 个或 6 个以上的选项当中，各类看法比较分散，并且有时在两种对立性的选项上，选择者的人数大致相当。

在本次问卷调查中，受访者在中国今后应如何处理对美关系上看法分歧最突出。认为中国今后在处理与美国的关系时应"更坚持原则"的受访者占 44.8%，而认为中国应"稍微灵活一些"的受访者占 40.2%，持这两种不同看法的受访者人数旗鼓相当。这就说明，对于今后中国在处理对美关系时到底是应该更坚持原则还是应该更灵活一些，中国民众的看法分歧比较大。

当然，中美关系涉及的面非常广，在不同种类的问题上，中国政府在"原则性"和"灵活度"之间必然会有所权衡和区别。中国普通民众在这个问题上的看法分歧，在某种程度上也反映了中美关系的复杂性和处理中美关系的难度。

除这个问题外，受访者在最能代表美国的符号及未来中美关系中最重要的领域或问题上看法分歧比较大。在哪个符号最能代表美国的问题上，选择者最多的两个选项分别是"自由女神像"和"白宫"，其所占的比例分别是 26.7% 和 26.6%，都没有超过 30.0%，其他选项的选择人数就更少了。有关未来中美关系中最重要的领域或问题，选择最多的两个选项分别是"经贸"和"台湾问题"，其所占比例分别是 33.8% 和 20.0%。

需要说明的是，上面这两个题目虽然是单选题，但可选择的选项分别多达

17 项和 14 项。选项过多，无疑分散了受访者的选择，使得他们在这两个问题上更难以形成主流性的看法。

另外，在未来中美关系中最重要的领域或问题上，选项中的"经贸""台湾问题""反恐""中美军事关系"等，其实都是中美关系中非常重要的问题，让普通民众从这些都很重要的问题中选出一个"最重要"的问题，确实有一定的难度。即使是让专门研究中美关系的学者来选择，恐怕他们也很难取舍。因此，受访者选择以上的任意一个选项应该说都是具有合理性的。这一题目的这种设计，造成了表面上看中国民众在这个问题上认识分歧也比较大的结果。

3. 中国民众认知比较困难的几个问题

在本次问卷调查中，每个题目的选项列表中都有一个"不清楚/不知道"选项，如果受访者对该题目缺乏了解，难以做出选择，便可以选择这个"不清楚/不知道"选项。我们经分析后发现，在下面 3 个问题中，受访者选择"不清楚/不知道"的比例最高，选择人数都达到了 5% 以上，反映出中国民众对这几个问题存在一定的认知困难。

第一个问题是"您对中美关系的发展前景持何种看法？"在这个问题上，选择"不清楚/不知道"的受访者达到了 6.7%。中美关系是世界上最重要的双边关系之一，在全球化的大背景下，中美在经济等领域的相互依存度越来越高，两国在维护世界和平与稳定、促进世界经济发展等许多重要领域有共同利益。同时，随着中国的不断崛起，作为世界唯一超级大国的美国对中国又充满了警惕，两国在许多领域内又存在竞争和摩擦。因此，未来中美关系的发展前景的确存在很多变数。即使是圈内的专家学者，要对未来的中美关系做出准确预言，难度也很大。不少普通民众在这个问题上表示自己"不清楚"或"不知道"，其实也不难理解。

第二个问题是"您认为未来中美关系中最重要的领域或问题是什么？"在这个问题上，有 5.2% 的受访者选择了"不清楚/不知道"。正如上文所述，这个问题共有 14 个选项，在具体可选的问题上，"经贸""台湾问题""反恐""中美军事关系"等都是未来中美关系中非常重要的问题，但这个题目是一个单选题，可能有些受访者认为从这些同样都很重要的问题中选择出一个最重要的有难度。

第三个问题是"您认为击毙本·拉登对美国反恐战争的影响程度如何？"在

这个问题上，选择"不清楚/不知道"的受访者也达到了 5.2%。美国击毙本·拉登当然是美国反恐战争中的一件大事，经过国内媒体的大量报道，可能很多受访者也知道了美国击毙本·拉登一事。但是，真要问及击毙本·拉登对美国反恐战争的影响程度，即使对专业学者来说也有一定难度，更不要说普通的民众。实际上，对于美国击毙本·拉登将会对美国的反恐战争产生什么样的影响，学术界也存在不同看法。由于很多人对本·拉登在当前基地组织中的影响力具有不同的评估，因此，在缺乏足够的情报和相关信息的情况下，对于本·拉登被击毙所产生的影响，不同的人往往也有不同的看法。更何况对于那些不太关心国际政治的受访者来说，他们甚至未必清楚本·拉登其人其事，要让他们评估美国击毙本·拉登对美反恐战争的影响，显然是有难度的。不少中国民众在这个问题上表示自己"不清楚"或"不知道"，客观上也反映出了这样一种现实情况。

十　结论

通过对此次问卷调查所获数据的分析，可以初步得出以下结论。

与前一年的民调结果相似，中国民众依旧清楚地认识到美国的国际影响力。调查显示，超过一半的受访者认为美国的国际影响力"基本持平"，更有 23.7% 的人认为美国的影响力会"迅速上升"和"上升"。这表明，认为美国衰落的中国民众不在多数，反而有超过一半的受访者认为美国会继续保持现有的国际事务影响力，不会发生太大变化。

受访者普遍认为"自由女神像""白宫"和"华尔街/美元"最能代表美国的形象，这从一个角度反映了美国价值理念和政治经济的影响。这一结果和 2010 年的调查结果大致相同，略有差异。2010 年的调查结果显示，"白宫"（26.5%）、"自由女神"（20.1%）、"华尔街"（8.5%）是受访者认为最能代表美国形象的符号。而此次调查结果显示，受访者认为最能代表美国形象的符号依次为"自由女神像"（26.7%）、"白宫"（26.6%）、"华尔街/美元"（11.8%），"自由女神像"超过"白宫"而列在第一位。

就整体而言，受访者对于中美关系的看法比较客观理性，没有明显的极端倾向。这和此前进行的调研结果相一致。2010 年中美关系出现了一些波折，这必然会对受访者的看法产生影响。高达 75% 以上的受访者对当前的中美关系看法趋于谨慎，总体评价是"一般"。持这一看法的受访者比例较前一年的调查结果（73.5%）有了一定幅度的上升。这表明大多数民众对于中美关系的现状有着比较客观清醒的认知，既能够看到两国关系中的积极因素，也能认识到其中的问题。调查显示，多达63.4%的受访者认为未来中美关系将"曲折发展"，认为"不进不退"的占到五分之一，而认为中美关系"顺利发展"和倒退（"可能倒退"和"肯定倒退"）的都不超过10%。这表明大多数中国民众对于中美关系的前景持有谨慎乐观的态度。"经贸""台湾问题"和"能源"问题被多数受访者视为未来中美关系中最重要的领域或问题。这和2010年的调查结果完全一致。"台湾问题"仍然是中美关系中的重要问题，但其重要性相对于"经贸"问题有所下降。在被问到中国今后如何处理对美关系时，中国民众明显出现了分歧：相当多的民众主张改变目前处理对美关系的方式，主张"更坚持原则"（44.8%）和"稍微灵活一些"（40.2%）的受访者居于相对多数，而主张"无需改变"的只有14.0%。主张"更坚持原则"和"稍微灵活一些"的比例比较接近，这在一定程度上表明受访民众对于时下的中国对美政策并不是十分满意，希望有所改变。

调查显示，"互联网""电视/电影"和"报纸杂志"是中国民众了解美国的三大渠道。这和此前的调查结果并没有本质性的差别。不过，与2008年、2009年、2010年的调查结果相对照，我们能够发现"互联网"的影响越来越大，第一次超越了"电视/电影"而成为中国民众获取有关美国信息的最为重要的渠道。

就性别而言，男女受访者对美国的总体认知水平比较接近，无明显差异。比较而言，男性的思考更显复杂和全面。受访者对于美国的总体关注度较高，细微差异是男性更关注军事和体育，女性对于文化艺术更感兴趣。

各个年龄段受访者对于美国和中美关系的看法并无明显差异。比较而言，中老年受访者更关注美国军事和国际安全问题，年轻人更偏爱美国的娱乐业和文化、对美国经济的敏感度略高于中老年人。中老年受访者更关心国家和地区的安全问题，更具忧患意识。多数受访者对于中美关系的前景持有较为乐观的态度。不过，在如何处理对美关系的问题上，中老年人似乎原则性更强，年轻人则更为机动灵活。

受教育程度的高低直接影响着民众对于美国及中美关系的看法。大专及以上学历组有着自由优于权力、经济高于军事的认知倾向；而高中及以下学历组则有着权力高于自由、军事重于经济的认知倾向。文化程度高的受访者倾向于美国的国际影响正处在维持之中，而文化程度低的受访者则倾向于它是处在变动之中的。文化程度高的受访者高度怀疑美国人对中国的了解程度；文化程度低的受访者中认为美国人对中国还是有一定了解的人数比例几乎占到了五分之一。在大专以上文化程度的人群中，近七成的受访者认为中美关系会"曲折发展"，而高中及以下文化程度的人群中只有 42.3% 的人持这种看法。总体来看，在多数问题上，大专以上、以下两类受访者的观点相差不大，但大专以上学历受访者的观点相对集中和一致，共识度更高，而大专以下受访者的看法则有些分散。出现这种状况，主要原因是受过高等教育的民众相对比较了解外部世界，思想活跃，因此看法比较集中。这和前一次的调查结论相吻合。

内陆地区和沿海地区民众的看法差异不大，只是有些许不同。比如，在被问及中美关系中最重要的领域或问题时，沿海地区人士更看重能源问题，而内陆地区则强调台湾问题。总体来说，沿海地区受访者的态度比较乐观，而内陆地区受访者的态度更加谨慎和保守。更多的沿海地区受访者倾向于目前中美关系较好、发展较顺利、处理中美关系要原则性和灵活性相结合；而更多的内陆地区受访者则认为目前中美关系不是很好、发展不太顺利、处理中美关系要更坚持原则；关于中美两国人民对其对象国的认知方面，两类人群的看法不同。沿海地区受访者认为了解程度较高，而内陆地区受访者认为了解程度较低。

从职业视角来看，问卷调查反馈的信息显示，不同职业的受访者在有关美国、中美关系的问题上有相当程度的共识。只是与其他职业群体比较而言，公务员和大学生对中美两国人民之间相互缺乏了解的现状更为担忧。尽管如此，学生更倾向于以较为灵活的方式处理对美关系并对中美关系的发展前景更为乐观。

调查显示，收入的差异并没有对受访者的相关看法造成太大的影响，不同档次收入群体在有关美国和中美关系问题上存在较强的共识。不过，不同档次收入群体在某些问题上还是存在细微的差别。这一差异突出表现在，月收入 1000元及以下的受访者中大多数人认为未来中美关系将在曲折中发展，持这种主张的人在该收入群体中所占的百分比明显高于持相同主张的其他收入群体的受访者所占有的相应百分比；这一收入群体中有超过一半的人主张中国处理对美关系应更灵活一些，其所占的百分比同样也明显高于其他收入群体的受访者的相应百分比。

应当说，性别、年龄、受教育程度、所处地域、职业、收入等因素结合在一起，对受访民众对于美国和中美关系的认识产生交叉影响。因此，要想清楚地厘清何种因素影响最为明显，并非一件容易的事情。但总体来看，受访民众在中美关系的现状和发展前景问题上具有高度共识，同时对于美国的国际影响力也有着清醒的认识。

第四部分　国情调查：欧盟问题[*]

一　2010～2011 年中欧关系的发展

2011 年，中欧关系在欧洲债务危机中稳定发展。中欧贸易保持良好增长，双方在经贸领域的法律合作加深，但分歧和争端犹存；中欧科技领域的合作继续深化，中欧政治交往呈现多层次和宽领域的特点；中欧公众相互认知的鸿沟有所加大，但社会合作进展平稳，文化交流逐渐走向战略性和常态化；中国与中东欧国家务实合作得到加强，中欧战略伙伴关系进一步深化。

2011 年，欧洲一些国家继续经历严重的主权债务危机，这场危机影响到了世界经济，也间接影响到中国与欧盟的关系。欧盟的注意力在很大程度上聚焦于解决主权债务危机，并为此推迟了中欧峰会。但是，中国认同欧盟在稳定金融市场、加强金融监管、投资经济增长等方面的努力和措施，理解欧盟正在进行着的艰难而有益的探索，并在多方面帮助欧洲克服欧债危机。

作为欧盟的战略伙伴，中国在实施"十二五"规划的初年里，不仅遇到了欧洲市场疲软的情况，更面临着调整产业结构、保护环境、治理社会等只有中国人自己才能解决的实际问题。在这个过程中，中国也得到了来自欧盟各方面的帮助。

作为战略伙伴，中国和欧盟在欧债危机笼罩下，努力了解和理解对方的实际情况，尊重彼此的政策选择，深化相互的务实合作。欧债危机虽然是个坏消息，

---

[*] 熊厚执笔。

但是由此而引发的中欧合作却产出了不少积极的结果。一些传统问题（例如武器禁运、市场经济地位、认知差异等）依然存在，但是未能阻挡中欧战略伙伴关系的稳定发展和逐步加强。

总体而言，中欧关系在2010年发展状况良好，但在一些领域的分歧仍然存在，并持续对中欧关系产生负面影响。2011年，中东北非地区局势动荡，欧盟及其成员国乘隙介入，英法等重要欧盟成员国公开武力干涉利比亚。欧盟成员国对这一地区的武装干预严重破坏了其一直勤力打造的和平形象。欧盟及其成员国对中东北非地区的横加干预也使中国与其展开持续地外交交锋。

在此背景下，中国社会科学院欧洲研究所进行了第四次关于"中国人的欧洲观"国情调研。与以往调研相比，2011年调研有三个新发现：中国民众依然认为欧盟在国际政治和经济体系中较重要，但认为欧洲的实力被主权债务危机所削弱；中国民众虽然延续了前几年对欧盟的亲近感，但这种正面感觉受欧盟成员国武力干涉利比亚的影响出现下降态势；受了解渠道的限制，媒体对中国民众关于中欧关系中的一些具体问题的认知有重要影响，但对民众关于环保等个别问题的认知的影响似乎下降。

二 调查样本的基本特征：统计描述

（一） 性别构成

在全部受访者中，男性受访者为1332人，女性1375人，没有填写性别者0人。男女比例为96.87∶100，虽略低于中国的实际男女比例，但基本在合理的抽样范围内。

（二） 年龄构成

在受访者中，25周岁及以下年龄段的人群最多，百分比为47.4%，这主要是学生群体在样本整体中所占比例较高所致。25周岁及以下、26~35周岁、36~45周岁、46~60周岁、60周岁以上人群的百分比分别为47.4%，26.3%，14.3%，9.8%和2.2%（表4-1）。

表4-1 调查受访者的年龄构成

单位：百分比

25 周岁及以下	26~35 周岁	36~45 周岁	46~60 周岁	60 周岁以上
47.4	26.3	14.3	9.8	2.2

（三）民族构成

在全部受访者中，汉族受访者为2475人，占91.4%；少数民族232人，占8.6%。这一比例基本符合中国实际民族比例。

（四）学历构成

本次调查中研究生学历（包括博士和硕士）占24.5%；大学学历（包括本科及大专）占54.9%；高中学历（含中技中专职高）占14.6%；初中、小学和其他（包括不回答1人）学历共占6.1%（表4-2）。本次调查与以往调查一样，受过大学及以上教育的受访者比例最大，共计79.4%，与中国实际比例差异较大。造成学历构成中受过高等教育的受访者比例较大的原因是受访者中学生比例较高。

表4-2 调查受访者的学历构成

单位：百分比

研究生学历	大学学历	高中学历	初中学历	小学学历	其他学历
24.5	54.9	14.6	4.0	1.3	0.8

（五）职业构成

在本次调查回收的2707份问卷中，2612份问卷填写了职业，有效百分比为96.5%。2612名回答了职业的受访者中，学生人数最多，共计955人；其次是商业服务业人员，为287人；最少的是农民和军人，分别为14人和68人（详见表4-3）。

表 4 – 3　调查受访者的职业构成

单位：百分比

公务员	5.7
科教文卫体工作人员	8.2
企业经营管理者	6.5
个体工商户	4.1
专业技术人员	8.6
学生	35.3
商业服务业人员	10.6
工人	5.8
农民	0.5
军人	2.5
离退休人员	2.8
其他	5.9
不知道/不清楚	0.6
不回答	2.9

（六）收入水平

在本次调查回收的 2707 份问卷中，有 2157 人回答了月收入情况。如果把月收入分为 1000 元及以下、1001～3000 元、3001～5000 元、5001～10000 元和10001～50000 元、50001 元及以上 6 个收入段，那么1001～3000 元者最多，共计741 人，这是由于学生及商业服务业人员占样本比重偏大所致（表 4–4）。

表 4 – 4　调查受访者的收入水平构成

单位：百分比

1000 元及以下	1001～3000 元	3001～5000 元	5001～10000 元	10001～50000 元	50001 元及以上
18.8	27.4	21.6	9.6	1.6	0.6

三　中国民众对欧盟和中欧关系的了解

开展"中国人的欧洲观"国情调研的主要目的是了解中国民众对欧盟和中欧关系的认知。本次调研是此前三次针对同一主题调研的延续。2011 年问卷

"欧洲"部分的问题设计除保留了"了解渠道"等一般性问题外，尽可能地依照前几次问卷的问题来分类，即按照"知识性了解""重要性判断"和"情感认同"这3个不同的认知层次来划分。第一个层次是知识性了解和议题关注程度。这是最基本层次的认知，它主要考察的是中国民众对欧盟相关知识的客观了解程度、对欧盟和中欧关系相关议题的关注和了解程度，以及受访者对自身了解程度的主观表述。第二个层次是对欧盟在国际政治、经济事务中的重要性，以及对中欧关系的重要性等问题的主观判断。它反映了受访者在其客观了解程度的基础上对欧盟国际地位、国际形象和在与中国关系中所表现的身份与价值的评判。第三个层次是受访者对欧盟的亲近感。通过受访者对欧盟印象的好坏和对中欧关系友好程度的评价可以探究出他们对欧盟的亲近程度。每个层次尽量保留1~2个与以前调研相同的问题，以便更好地进行年度比较，从而发现变化的趋势。

（一）中国民众对欧盟和中欧关系的了解

1. 了解渠道

在本次调查所回收的2707份问卷中，总共有2701份回答了"您主要从哪些渠道获得有关欧盟的信息？（最多选三项）"这个问题，有效百分比为99.8%。受访者了解欧盟的最主要渠道是"电视""互联网"和"报纸"，分别占76.4%、71.6%和59.3%（表4-5）。

表4-5　四次调查受访者获得欧盟信息的渠道

单位：百分比

年份	电视	报纸	广播	互联网	亲身旅行经历	亲友同事介绍	历史/地理教科书
2011	76.4	59.3	17.7	71.6	1.8	5.3	9.2
2010	76.66	60.06	15.41	71.95	2.54	4.97	10.1
2008	62.07	62.19	24.14	44.35	2.18	6.07	9.74
2007	80.02	56.11	17.99	57.59	9.2	8.79	19.51

与2008年和2010年调查结果相比，中国民众仍旧是通过电视、互联网和报纸这3个渠道获取关于欧盟和中欧关系的基本信息，没有比较突出的变化。2011

年通过亲身经历"零距离"了解欧盟和欧洲的受访者比例仍然很低，只有1.8%。

2. 议题关注

就影响中欧关系发展的问题而言，本次调查结果与2008年、2010年的调查结果相比，有一定的相似性，中国完全市场经济地位、中欧贸易摩擦、欧盟对华军售禁令、环境和能源仍然是受访者最为关心的问题，教育和文化交流、科技合作和技术转让、文化和基本价值观冲突等其他问题并没有成为受访者关注的重点。这既反映受访者对中欧关系中存在的症结有基本的认识，同时也显示了新闻媒体对民意的影响，因为这些问题是中国新闻媒体报道的热点。

与前两次调查比较，明显的变化在于：

（1）受访者对中欧贸易摩擦的关注度持续明显上升。相比前两次调研，受访者对中欧贸易摩擦问题更加关注。近年来，欧盟由于经济危机冲击，内部需求不振，寄希望于进一步开拓快速增长的中国市场，挑起了多起针对中国产品的反倾销案件。关于欧盟针对中国反倾销案件的报道接连不断，引起中国民众的极大关注。欧盟对华反倾销案往往与中国完全市场经济地位相联系，这也使中国完全市场经济地位持续受到中国民众关注，其关注程度始终较高。这反映中国民众对中欧关系有一定的正确认知，即经贸关系逐渐成为影响中欧关系发展的首要问题。

（2）受访者对欧盟对华军售禁令问题的关注程度持续下降。本次调查中，"欧盟对华军售禁令"的关注比例为14.6%，在前两年的基础上大幅下降。这可能反映中国民众逐渐认为军事合作不是中欧关系的重点领域，即使双方无法在军售问题上取得进步，也不会影响中欧关系发展大局。

（3）受访者对环境和能源问题的关注程度迅速下降。"环境和能源"是2010年受访者最为关注的问题，比例高达23.74%，远高于2008年的14.5%。但是，本次调查显示，仅有8.1%的受访者认为"环境和能源"问题是其最为关注的问题。可能的原因是：中国民众日益重视环境问题，比较认可欧盟推动环境保护的努力，不认为中国和欧盟在环境和能源问题上存在根本分歧。

（4）对此问题选择"不清楚/不知道"和"不回答"的受访者比例大幅上升。这很可能反映本次调查中的一部分受访者对影响中欧关系发展的问题了解和认识程度不足（表4-6）。

表 4 - 6　调查受访者对中欧关系的主要议题的关注情况

单位：百分比

议题	2008 年	2010 年	2011 年
中国完全市场经济地位	24.3	20.88	21.5
欧盟对华军售禁令	24.5	18.20	14.6
环境和能源	14.5	23.74	8.1
中欧贸易摩擦	9.1	12.74	18.5
科技合作和技术转让	3.0	3.64	5.0
教育和文化交流	2.7	1.71	2.9
国际影响力的冲突	4.1	1.75	4.2
知识产权	1.3	0.74	2.3
人权冲突	0.5	1.37	2.8
文化和基本价值观冲突	4.9	3.12	2.4
相互误解和无知	0.6	2.34	1.6
美国的态度	0.9	2.19	2.4
其他	1.6	0.19	0.3
不清楚/不知道/不回答	7.7	7.39	13.5

当被问及"您认为以下哪些方面对 21 世纪中欧关系的健康发展最重要？（最多选三项）"时，2011 年的调查结果与 2010 年的结果相似，认为"经济贸易"和"科技合作"最重要的受访者较多，分别为 68.5% 和 40.0%。一个明显的变化是，认为"能源与环保合作"最重要的受访者比例下降，从 2010 年的 35.81% 下降到 27.3%，但仍然高于 2008 年的 22.75%。正如前面提及的原因，"能源与环保合作"比例下降的原因有可能是，南非德班会议后媒体报道减少导致民众关注程度降低。在此项回答里，"青少年交流"的比例依然最低，2011 年无人选择此项。"民间交往"的比例也很低，为 7.9%，比前两次调查有轻微下降。中欧政府层面已经将人文交往提高为中欧关系的第三支柱，十分重视民间交往的作用。然而，中国民众显然没有将其作为中欧关系的重要方面，与中欧政府间的主张存在巨大差距。这也说明，推动中欧民众参与互相交流多么紧迫和重要（表 4 - 7）。

表4-7　调查受访者对中欧关系发展的重要方面的认识情况*

单位：百分比

中欧关系中的重要方面	2008 年	2010 年	2011 年
首脑外交	29.06	19.69	21.0
经济贸易	45.98	69.84	68.5
科技合作	29.62	38.30	40.0
文化交流	35.45	26.19	27.8
能源与环保合作	22.75	35.81	27.3
青少年交流	11.88	8.17	—
民间交往	9.23	8.84	7.9
地区经济合作	13.90	15.01	16.6
国际安全事务合作	11.58	24.70	23.9
其他事项	5.75	0.22	0.5

　*以上数据均出自2010年和2008年的数据库统计结果，单位为百分比，分母为全部受访者。

3. 知识性了解

　　与前几次调研一样，本次调研中能够正确回答"欧盟委员会总部所在城市"及"欧盟成员国数量"的受访者比例较低，分别为49.2%和37.6%。虽然2011年调查的比例比2008年和2010年的高，但正确知晓比例依然没有过半（表4-8）。①

表4-8　四次调查受访者正确回答"欧盟委员会总部所在城市"及
"欧盟成员国数量"的情况*

单位：百分比

年份	欧盟委员会总部所在城市	欧盟成员国数量**
2011	49.2	37.6
2010	48.29	28.86
2008	39.78	—
2007	57.84	56.78

　*由于有大量的受访者没有回答这一问题，在计算百分比的时候，分母以所有受访者人数为准。
　**2008年问卷中没有"欧盟成员国数量"这一问题。

4. 民众对自己了解程度的主观表述

　　与2007年、2008年和2010年的调查结果一样，2011年调查受访者认为了

　　① 2007年比例较高的原因是相当部分受访者从事对欧交往工作，故正确率较高。

解程度（"非常了解""比较了解"和"一般了解"比例之和）最高的国家或地区依次是，美国、日本、俄罗斯和欧盟，了解程度最低的是欧盟。与2010年相比，受访者对美国和俄罗斯的了解程度轻微下降，对日本的了解程度稍有上升，对欧盟的了解程度几乎不变（表4-9、表4-10）。

表4-9 2011年调查受访者对俄、美、欧盟、日的了解程度

单位：百分比

国家/地区	非常了解	比较了解	一般了解	不太了解	不了解	不清楚/不知道	不回答
俄罗斯	3.1	13.2	43.8	26.3	10.0	2.5	1.0
美国	4.8	27.6	45.3	14.2	5.3	2.0	0.8
欧盟	3.2	12.3	37.8	30.9	11.7	2.7	1.5
日本	5.2	24.5	45.1	15.6	6.4	2.0	1.3

表4-10 2010年和2011年调查受访者对俄、美、欧盟、日的了解程度
（"非常了解""比较了解"和"一般了解"比例之和比较）

单位：百分比

年份	美国	日本	俄罗斯	欧盟
2010	80.76	72.73	63.71	53.97
2011	77.7	74.8	60.1	53.3

（二）欧盟及中欧关系的重要性

总体看来，2011年调研的受访者大多认为欧盟是国际舞台上的一支重要力量。2011年，9.9%的受访者认为欧盟在国际政治事务中"极其重要"，64.0%的受访者认为"比较重要"，远高于受访者的一半比例（表4-11）。与2010年相比，认为欧盟"极其重要"的受访者比例显著下降。

表4-11 2010年和2011年调查受访者对欧盟在国际政治事务中重要性的评价情况

单位：百分比

年份	极其重要	比较重要	不太重要	完全不重要	不清楚/不知道*	不回答
2010	16.94	63.52	9.10	0.59	—	9.84
2011	9.9	64.0	11.6	0.6	10.4	3.5

*2011年问卷增加此项。

就欧盟的经济地位来看，2011 年 80.9% 的受访者认为欧盟在国际经济中具有"比较重要"或者"极其重要"的地位（表 4 - 12）。这基本反映了欧盟在国际经济体系中的重要地位。与 2010 年相比，认为欧盟经济地位"极其重要"的受访者比例显著下降。

表 4 - 12　2007 年、2010 年和 2011 年调查受访者对欧盟在
国际经济体系中作用的评价情况

单位：百分比

年份	极其重要	比较重要	不太重要	完全不重要	不清楚/不知道*	不回答
2007**	35.1	50.5	3.5	0.8	—	10.0
2010	20.02	65.30	5.94	0.26	—	8.47
2011	16.4	64.5	7.8	0.4	7.8	3.1

*2011 年问卷增加此项；
**2007 年数据根据 2007 年调研报告整理。

总体而言，中国民众对欧盟在国际政治和经济体系中的重要性持有肯定的态度，但他们更加倾向于肯定欧盟在国际经济体系中的重要地位。

2011 年，认为欧盟政治和经济地位重要性"极其重要"的受访者均出现了下降。出现这种情况的原因很可能是中国民众认为欧债危机削弱了欧盟的经济实力，经济实力的下降也会对其政治实力产生不利影响。2011 年的调查问卷专门设置了"您认为欧洲债务危机对欧洲整体经济实力有什么影响"一题，考察受访者的态度。8.9% 的受访者认为欧洲经济实力遭到"重大削弱"，59.7% 的受访者表示欧洲经济实力受到"削弱"（表 4 - 13）。

表 4 - 13　2011 年调查受访者对欧盟债务危机对欧洲经济实力的影响的评价情况

单位：百分比

年份	重大削弱	削弱	增强	没有太大影响	不清楚/不知道	不回答
2011	8.9	59.7	6.6	7.5	13.6	3.7

当问及"您认为下列国家和欧盟对国际事务的影响程度如何？"时，24.9% 的受访者认为欧盟"影响很大"，44.8% 的受访者认为欧盟"影响较大"。就美

国、俄罗斯、日本和欧盟4个国家/地区而言，受访者对其影响力的排序从大到小依次是：美国、欧盟、俄罗斯和日本（表4-14）。可见，针对这一问题，2011年的调研结果与前两次相比，没有重大变化，美国仍然是受访者眼中国际影响力最大的国家：55.8%的受访者认为美国的影响力很大，28.0%的受访者认为美国的国际影响力较大。2008年以来的三次调研表明，中国民众认为主要传统国家或地区（美国、俄罗斯和欧盟）的国际事务影响能力均出现下降（表4-15）。这可能与金融危机削弱了世界主要经济体的影响有关。中国民众很可能认为，中国在金融危机中的一枝独秀使各传统大国对世界事务的影响能力下降。

表4-14　2011年调查受访者对主要国家和地区国际影响力评价情况

单位：百分比

国家/地区	影响很大	影响较大	影响一般	影响不大	没影响	不清楚/不知道	不回答
俄罗斯	10.6	42.1	32.6	6.0	0.8	6.3	1.5
美　国	55.8	28.0	7.9	1.7	0.6	5.1	0.9
欧　盟	24.9	44.8	18.2	3.3	0.7	6.5	1.5
日　本	6.5	31.1	41.2	11.7	2.0	5.7	1.8

表4-15　2008年、2010年和2011年调查受访者对美、日、俄、欧对国际事务的影响程度（"影响很大"和"影响较大"比例之和认识比较）

单位：百分比

年份	美国	日本	俄罗斯	欧盟
2008	96.8	51.2	80.2	88.5
2010	86.85	32.84	54.45	73.44
2011	83.8	37.6	52.7	69.7

　　既然欧盟在国际政治和经济体系中具有重要地位，那么受访者又是如何看待中欧关系的重要性呢？当问及"您认为对中国来说，下列双边关系的重要程度如何？"时，有32.5%的受访者认为中欧关系"很重要"，42.6%的受访者认为中欧关系"比较重要"（表4-16）。经过进一步的计算，双边关系的重要程度由上至下依次为：中美关系、中俄关系、中欧关系和中日关系。与前三次调研一样，受访者普遍认为中欧关系的重要性不及中美关系，也不及中俄关系，但大于中日关系（表4-17）。

表 4 - 16　2011 年调查受访者对不同双边关系的重要性评价情况

单位：百分比

	很重要	比较重要	一般重要	不太重要	不重要	不清楚/不知道	不回答
中俄关系	38.5	37.3	17.4	1.8	0.6	3.1	1.3
中美关系	53.4	31.0	9.5	1.5	0.8	3.0	0.8
中欧关系	32.5	42.6	16.5	2.6	0.7	3.8	1.3
中日关系	26.4	33.2	25.2	6.6	4.0	3.2	1.6

表 4 - 17　2008 年、2010 年和 2011 年调查受访者对双边关系重要程度
（以 "很重要" 为比较依据的比较）

单位：百分比

年份	中美关系	中日关系	中俄关系	中欧关系
2008	65.4	32.2	57.9	43.2
2010	57.88	24.78	42.09	33.06
2011	53.4	26.4	38.5	32.5

（三）中国民众对欧盟的亲近感

在本次调研中，对俄罗斯印象 "很好" 和 "比较好" 的受访者比例最高，为 48.6%，其次是欧盟、美国和日本，分别为 43.1%、32.8% 和 14.7%（表 4 - 18）。相比 2010 年，中国民众对欧盟的亲近程度小幅下降，对俄罗斯的亲近程度增加，致使俄罗斯成为受访者最为亲近的国家（表 4 - 19）。2011 年对欧盟亲近程度下降的原因可能是，法国和英国等欧盟国家武力干涉利比亚，破坏了欧盟维护和平的正义形象。结合问卷来看，"反对" 和 "坚决反对" 欧盟成员国对利比亚军事行动的受访者比例高达 59.3%，如果仅考虑明确回答了此问题的受访者，其比例更是高达 80.6%（表 4 - 20）。

表 4 - 18　2011 年调查受访者对 4 个国家（地区）的总体印象评价情况

单位：百分比

国家/地区	很好	比较好	一般	比较差	很差	不清楚/不知道	不回答
俄罗斯	10.8	37.8	43.6	2.8	0.7	3.4	1.0
美　国	7.1	25.7	44.8	13.2	5.1	3.3	0.9
欧　盟	10.3	32.8	44.8	4.9	1.0	4.9	1.3
日　本	3.4	11.3	36.6	23.6	20.4	3.1	1.4

表4-19 2008年、2010年和2011年调查受访者对4个国家（地区）总体印象友好程度
（以"很好"和"比较好"比例之和为比较依据比较）

单位：百分比

年份	美国	日本	俄罗斯	欧盟
2008	26.5	9.7	58.4	38.6
2010	34.99	16.38	46.77	47.85
2011	32.8	14.7	48.6	43.1

表4-20 2011年调查受访者对欧盟成员国对利比亚的
军事行动的看法情况

单位：百分比

	积极支持	支持	反对	坚决反对	不清楚/不知道	不回答
利比亚军事行动	2.0	12.2	47.0	12.3	17.3	9.2

中国民众对欧盟的总体印象还可以通过他们对中欧关系现状和前景的看法得到间接体现。中国民众对中欧关系现状的评价比较积极，对中欧关系现状持较好评价（选择"非常好"和"比较好"）的受访者比例占一半以上，但其比例从2010年的62.26%下降到56.5%（表4-21）。正如前面提及的原因，英法对利比亚的武装干涉引起了中国和欧盟的外交交锋，这很可能使中国民众对中欧关系的满意度降低。这种不利影响从受访者对形容中国与欧盟关系最恰当的词的选择也可以看出，2011年选择"朋友"和"合作伙伴"的受访者比例从2010年的67.6%下降到60.8%（表4-22）。但是，这并不意味着中国民众将欧盟当作中国的竞争对手。2011年，认为欧盟是中国"竞争对手"的受访者比例并没有显著变化，保持在15%左右。

表4-21 2010年和2011年调查受访者对中欧关系的现状评价情况

单位：百分比

年份	非常好	比较好	不太好	很不好	不清楚/不知道	不回答
2010	1.34	60.92	19.80	0.89	17.05	—
2011	1.4	55.1	21.6	1.1	16.4	4.3

表 4－22　四次调查受访者认为形容中国与欧盟关系最恰当的词

单位：百分比

年份	朋友	合作伙伴	竞争对手	敌人	一般关系	其他	不清楚/不知道*	不回答**
2011	3.7	57.1	14.6	0.4	14.0	0.6	7.5	2.2
2010	3.9	63.7	15.4	0.6	4.4	12.0	—	—
2008	13.9	67.1	9.6	0.3	—	9.1	—	—

＊2011 年问卷增加此项；

＊＊2011 年问卷增加此项。

　　就"总体而言，您对中欧关系的前景持何种看法？"这一问题来说，受访者的态度趋于谨慎。对中欧关系前景"非常乐观"的受访者比例骤减，"保持中立"的受访者比例激增，但仍然有超过一半的受访者对中欧关系持"谨慎乐观"态度（表 4－23）。

表 4－23　2011 年调查受访者对中欧关系前景的总体看法

单位：百分比

年份	非常乐观	谨慎乐观	保持中立	比较悲观	非常悲观	不清楚/不知道	不回答
2008	5.27	55.72	28.01	1.60	0.15	9.25	—
2010	17.30	60.85	11.32	0.97	0.71	8.84	—
2011	5.9	51.1	29.9	2.5	0.3	7.4	2.9

四　结论

（一）对欧盟和中欧关系的了解程度

1. 对欧盟的了解程度依然偏低

　　与前几次调研一样，受访者对两项与欧盟相关的具体知识的正确知晓率都在半数以下，但是正确率有轻微提升。与此相对应的是，受访者认为对欧盟的了解程度较低，大大低于对美、日、俄的了解。缺乏充分的了解意味着中国民众很难对欧盟有全面而正确的认知，从而难以形成中欧关系健康发展的坚实民意基础。

2. 中国民众依然认为经贸关系在中欧关系中一元独大，关系结构失衡的现象没有改变

受访者认为与经贸相关的领域是中欧关系最重要的方面，选择文化交流和青年合作等人文交流为最重要方面的人数不多。如果中国民众的观念仅仅停留在对中欧经贸关系的认知层面上，就难以形成中欧关系长期、稳定、健康发展的民意基础。中欧高层已经意识到这个问题，相继推出了促进中欧人文交流的一系列活动，比如，2011 中欧青年交流年、2012 中欧高层人文交流活动。2011 年的调研显示，这些活动仍未产生广泛的社会效应，还需大力推广。

3. 电视、互联网和报纸等媒体对中国民众关于中欧关系中的一些具体问题的认知有重要影响，但对个别问题的影响似乎下降

2011 年调查显示，中国民众仍旧是通过电视、互联网和报纸这 3 种渠道获取关于欧盟和中欧关系的基本信息，没有比较突出的变化。中国完全市场经济地位、中欧贸易摩擦、欧盟对华军售禁令、环境和能源等问题经常见诸各式各样的新闻媒体，因此，这些问题仍然是受访者最为关心的问题。

然而，媒体对个别问题的影响力度似乎下降。比如，"环境和能源"是 2010 年受访者最为关注的问题，比例高达 23.74%，但是，本次调查显示，仅有 8.1% 的受访者认为"环境和能源"问题是其最为关注的问题。2011 年底，南非德班气候大会召开。在此之前的较长一阶段，新闻媒体长篇累牍地报道欧盟对中国在温室气体减排问题上的批评，但这并没有使更多的受访者认为环境和能源问题是中欧关系重要问题。可能的解释是，环境问题与中国人的生活环境密切相关，中国民众日益重视环境问题，比较认可欧盟推动环境保护的努力，不认为中国和欧盟在环境和能源问题上存在根本分歧。

（二）对欧盟和中欧关系重要性的看法

中国民众对欧盟在国际政治和经济体系中的重要性持有肯定的态度，但他们更加倾向于肯定欧盟在国际经济体系中的重要地位。同时，由于欧债危机的冲击，大部分受访者认为欧洲的实力被削弱。

即使如此，受访者依然对欧盟在国际政治中的影响力给予了充分认可，高于对俄罗斯和日本的评价。鉴于欧盟在国际政治经济格局中的重要性，大部分受访

者认为中欧关系比中国与近邻日本的关系更加重要。综合考虑地缘政治因素，中国民众认为，中欧关系的重要性小于中美关系和中俄关系。

（三）对欧盟的亲近感

中国民众延续了前几年对欧盟的亲近感，大部分受访者对中欧关系的现状和前景评价积极。然而，这种正面感觉出现下降态势。比如，受访者对中欧关系的前景趋于谨慎，选择对中欧关系前景"非常乐观"的受访者比例骤减，选择"保持中立"的受访者比例激增。持积极态度受访者人数下降的可能原因是，欧盟部分国家武力干涉利比亚。本次调查发现，"反对"和"坚决反对"欧盟成员国对利比亚军事行动的受访者比例高达59.3%，如果仅考虑明确回答了此问题的受访者，其比例更是高达80.6%。

第五部分 国情调查：日本问题*

中国社会科学院日本研究所自 2002 年以来，已经进行了五次规模较大的涉及日本及中日关系的舆论调查，调查结果受到了广泛关注。2011 年 8 ~ 10 月在中国社会科学院"中国民众的国际观"国情调研课题组统一部署下，又进行了第六次舆论调查。

一 本次调查的背景与基本情况

2010 年的日本政治经历了更换首相、参议院选举、执政党党首选举等重大变故。2009 年民主党打败长期执政的自民党，终于执掌了日本政权。但上台后民主党由于缺少执政经验和明确、一贯的发展目标，加之执政前的政权公约大多迟迟不能兑现，不仅招致在野党的反对和日本民众的不满，而且在民主党内部也发生了政治动荡。2010 年 6 月鸠山由纪夫首相和民主党干事长小泽一郎因政治资金问题引咎辞职。在 2010 年 7 月进行的日本参议院选举当中，民主党仅获得 44 席，比选举前减少了 12 席，失去了在参议院议席超过半数的优势。菅直人 2010 年 6 月组阁，9 月通过党首选举后对内阁进行调整，2011 年 1 月对内阁再次进行调整，在人事安排和政策选择上做了重新部署。经过这一系列的变化，民主党内部力量分化严重，动荡加剧。

2010 年中日关系同样是跌宕起伏充满波折。鸠山由纪夫就任首相后，中日

---

* 王伟执笔。

两国高层交往得到加强。2010 年 5 月，温家宝总理访问日本，不仅和鸠山首相进行了会谈，还会见了日本天皇，与日本民间团体进行了很好的交流，取得丰硕成果。胡锦涛主席 2010 年 6 月 27 日在加拿大出席 20 国集团峰会期间与菅直人首相进行了会面。2010 年 7 月 26 日在东京举行了中日防务部门事务级磋商，8 月 28 日第三次中日经济高层对话在北京进行，由中国国务院副总理王岐山和日本外相冈田克也共同主持。但是，随着日本民主党政策的调整和日本首相换人，日本对华政策和态度发生了很多变化。"中国威胁论"在日本又老调重弹，2010 年 9 月 7 日发生的日本海上保安厅巡视船非法抓扣中国渔民渔船"钓鱼岛事件"，使中日两国关系陷入低点。

另一方面，2010 年中日两国经济关系发展顺利，中日贸易额首次超过 3000 亿美元大关。2010 年中国国内生产总值（GDP）增长 10.3 个百分点，总量超过日本，成为世界第二经济大国。

2011 年 3 月 11 日，日本东北部海域发生里氏 9.0 级地震并引发海啸，造成重大人员伤亡和财产损失，地震还造成日本福岛第一核电站发生核泄漏事故。地震对日本经济和民众心理造成沉重打击，日本政府在采取一系列紧急对策的同时，面临着灾后重建、福岛第一核电站废弃物处理等诸多问题。

本次调查是在上述背景下进行的，目的是了解和把握在新形势下中国民众对日本和中日关系的基本认识和基本态度。

本次调查以问卷调查的方式进行，于 2011 年 6 ~ 7 月在北京、兰州、上海、广州、昆明、长春、成都、长沙八个城市，共发放问卷 2800 份，回收有效问卷 2707 份（以下称为"被调查者总数"），回收率为 96.7%（图 5 - 1）。

在被调查者的性别构成上，男性为 1332 人，占 49.2%；女性为 1375 人，占 50.8%（图 5 - 2）。

在被调查者的年龄结构上，25 周岁及以下为 1283 人，占总数的 47.4%；26 ~ 35 周岁为 712 人，占总数的 26.3%；36 ~ 45 周岁为 386 人，占总数的 14.3%；46 ~ 60 周岁为 266 人，占总数的 9.8%；60 周岁以上为 60 人，占总数的 2.2%，年轻人所占比例较大。

从被调查者的学历方面看，小学以下者为 34 人，占总数的 1.3%；初中为 109 人，占总数的 4.0%；高中（含中技中专职高）为 394 人，占总数的 14.6%；大学（本科或大专）为 1487 人，占总数的 54.9%；研究生（硕士或

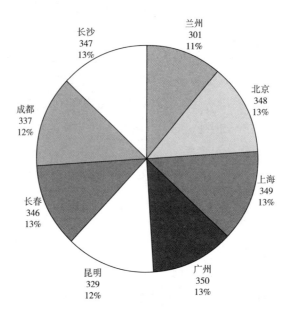

图5-1　各地问卷数量及比例

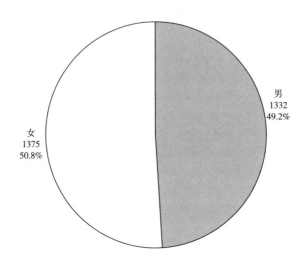

图5-2　性别构成

博士）为662人，占总数的24.5%。回答其他（选择"其他"或"不回答"）的人为21人，占总数的0.8%（表5-1）。

表 5 - 1　学历构成

	人数	百分比
研究生（硕士或博士）	662	24.5
大学（本科或大专）	1487	54.9
高中（含中技中专职高）	394	14.6
初中	109	4.0
小学	34	1.3
其他	21	0.8
总　计	2707	100.0

在被调查者职业构成方面，有 95 人没有填写职业，占总数的 3.5%。在回答了职业的人当中，公务员为 154 人，占回答者总数的 5.7%；教科文卫体工作人员为 223 人，占总数的 8.2%；企业经营管理者为 175 人，占总数的 6.5%；个体工商户为 110 人，占总数的 4.1%；专业技术人员为 233 人，占总数的 8.6%；学生为 955 人，占总数的 35.3%；商业服务业人员为 287 人，占总数的 10.6%；工人为 158 人，占总数的 5.8%；农民为 14 人，占总数的 0.5%；军人为 68 人，占总数的 2.5%；离退休人员为 76 人，占总数的 2.8%；"其他"的为 159 人，占总数的 5.9%（表 5 - 2）。

表 5 - 2　职业构成

	人数	百分比
公务员	154	5.7
教科文卫体工作人员	223	8.2
企业经营管理者	175	6.5
个体工商户	110	4.1
专业技术人员	233	8.6
学生	955	35.3
商业服务业人员	287	10.6
工人	158	5.8
农民	14	0.5
军人	68	2.5
离退休人员	76	2.8
其他	159	5.9
小　计	2612	96.5

	人数	百分比
不知道/不清楚	16	0.6
不回答	79	2.9
小　计	95	3.5
总　计	2707	100.0

从月收入方面看，有550人选择了"不回答"或"不知道/不清楚"，占总数的20.3%。在回答了收入问题的2157人当中，1000元及以下为509人，占总数的18.8%；1001~3000元为741人，占总数的27.4%；3001~5000元为586人，占总数的21.6%；5001~10000元为260人，占总数的9.6%；10001~50000元为44人，占总数的1.6%；50001元及以上为17人，占总数的0.6%（表5-3）。

表5-3　月收入情况

	人数	百分比
1000元及以下	509	18.8
1001~3000元	741	27.4
3001~5000元	586	21.6
5001~10000元	260	9.6
10001~50000元	44	1.6
50001元及以上	17	0.6
小　计	2157	79.7
不知道/不清楚	83	3.1
不回答	467	17.3
小　计	550	20.3
总　计	2707	100.0

二　中国民众对日本的印象及亲近感

为了调查日本在中国民众心中的形象，本次问卷也设置了"说到日本您会想

到什么?"这一多选题。如图 5 - 3 所示,与 2010 年调查相比,中国民众心目中的
日本形象在总体上没有发生大的变化。在 16 个选项当中,前五位的顺序是"侵华
日军""樱花""富士山""靖国神社""名牌汽车家电"。与 2010 年比较,"天皇"
位次略有变化,由第五位降至第七位。同时,"日本料理""名牌汽车家电""新干
线""影视明星等"(问卷选项为"影视明星、卡通、电子游戏")的认知度提高
较大,"和平宪法""日元贷款"的认知度虽然有所提高,但在所有选项当中认知
度依然最低。

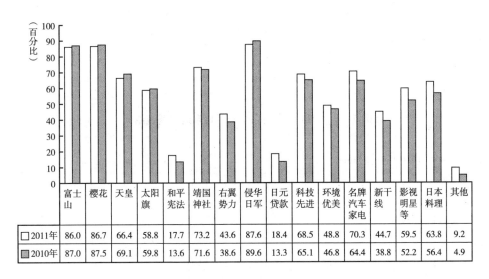

（百分比）	富士山	樱花	天皇	太阳旗	和平宪法	靖国神社	右翼势力	侵华日军	日元贷款	科技先进	环境优美	名牌汽车家电	新干线	影视明星等	日本料理	其他
□2011年	86.0	86.7	66.4	58.8	17.7	73.2	43.6	87.6	18.4	68.5	48.8	70.3	44.7	59.5	63.8	9.2
▥2010年	87.0	87.5	69.1	59.8	13.6	71.6	38.6	89.6	13.3	65.1	46.8	64.4	38.8	52.2	56.4	4.9

图 5 - 3　2011 年与 2010 年中国民众心目中的日本形象调查结果比较

在对日本是否感到亲近方面,调查数据没有明显变化,对日本感到"不亲
近"的比例远高于感到"亲近"的比例。如图 5 - 4 所示,在本次调查当中回答
感到"非常亲近"和"亲近"者共为 196 人,占被调查者总数的 7.2%,感到
"不亲近"和"很不亲近"者为 1520 人,占总数的 56.2%。

如图 5 - 5 所示,与 2010 年调查结果比较,总体上感到"非常亲近"和"亲近"
相加比例略有增加,感到"不亲近"和"很不亲近"相加比例略有减少。具体来看,
"非常亲近"比例增加 0.4 个百分点,"亲近"比例增加 0.1 个百分点,"不亲近"比
例增加 1.6 个百分点,而"很不亲近"比例减少了 1.9 个百分点。同时,感到"一
般"的比例比 2010 年稍有增加。

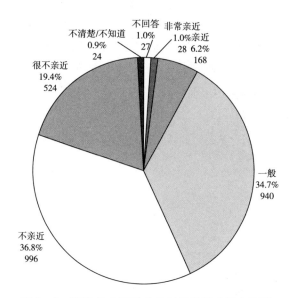

图5-4　2011年中国民众的对日亲近感调查结果

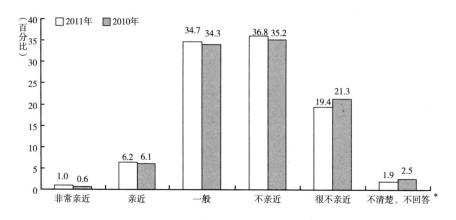

图5-5　2011年与2010年中国民众对日亲近感调查结果比较

* 包括"不清楚/不知道"和"不回答"两个选项（下同）

三　中国民众对中日关系的认知

2010年发生了日本在钓鱼岛海域冲撞我渔船事件，中日关系因此产生了诸多变数。中国民众对目前的中日关系如何认识，对两国关系的未来是否还抱有希望？

如图 5－6 所示，与 2010 年调查比较，认为当前的中日关系"不好"和"很不好"的比例有较大幅度的增加，而认为"非常好"和"良好"的比例之和下降。具体来看，认为"非常好"比例基本持平，"良好"下降了 7.4 个百分点，而认为"不好"的比例增加了 11.9 个百分点，"很不好"增加了 2.3 个百分点。同时，认为"不好不坏"的比例也下降了 6.1 个百分点。

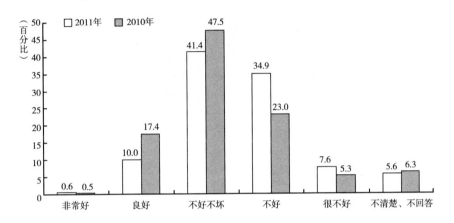

图 5－6　2011 年与 2010 年中国民众对中日关系现状评价调查结果比较

对于中日关系的发展前景，2011 年的调查与 2010 年比较有了一些变化，持乐观态度的人有所减少，持悲观态度的人有较大幅度的增加，认为中日关系会得到发展的人不到总体的 50%。具体看，持"乐观（顺利发展）"态度的被调查者减少 1.8 个百分点，态度"比较乐观（曲折发展）"者减少 7.8 个百分点，持"比较悲观（可能倒退）"和"悲观（肯定倒退）"态度的人分别增加了 8.7 个百分点和 1.5 个百分点。同时，认为"保持现状（不进不退）"的人略有增加（图 5－7）。

"您认为未来中日关系中最重要的领域或问题是什么？"对于这个问题，选择比例最高的是"钓鱼岛问题"，比上年调查提高了近 15 个百分点。2010 年调查排在第一位的"经济贸易"下降了 3 个百分点，跌到第二位。"历史问题""科技合作"和"台湾问题"与 2010 年调查比例变化不大，分别为第三、第四、第五位。可以说，中国民众非常看重"钓鱼岛问题""历史问题""台湾问题"等这些关系到民族感情、国家主权的问题，也非常认可"经济贸易""科技合作"在中日关系当中的重要地位（图 5－8）。

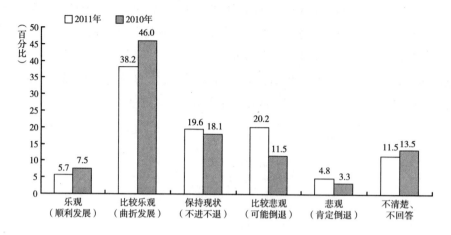

图 5-7　2011 年与 2010 年中国民众对中日关系前景展望调查结果比较

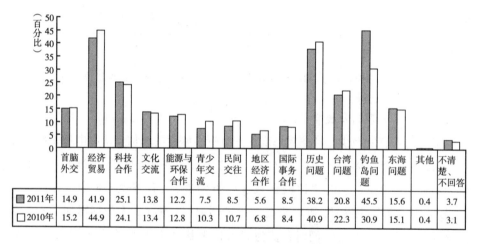

	首脑外交	经济贸易	科技合作	文化交流	能源与环保合作	青少年交流	民间交往	地区经济合作	国际事务合作	历史问题	台湾问题	钓鱼岛问题	东海问题	其他	不清楚、不回答
2011年	14.9	41.9	25.1	13.8	12.2	7.5	8.5	5.6	8.5	38.2	20.8	45.5	15.6	0.4	3.7
2010年	15.2	44.9	24.1	13.4	12.8	10.3	10.7	6.8	8.4	40.9	22.3	30.9	15.1	0.4	3.1

**图 5-8　2011 年与 2010 年中国民众对发展中日关系
重要问题认知调查结果比较**

四　对于中日之间经济差距的认识

2010 年中国 GDP 首次超过日本，成为世界第二大经济体。在这种情况下，人们对于中日之间的经济差距的认识是否发生了变化？调查结果表明，在被调查者当中有 13.2% 的人认为中国经济"已经赶上"了日本，比上年调查提高了 5.1 个百分点。同时，认为中国经济要赶上日本"还需要 10 年""还需要 20 年""还需要 30 年""还需要 50 年"的比例都有不同程度的减少，认为"本世纪内"赶上日本的比例有所增加，认为"永远赶不上"的比例基本持平。总体上看，虽然中国 GDP 超过了日本，但大部分被调查者依然认为中日经济存在较大的差距（图 5-9）。

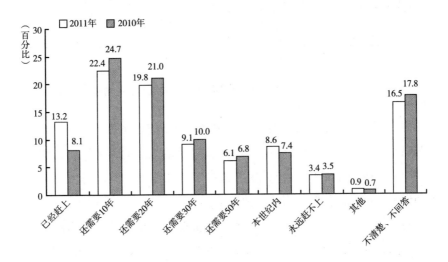

图 5-9　2011 年与 2010 年中国民众对中日经济差距的认识比较

五　对日本未来走向及其在国际事务中作用的认识

关于日本的未来走向，与 2010 年调查相比较，认为日本会走"军国主义道路"的比例为 24.2%，比 2010 年调查增加了 5.5 个百分点，而认为日本走"和平主义道路"的比例为 30.9%，减少了 4.8 个百分点。另外有 40.5% 和 4.4% 的人分别选择了"不清楚、不回答"（包括"不清楚/不知道"和"不回答"两个选项，下同）和"其他"。从总体上看，虽然在各选项当中选择"不清楚、不回答"的比例仍为最高，对日本走向采取观望态度的人居多，但认为日本会走"军国主义道路"的人较 2010 年增多，说明中日关系中出现的问题影响到人们对日本所走道路的判断（图 5-10）。

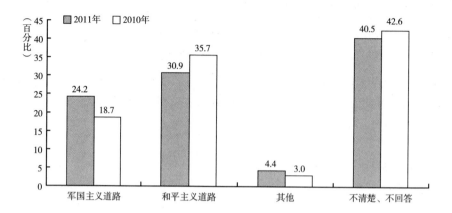

图 5 - 10　2011 年与 2010 年中国民众对日本未来走向的认识比较

关于日本在国际和地区事务当中应发挥的作用，有 63.5% 的被调查者选择了"经济大国的作用"，14.5% 的人选择了"政治大国的作用"，17.1% 的人选择了"军事大国的作用"，24.8% 的人选择了"文化大国的作用"。选择"经济大国的作用"的比例仍然远高于其他选项。

同时，与 2010 年调查相比较，选择"经济大国的作用"的比例略有下降，而选择"文化大国的作用""政治大国的作用""军事大国的作用"的比例有不同程度的上升（图 5 - 11）。

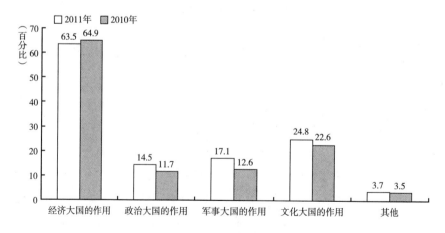

图 5 - 11　2011 年与 2010 年中国民众对于日本在国际和
地区事务中发挥何种作用认识调查比较

六　获取有关日本信息的渠道及对互联网上言论的评价

关于中国民众获取有关日本信息的渠道是多选题，如图 5－12 所示，在本次调查当中所有选项的比例都有提升，说明人们获取信息的渠道向更加多样化的方向发展。但电视仍然是获取信息的主要渠道，选择这个答案的被调查者达 88.4%。选择比例前三位是：1 "电视"、2 "互联网"、3 "报纸杂志"。在选项和顺序上与 2010 年调查结果完全一致，选择 "互联网" 的比例大，稳居第二位。

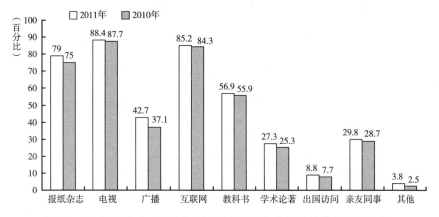

图 5－12　2011 年与 2010 年中国民众获取有关日本信息的渠道比较

对于互联网上一些关于中日两国的激烈言论，如图 5－13 所示，本次调查结果与 2010 年调查基本相同，依然是选择 "正负作用兼有" 的比例最高，为

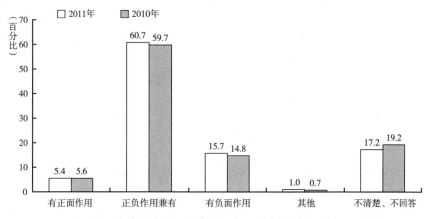

图 5－13　2011 年与 2010 年中国民众对互联网上激烈言论的评价比较

60.7%，远远高于其他选项比例。从位次上看是：1"正负作用兼有"、2"不清楚、不回答"、3"有负面作用"，接下来是"有正面作用"和"其他"。与 2010 年调查比较，"正负作用兼有"略增加 1 个百分点，"其他"增加 0.3 个百分点，"有负面作用"略有增加。

七 性别因素分析

在 2707 名被调查者当中，男性为 1332 人，占 49.2%；女性为 1375 人，占 50.8%。在日本形象方面，男性和女性在总的趋势上基本一致，选项比例前 5 位都是"樱花""富士山""侵华日军""靖国神社""名牌汽车家电"，但在具体位次上略有不同，各项比例上也显示出男女差距。男性选择比例最高的是"侵华日军"，而女性是"樱花"。男性在"侵华日军""靖国神社""天皇""太阳旗""右翼势力""科技先进""日元贷款""和平宪法"等选项上的比例高于女性，女性在"樱花""富士山""环境优美""名牌汽车家电"等选项上高于男性，在"日本料理"选项上，女性高于男性近 20 个百分点。与 2010 年调查相同，结果显示男性偏重与政治、经济联系相对紧密的因素，女性更偏重自然风光和社会生活（图 5 - 14）。

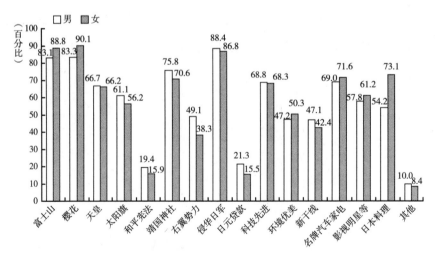

图 5 - 14 中国民众心目中的日本形象男女比较

在对日本亲近程度方面，男性女性之间在整体态度上没有很大的差别，但在具体比例上有所不同。在感到"非常亲近"和"亲近"的比例上男性分别高于女性0.7个百分点和0.6个百分点，在"一般"和"不亲近"两个选项中，女性比男性分别高1.2个百分点和4.7个百分点，而在"很不亲近"比例上男性比女性高5个百分点（图5－15）。

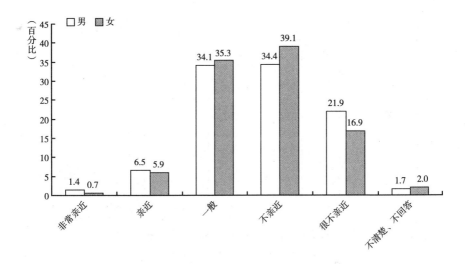

图5－15　中国民众对日本亲近感男女比较

在对中日关系现状的认知上，认为"良好""不好""很不好"的男性高于女性，在其他选项比例上女性高于男性（图5－16）。

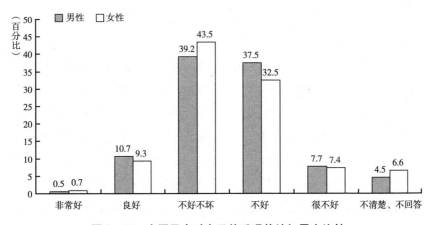

图5－16　中国民众对中日关系现状认知男女比较

对于中日关系的发展前景，女性显得比男性乐观。在认为中日关系"顺利发展"和"曲折发展"选项上，女性比男性分别高 2.2 个百分点和 3.1 个百分点，而在认为中日关系"可能倒退"和"肯定倒退"的比例上，女性分别比男性低 6.6 个百分点和 3.4 个百分点。同时，女性选择"不进不退"和"不清楚、不回答"的比例也高于男性（图 5-17）。

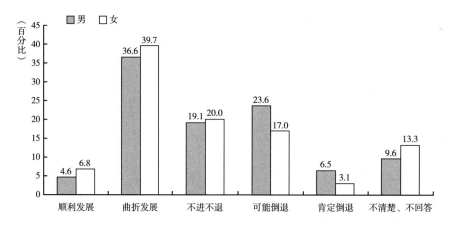

图 5-17　中国民众对中日关系前景认知男女比较

对于"您认为未来中日关系中最重要的领域或问题是什么"这个问题，选择比例较高的前五项男女相同，都是：1"钓鱼岛问题"、2"经济贸易"、3"历史问题"、4"科技合作"、5"台湾问题"。在具体选项比例上略显男女差异。在"钓鱼岛问题""历史问题""东海问题"等选项上，男性高于女性；在"文化交流""能源与环保合作""地区经济合作""国际事务合作"等选项上，女性高于男性（图 5-18）。

在中日经济差距认识上，男性前三位选项的位次是：1"还需要 10 年"、2"还需要 20 年"、3"不清楚、不回答"。女性前三位选项的位次是：1"还需要 10 年"、2"不清楚、不回答"、3"还需要 20 年"。在具体比例上，认为"已经赶上"和"还需要 20 年""还需要 30 年"等选项上男性高于女性，在"不清楚、不回答"和"还需要 10 年""本世纪内"选项上女性高于男性（图 5-19）。

关于日本的未来走向，男性女性都是认为走"和平主义道路"的人比认为走"军国主义道路"的人要多。具体看，男性有 28.1% 的人认为日本走"军国主义道路"，30.7% 的人认为走"和平主义道路"，两者比例相差不大；女性有

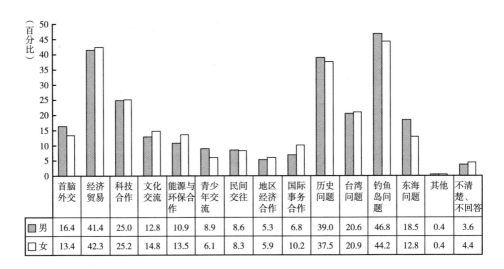

	首脑外交	经济贸易	科技合作	文化交流	能源与环保合作	青少年交流	民间交往	地区经济合作	国际事务合作	历史问题	台湾问题	钓鱼岛问题	东海问题	其他	不清楚、不回答
男	16.4	41.4	25.0	12.8	10.9	8.9	8.6	5.3	6.8	39.0	20.6	46.8	18.5	0.4	3.6
女	13.4	42.3	25.2	14.8	13.5	6.1	8.3	5.9	10.2	37.5	20.9	44.2	12.8	0.4	4.4

图 5-18 中国民众对发展中日关系重要问题认识调查结果男女比较

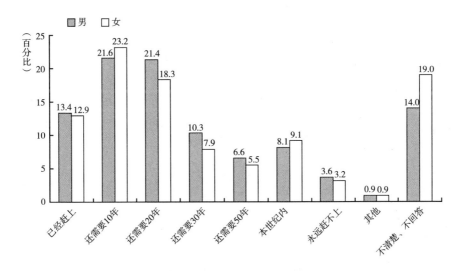

图 5-19 中国民众对中日经济差距认识男女比较

20.4% 的人认为走"军国主义道路"，31.1% 的人认为走"和平主义道路"，后者比前者高 10.7 个百分点。与男性相比较，女性当中认为日本走"和平主义道路"的人更多。同时，在"不清楚、不回答"选项上，女性比例比男性高 7.6 个百分点，说明女性当中持观望态度的人更多一些（图 5-20）。

关于日本在国际事务和地区事务当中应发挥的作用，如图 5-21 所示，有

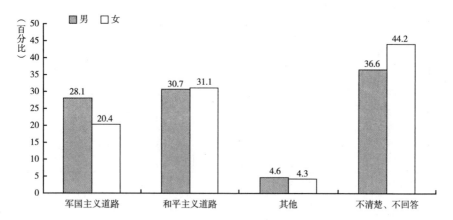

图 5－20　中国民众对日本未来走向认识男女比较

66.0% 的男性和 61.0% 的女性选择了"经济大国的作用"，13.4% 的男性和 15.6% 的女性选择了"政治大国的作用"，14.4% 的男性和 19.7% 的女性选择了"军事大国的作用"，23.0% 的男性和 26.4% 的女性选择了"文化大国的作用"。在"经济大国的作用"选项上，男性比女性高 5 个百分点，其他选项的比例女性都高于男性。

　　关于从何种渠道获取有关日本信息问题，如图 5－22 所示，男性和女性选择比例高的前三位都是：1"电视"、2"互联网"、3"报纸杂志"，在选项和顺序上没有不同。从具体比例来看，除"出国访问"选项之外，在各选项上女性比例都高于或等于男性。

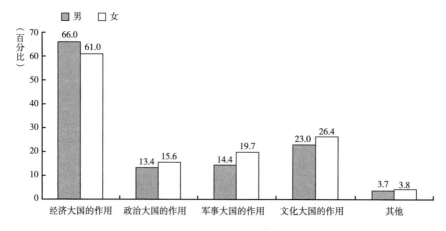

图 5－21　中国民众对于日本在国际和地区事务中发挥
何种作用认识调查结果男女比较

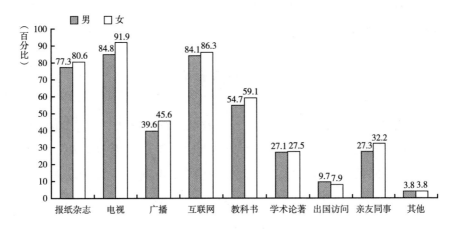

图 5 - 22 中国民众获取有关日本信息渠道男女比较

对于互联网上一些关于中日两国的激烈言论，男性和女性都有 60% 左右的人认为"正负作用兼有"。在"正负作用兼有""不清楚、不回答"选项上，女性分别高于男性 2.9 个百分点和 1.6 个百分点；其他选项上男性比例高于女性，在"有正面作用"选项上，高于女性 2.1 个百分点（见图 5 - 23）。

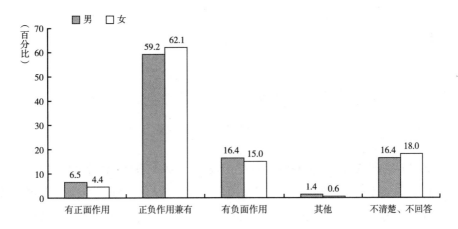

图 5 - 23 中国民众对互联网上激烈言论评价男女比较

通过以上分析，可以认为：第一，总体上看，男性和女性在对日本和中日关系的认识上基本相同，没有大的分歧；第二，一些问题的具体选项比例，显示出男性和女性的性别差别；第三，女性在一些问题上更多地选择了"不清楚、不回答"，可以认为女性对这些问题的了解程度和关心程度不如男性高。这种情况与2010年调查完全相同。

八 年龄因素分析

在填写了出生年份的人当中，25周岁及以下为1283人，占总数的47.4%；26～35周岁为712人，占总数的26.3%；36～45周岁为386人，占总数的14.3%；46～60周岁为266人，占总数的9.8%；60周岁以上为60人，占总数的2.2%，年轻人所占比例较大（图5-24）。

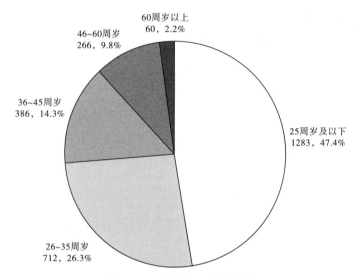

图5-24 被调查者年龄结构

在对日本印象方面，除60周岁以上年龄段之外，各年龄段比例高的前三位选项都是"富士山""樱花""侵华日军"，但具体位次上略有不同。25周岁及以下的位次第一的是"樱花"，"富士山"和"侵华日军"比例相同；其他几个年龄段的前三位同样是"富士山""侵华日军""樱花"，26～35周岁三项选择的比例大体相同；36～45周岁的第三位与前两位有几个百分点的差距。而46～60周岁年龄段，选择"侵华日军"的比例高出"富士山""樱花"10个百分点以上。60周岁以上选择比例第一高的是"侵华日军"，比第二高的"名牌汽车家电"和并列第三位的"天皇""樱花"高近30个百分点（图5-25）。

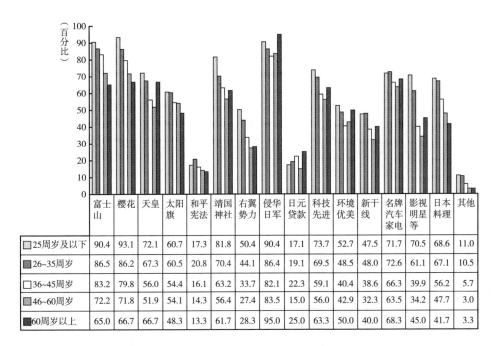

	富士山	樱花	天皇	太阳旗	和平宪法	靖国神社	右翼势力	侵华日军	日元贷款	科技先进	环境优美	新干线	名牌汽车家电	影视明星等	日本料理	其他
□25周岁及以下	90.4	93.1	72.1	60.7	17.3	81.8	50.4	90.4	17.1	73.7	52.7	47.5	71.7	70.5	68.6	11.0
■26~35周岁	86.5	86.2	67.3	60.5	20.8	70.4	44.1	86.4	19.1	69.5	48.5	48.0	72.6	61.1	67.1	10.5
□36~45周岁	83.2	79.8	56.0	54.4	16.1	63.2	33.7	82.1	22.3	59.1	40.4	38.6	66.3	39.9	56.2	5.7
■46~60周岁	72.2	71.8	51.9	54.1	14.3	56.4	27.4	83.5	15.0	56.0	42.9	32.3	63.5	34.2	47.7	3.0
■60周岁以上	65.0	66.7	66.7	48.3	13.3	61.7	28.3	95.0	25.0	63.3	50.0	40.0	68.3	45.0	41.7	3.3

图 5 - 25　中国民众心目中的日本形象年龄比较

　　在对日本亲近程度方面，各年龄段没有大的不同，但在具体比例上有些差异。25 周岁及以下年龄段在"非常亲近""亲近"选项上的比例高于其他年龄段，在"不亲近"选择上低于其他年龄段。26～35 周岁、36～45 周岁、46～60 周岁，以及 60 周岁以上年龄段选择比例最高的都是"不亲近"（60 周岁以上年龄段选择"不亲近"和"一般"的比例相同）。从总体上看，低年龄段感到"亲近"（含"非常亲近"）的人数比例比高年龄段稍多，呈现出一种年轻人对日本抱有亲近感的人相对多的倾向（图 5 - 26）。

　　在对中日关系现状的认知上，各年龄段都是在"不好不坏"选项的比例最高。不同年龄段在具体选项上略有不同。"25 周岁及以下"认为"良好"的比例最低，认为"不好"的比例最高。"60 周岁以上"认为"良好"和"很不好"的比例最高（图 5 - 27）。

　　对于中日关系的发展前景，认为中日关系将得到发展的人占多数，25 周岁及以下年龄段的人相对最为乐观，有一半以上的人认为中日关系会"顺利发展"或"曲折发展"，其他年龄段也有超过或接近 40% 的人持同样观点。同时，除 60

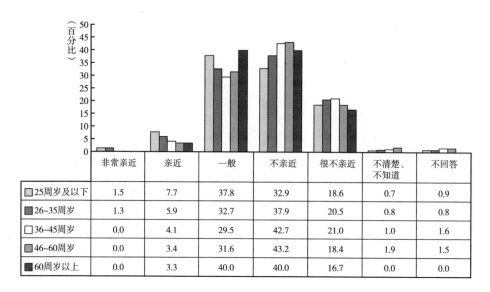

	非常亲近	亲近	一般	不亲近	很不亲近	不清楚、不知道	不回答
25周岁及以下	1.5	7.7	37.8	32.9	18.6	0.7	0.9
26~35周岁	1.3	5.9	32.7	37.9	20.5	0.8	0.8
36~45周岁	0.0	4.1	29.5	42.7	21.0	1.0	1.6
46~60周岁	0.0	3.4	31.6	43.2	18.4	1.9	1.5
60周岁以上	0.0	3.3	40.0	40.0	16.7	0.0	0.0

图 5－26　中国民众对日本亲近感年龄比较

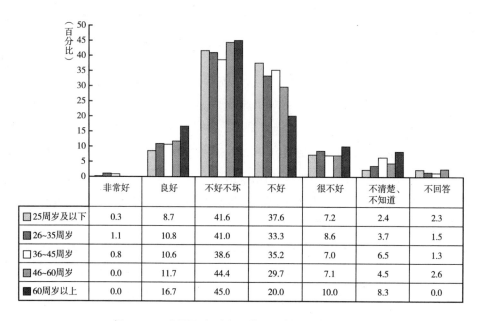

	非常好	良好	不好不坏	不好	很不好	不清楚、不知道	不回答
25周岁及以下	0.3	8.7	41.6	37.6	7.2	2.4	2.3
26~35周岁	1.1	10.8	41.0	33.3	8.6	3.7	1.5
36~45周岁	0.8	10.6	38.6	35.2	7.0	6.5	1.3
46~60周岁	0.0	11.7	44.4	29.7	7.1	4.5	2.6
60周岁以上	0.0	16.7	45.0	20.0	10.0	8.3	0.0

图 5－27　中国民众对中日关系现状认知年龄比较

周岁以上年龄段以外，各年龄段都有四分之一左右的人认为中日关系“可能倒退”和“肯定倒退”（图 5－28）。

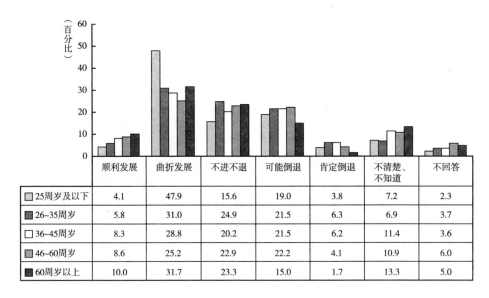

	顺利发展	曲折发展	不进不退	可能倒退	肯定倒退	不清楚、不知道	不回答
□ 25周岁及以下	4.1	47.9	15.6	19.0	3.8	7.2	2.3
■ 26~35周岁	5.8	31.0	24.9	21.5	6.3	6.9	3.7
□ 36~45周岁	8.3	28.8	20.2	21.5	6.3	11.4	3.6
▨ 46~60周岁	8.6	25.2	22.9	22.2	4.1	10.9	6.0
■ 60周岁以上	10.0	31.7	23.3	15.0	1.7	13.3	5.0

图 5 - 28　中国民众对中日关系前景认识年龄比较

对于"您认为未来中日关系中最重要的领域或问题是什么"这个问题，各年龄段选择的位次不同。25 周岁及以下年龄段选择比例较高的前五项是"钓鱼岛问题""经济贸易""历史问题""科技合作"和"台湾问题"；26 ~ 35 周岁年龄段选择的前五项是"钓鱼岛问题""历史问题""经济贸易""科技合作""台湾问题"；36 ~ 45 周岁年龄段选择的前五项是"钓鱼岛问题""经济贸易""历史问题""科技合作"和"东海问题"；46 ~ 60 周岁年龄段选择的前五项是"经济贸易""钓鱼岛问题""历史问题""科技合作""首脑外交"；60 周岁以上年龄段选择的前五项是"历史问题""钓鱼岛问题""经济贸易""台湾问题"和"首脑外交"（图 5 - 29）。

对于中日经济差距，从选项的位次上看，25 周岁及以下年龄段选择的前三位是 1 "还需要 20 年"、2 "还需要 10 年"、3 "不清楚、不回答"；26 ~ 35 周岁年龄段选择的前三位是 1 "还需要 10 年"、2 "还需要 20 年"、3 "不清楚、不回答"；36 ~ 45 周岁年龄段选择的前三位是 1 "还需要 10 年"、2 "还需要 20 年"、3 "不清楚、不回答"；46 ~ 60 周岁年龄段选择的前三位是 1 "还需要 10 年"、2 "不清楚、不回答"、3 "还需要 20 年"；60 周岁以上年龄段选择的前三位是 1 "不清楚、不回答"、2 "还需要 10 年"、3 "已经赶上"（图 5 - 30）。

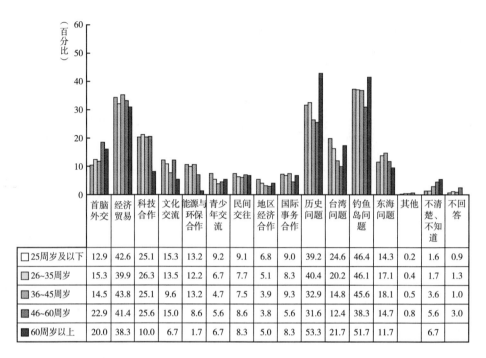

	首脑外交	经济贸易	科技合作	文化交流	能源与环保合作	青少年交流	民间交往	地区经济合作	国际事务合作	历史问题	台湾问题	钓鱼岛问题	东海问题	其他	不清楚、不知道	不回答
□25周岁及以下	12.9	42.6	25.1	15.3	13.2	9.2	9.1	6.8	9.0	39.2	24.6	46.4	14.3	0.2	1.6	0.9
26~35周岁	15.3	39.9	26.3	13.5	12.2	6.7	7.7	5.1	8.3	40.4	20.2	46.1	17.1	0.4	1.7	1.3
36~45周岁	14.5	43.8	25.1	9.6	13.2	4.7	7.5	3.9	9.3	32.9	14.8	45.6	18.1	0.5	3.6	1.0
46~60周岁	22.9	41.4	25.6	15.0	8.6	5.6	8.6	3.8	5.6	31.6	12.4	38.3	14.7	0.8	5.6	3.0
60周岁以上	20.0	38.3	10.0	6.7	1.7	6.7	8.3	5.0	8.3	53.3	21.7	51.7	11.7		6.7	

图 5 – 29　中国民众对发展中日关系重要问题认识调查结果年龄比较

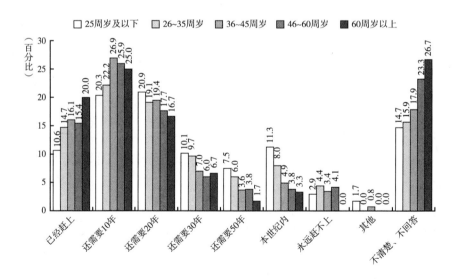

图 5 – 30　中国民众对中日经济差距认识年龄比较

关于日本的未来走向，25 周岁及以下和 26 ~ 35 周岁两个相对低的年龄段认为走"和平主义道路"的人比认为走"军国主义道路"的人多，其他年龄段认为走"军国主义道路"的比例比认为走"和平主义道路"的比例高。具体来看，25 周岁及以下年龄段有 22.8% 的人认为日本将走"军国主义道路"，33.7% 的人认为日本将走"和平主义道路"，后者比前者高近 11 个百分点；26 ~ 35 周岁年龄段有 23.9% 的人认为日本将走"军国主义道路"，32.2% 的人认为日本将走"和平主义道路"，后者比前者高 8.3 个百分点；36 ~ 45 周岁年龄段认为日本将走"和平主义道路"的人比认为走"军国主义道路"的人低 1.3 个百分点；46 ~ 60 周岁年龄段认为日本将走"和平主义道路"的人比认为日本将走"军国主义道路"的人低 3 个百分点；60 周岁以上年龄段认为日本将走"和平主义道路"的人比认为日本将走"军国主义道路"的人低 10 个百分点。无论在哪个年龄段，表示"不清楚、不回答"的比例都最高（图 5 - 31）。

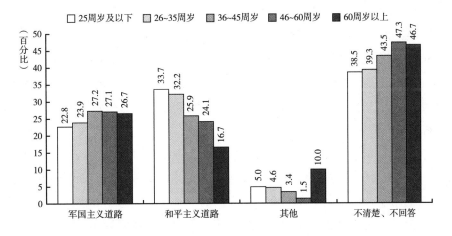

图 5 - 31　对日本未来走向认识年龄比较

关于日本在国际和地区事务当中应发挥的作用，各年龄段都是选择"经济大国的作用"的最多，但从具体比例上看，低年龄段高于高年龄段。在这个选项上 25 周岁及以下比例最高，高达 73.6%，36 ~ 45 周岁比例最低，为 48.2%。在"文化大国的作用"选项上，25 周岁及以下比例也高于其他年龄段。在"政治大国的作用"和"军事大国的作用"上，60 周岁以上年龄段的选择比例高于其他年龄段，而 36 ~ 45 周岁和 46 ~ 60 周岁两个年龄段在这两个选项上比例最低（图 5 - 32）。

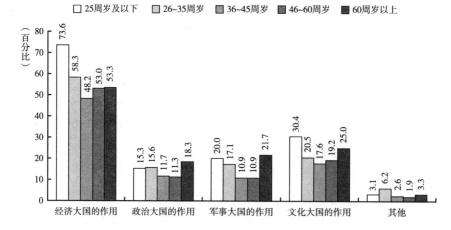

**图 5－32　中国民众对于日本在国际和地区事务中发挥
何种作用认识调查结果年龄比较**

在获取有关日本信息渠道方面，调查结果显示出各年龄段之间的一些差异。除 60 周岁以上年龄段外，各年龄段获取信息渠道的前三位都是"报纸杂志""电视""互联网"，但在具体位次上却不相同。25 周岁及以下和 26～35 周岁年龄段的前三位排序都是：1"互联网"、2"电视"、3"报纸杂志"；36～45 周岁年龄段是：1"电视"、2"互联网"、3"报纸杂志"；46～60 周岁年龄段是：1"电视"、2"报纸杂志"、3"互联网"；46～60 周岁是：1"电视"、2"报纸杂志"、3"互联网"；60 周岁以上年龄段是：1"电视"、2"报纸杂志"、3"广播"。总体上看，各年龄段都有较高的比例通过电视获取信息，而随着年龄段的增高，利用互联网的比例在降低。在"广播"选项上，高年龄段的比例明显高于低年龄段，"教科书"选项则是随着年龄段的升高，比例降低（图 5－33）。

对于互联网上一些关于中日两国的激烈言论，"正负作用兼有"是各年龄段最多的选择。认为"有正面作用"的比例，46～60 周岁年龄段的选择比例最高，但还不到 8％。认为有负面作用的比例最高的是 25 周岁及以下年龄段，比例为 18.0％，比 36～45 周岁年龄段高 8.7 个百分点，比 60 周岁以上年龄段高 13 个百分点。在"不清楚、不回答"等选项上，年龄段越高，选择比例也越高（图 5－34）。

通过以上分析，可初步得出以下结论：第一，总体上看，各年龄段对日本和中日关系认识基本相同，没有大的分歧；第二，在一些问题的具体选项比例上，存在一定程度的年龄差异。

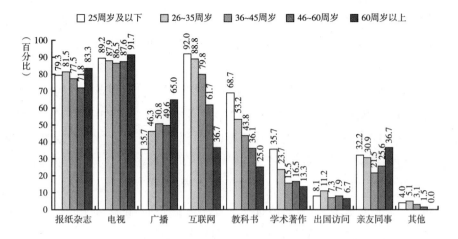

图 5 – 33　中国民众获取有关日本信息渠道年龄比较

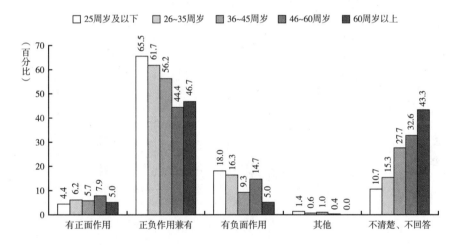

图 5 – 34　中国民众对互联网上激烈言论评价年龄比较

九　学历因素分析

从被调查者的学历方面看，小学为 34 人，占总数的 1.3%；初中为 109 人，占总数的 4.0%；高中（含中技中专职高）为 394 人，占总数的 14.6%；大学（本科或大专）为 1487 人，占总数的 54.9%；研究生（硕士或博士）为 662 人，占总数的 24.5%。选择"其他"或"不回答"的 21 人，占 0.8%。为了便于统计分析，这里把小学至高中学历划为"高中及以下"（包括选择"其他"和"不回答"的人数），大学（本科或大专）以上学历划为"大专及以上"。

在日本形象方面，"高中及以下"和"大专及以上"比例高的前三位选项都是"富士山""樱花""侵华日军"，但位次上略有不同。"高中及以下"的位次是：1"侵华日军"、2"富士山"、3"樱花"；"大专及以上"的位次是1"樱花"、2"侵华日军"、3"富士山"。"高中及以下"的第四、第五位分别是"名牌汽车家电"和"日本料理"；"大专及以上"的第四、第五位分别是"靖国神社"和"名牌汽车家电"。从具体选项上看，几乎在所有的选项上，"大专及以上"的比例都高于"高中及以下"（图5-35）。

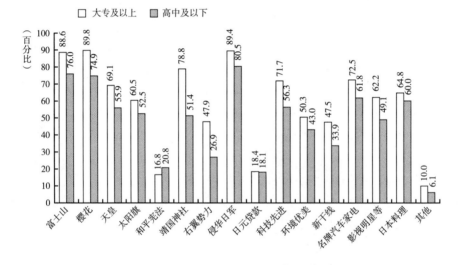

图5-35 中国民众心目中的日本形象学历比较

在对日本亲近程度方面，一些选项上显示出来学历的差异。"大专及以上"比"高中及以下"在"非常亲近"选项上高0.8个百分点，在"亲近"选项上高3.5个百分点，在"一般"选项上基本相同，在"不亲近"上低4个百分点，在"很不亲近"上高1.6个百分点。虽然在"非常亲近"和"亲近"选项上，"大专及以上"高于"高中及以下"，但无论学历高低，都有半数以上的人对日本感到"不亲近"或"很不亲近"（图5-36）。

在对中日关系现状的认知上，"高中及以下"和"大专及以上"都是选择"不

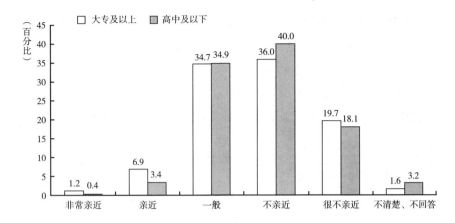

图 5 – 36　中国民众对日本亲近感学历比较

好不坏"的比例最高，比例上的差距不大。在"良好"选项上，"高中及以下"比"大专及以上"高 3.9 个百分点；在"不好"选项上，"大专及以上"比"高中及以下"高 12.9 个百分点。从总体上看，"大专及以上"人群中认为中日关系"非常好"或"良好"的比例，低于"高中及以下"人群；认为中日关系"不好"和"很不好"的比例之和，高于"高中及以下"人群（图 5 – 37）。

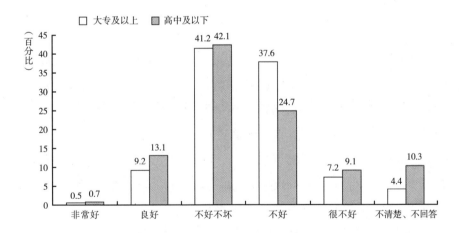

图 5 – 37　中国民众对中日关系现状认识学历比较

对于中日关系的发展前景，"高中及以下"人群中有 33.9% 、"大专及以上"人群中有 46.5% 的人认为中日关系将"顺利发展"或"曲折发展"，高于认为中日关系"可能倒退"和"肯定倒退"的比例。在具体选项比例上，在"顺利发展"和"不进不退"选项上，"高中及以下"比"大专及以上"分别高5.2个百分点和8.5个百分点；在"曲折发展""可能倒退"选项上，"大专及以上"比"高中及以下"分别高17.8个百分点和5.9个百分点。总体上看，在"大专及以上"人群中，认为中日关系的发展不会一帆风顺的比例高于"高中及以下"。在"不清楚、不回答"选项的比例上，"高中及以下"比"大专及以上"高约10.3个百分点（图5-38）。

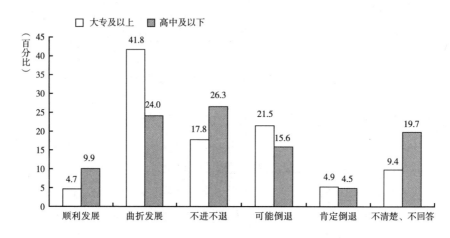

图5-38 中国民众对中日关系前景认识学历比较

对于"您认为未来中日关系中最重要的领域或问题是什么"这个问题，"高中及以下"和"大专及以上"的选项略显差异。在具体位次上，"高中及以下"是：1"经济贸易"、2"钓鱼岛问题"、3"历史问题"、4"科技合作"、5"首脑外交"；"大专及以上"是：1"钓鱼岛问题"、2"经济贸易"、3"历史问题"、4"科技合作"、5"台湾问题"。在选项比例上，除"不清楚、不回答"和"首脑外交"，几乎在所有的选项上"大专及以上"的比例都高于"高中及以下"（图5-39）。

对于中日经济差距，从选项比例的位次上看，"高中及以下"的前三位是：1"不清楚、不回答"、2"还需要10年"、3"已经赶上"；"大专及以上"的前三位是：1"还需要10年"、2"还需要20年"、3"不清楚、不回答"。从各选项情况看，在"已经赶上""永远赶不上"和"不清楚、不回答"等选项上，"高中及以下"的比例高于"大专及以上"；在"还需要20年"等其他选项上，"大专及以

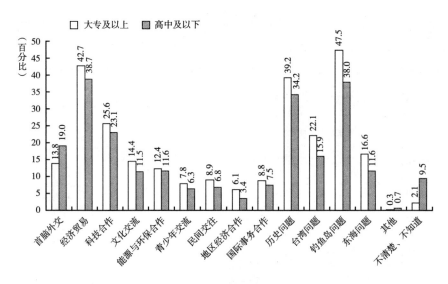

图 5 – 39　中国民众对发展中日关系重要问题认识调查结果学历比较

上"的比例高于"高中及以下"。在"高中及以下"人群中，有近四分之一的人选择了"不清楚、不回答"，比"大专及以上"高9.2个百分点（图5-40）。

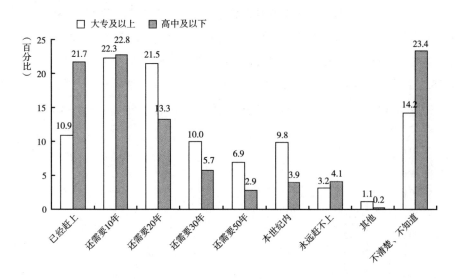

图 5 – 40　中国民众对中日经济差距认识学历比较

　　关于日本的未来走向，略显学历差异。"大专及以上"人群认为日本将走"和平主义道路"和走"军国主义道路"的比例都高于"高中及以下"人群。具体来看，"大专及以上"与"高中及以下"比较，前者认为日本走"军国主义道路"的比例比后者高 7.2 个百分点，认为走"和平主义道路"的比例比后者高 4.4 个百分点。在"不清楚、不回答"选项上，"高中及以下"比"大专及以上"高 12.6 个百分点（图 5 -41）。

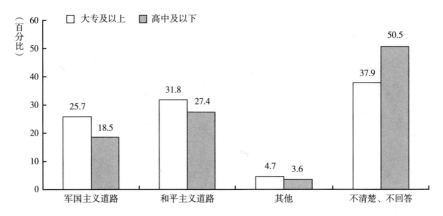

图 5 -41　中国民众对日本未来走向认识学历比较

关于日本在国际和地区事务当中应发挥的作用，"高中及以下"和"大专及以上"都是选择"经济大国的作用"的比例最高。"大专及以上"与"高中及以下"相比较，在"经济大国的作用"和"文化大国的作用"两个选项上，前者比后者分别高 23.3 个百分点和 5.2 个百分点。在"政治大国的作用""军事大国的作用"选项上，"高中及以下"比"大专及以上"分别高 2.7 和 1 个百分点（图 5 -42）。

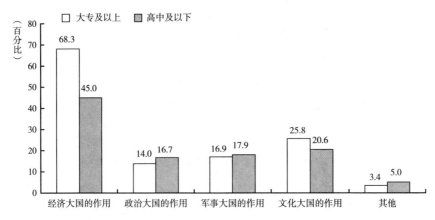

图 5 -42　中国民众对于日本在国际和地区事务中发挥何种作用认识调查结果学历比较

在获取有关日本信息渠道方面，调查结果显示出不同学历的差异。虽然"高中及以下"和"大专及以上"获取信息渠道的前三位都是"报纸杂志""电视""互联网"，但在具体位次上却不相同。"高中及以下"的前三位是：1"电视"、2"报纸杂志"、3"互联网"；"大专及以上"的前三位是：1"互联网"、2"电视"、3"报纸杂志"。除"广播""出国访问"选项外，几乎在其他所有选项上，"大专及以上"的比例都高于"高中及以下"，特别是在"互联网""教科书"和"学术论著"选项上，"大专及以上"比"高中及以下"分别高25.9 个、22.5 个和12.7 个百分点（图5 – 43）。

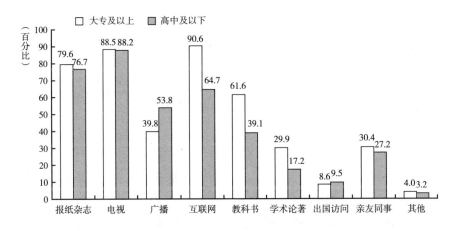

图5 – 43　中国民众获取有关日本信息渠道学历比较

对于互联网上一些关于中日两国的激烈言论，"高中及以下"和"大专及以上"都是选择"正负作用兼有"的比例最高，但在具体比例上，"大专及以上"比"高中及以下"高21.6 个百分点。此外，在"有负面作用"选项上，两者比例大体相同；在有"正面作用"选项上，"高中及以下"比"大专及以上"高1.5 个百分点，在"不清楚、不回答"选项上，"高中及以下"比"大专及以上"高21.2 个百分点（图5 – 44）。

总体上看，学历因素对人们关于日本和中日关系的认识没有根本的影响，在一些多选项的比例上"高中及以下"低于"大专及以上"，但两类群体在对问题的认识倾向上基本一致。同时，"高中及以下"人群在一些选项上更多地选择了"不清楚、不回答"，可以认为，相比高学历人群而言，低学历人群对这些问题的认知程度不高。

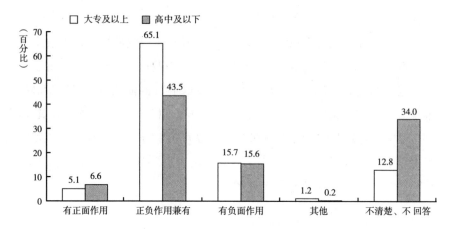

图 5 – 44　中国民众对互联网上激烈言论评价学历比较

十　职业因素分析

在被调查者职业构成方面，有 95 人没有填写职业，占总数的 3.5%。在回答了职业的人当中，公务员为 154 人，占回答者总数的 5.7%；教科文卫体工作人员为 223 人，占总数的 8.2%；企业经营管理者为 175 人，占总数的 6.5%；个体工商户为 110 人，占总数的 4.1%；专业技术人员为 233 人，占总数的 8.6%；学生为 955 人，占总数的 35.3%；商业服务业人员为 287 人，占总数的 10.6%；工人为 158 人，占总数的 5.8%；农民为 14 人，占总数的 0.5%；军人为 68 人，占总数的 2.5%；离退休人员为 76 人，占总数的 2.8%；回答职业为"其他"的为 159 人，占总数的 5.9%（图 5 – 45）。由于农民所占比例很小，统计学意义不大，所以这里以回答"农民"以外职业的被调查者为对象进行分析。

在日本形象方面，职业因素没有很大影响。虽然具体位次有所不同，除离退休人员和军人外，各职业选择比例较高的前三位选项都是"富士山""樱花""侵华日军"。在其他选项上略有职业的不同。公务员在"和平宪法""日元贷款""环境优美""名牌汽车家电"等选项上的比例高于其他职业；学生在"天皇""靖国神社""影视明星等"等选项上的比例高于其他职业；商业服务业人员在"日本料理"选项上的比例高于其他职业；军人在在"太阳旗""右翼势

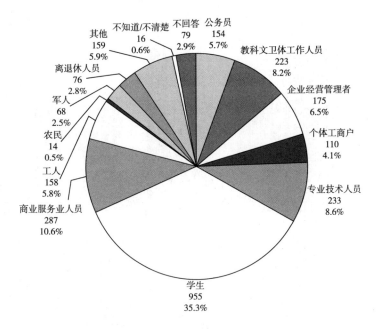

图 5 – 45 被调查者职业结构

力"选项上的比例最高。在所有选项当中"和平宪法""日元贷款"的认知度较低（图 5 – 46）

在对日本亲近程度方面，总体倾向一致，各职业间也存在细微差别。在对日本感到"非常亲近"和"亲近"的比例高于总体（7.2%）的职业有，学生（9.9%）、工人（7.6%）、军人（8.8%）；在对日本感到"不亲近"和"很不亲近"的比例高于总体（56.2%）的职业有，公务员（64.3%）、教科文卫工作人员（67.7%）、企业经营管理者（58.2%）、个体工商户（64.5%）、专业技术人员（59.6%）、商业服务业人员（58.9%）、工人（58.3%）、军人（67.7%）、离退休人员（60.5%）、其他（61.0%）。对日本感到"非常亲近"和"亲近"比例最低的是离退休人员（1.3%）；对日本感到"不亲近"和"很不亲近"比例最低的是学生（47.8%）（图 5 – 47）。

在对中日关系现状的认知上，虽然总体选择"不好不坏"选项的人最多，但也显示出职业间差异。公务员和军人群体中有更多的人认为中日关系"不好"。认为中日关系"不好不坏"比例最高的是专业技术人员（49.4%），最低的是军人（23.5%），两者相差 25.9 个百分点。认为中日关系"非常好"和

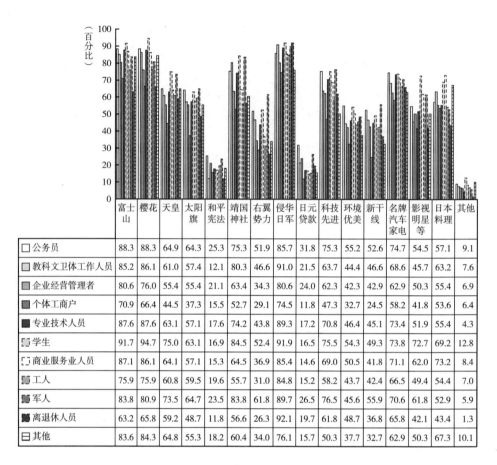

图5-46　中国民众心目中的日本形象职业比较

	富士山	樱花	天皇	太阳旗	和平宪法	靖国神社	右翼势力	侵华日军	日元贷款	科技先进	环境优美	新干线	名牌汽车家电	影视明星等	日本料理	其他
□公务员	88.3	88.3	64.9	64.3	25.3	75.3	51.9	85.7	31.8	75.3	55.2	52.6	74.7	54.5	57.1	9.1
□教科文卫体工作人员	85.2	86.1	61.0	57.4	12.1	80.3	46.6	91.0	21.5	63.7	44.4	46.6	68.6	45.7	63.2	7.6
▨企业经营管理者	80.6	76.0	55.4	55.4	21.1	63.4	34.3	80.6	24.0	62.3	42.3	42.9	62.9	50.3	55.4	6.9
■个体工商户	70.9	66.4	44.5	37.3	15.5	52.7	29.1	74.5	11.8	47.3	32.7	24.5	58.2	41.8	53.6	6.4
▨专业技术人员	87.6	87.6	63.1	57.1	17.6	74.2	43.8	89.3	17.2	70.8	46.4	45.1	73.4	51.9	55.4	4.3
▨学生	91.7	94.7	75.0	63.1	16.9	84.5	52.4	91.9	16.5	75.5	54.3	49.3	73.8	72.7	69.2	12.8
▢商业服务业人员	87.1	86.1	64.1	57.1	15.3	64.5	36.9	85.4	14.6	69.0	50.5	41.8	71.1	62.0	73.2	8.4
▨工人	75.9	75.9	60.8	59.5	19.6	55.7	31.0	84.8	15.2	58.2	43.7	42.4	66.5	49.4	54.4	7.0
▨军人	83.8	80.9	73.5	64.7	23.5	83.8	61.8	89.7	26.5	76.5	45.6	55.9	70.6	61.8	52.9	5.9
■离退休人员	63.2	65.8	59.2	48.7	11.8	56.6	26.3	92.1	19.7	61.8	48.7	36.8	65.8	42.1	43.4	1.3
□其他	83.6	84.3	64.8	55.3	18.2	60.4	34.0	76.1	15.7	50.3	37.7	32.7	62.9	50.3	67.3	10.1

"良好"比例最高的是工人（14.6%），比例最低的是专业技术人员（8.6%），两者相差6个百分点。认为中日关系"不好"和"很不好"比例最高的是军人（64.7%），最低的是离退休人员（26.3%），两者相差38.4个百分点。认为中日关系"非常好"和"良好"比例超过总体比例（10.6%）的职业有，企业经营管理者、个体工商户、工人、离退休人员和"其他"；认为"不好"和"很不好"比例超过总体比例（42.5%）的有，公务员、科教文卫体工作人员、学生、军人（图5-48）。

对于中日关系的发展前景，认为中日关系会"顺利发展"比例最高的是离退休人员（13.2%），最低的是公务员（2.6%），两者相差10.6个百分点。认为

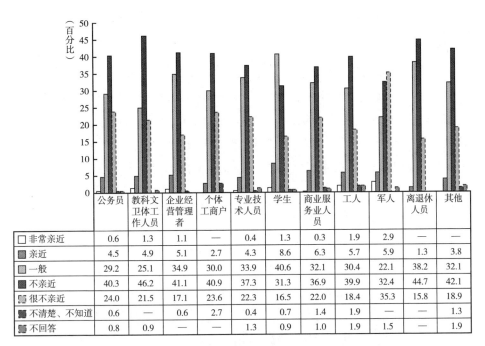

	公务员	教科文卫体工作人员	企业经营管理者	个体工商户	专业技术人员	学生	商业服务业人员	工人	军人	离退休人员	其他
□ 非常亲近	0.6	1.3	1.1	—	0.4	1.3	0.3	1.9	2.9	—	—
▨ 亲近	4.5	4.9	5.1	2.7	4.3	8.6	6.3	5.7	5.9	1.3	3.8
▨ 一般	29.2	25.1	34.9	30.0	33.9	40.6	32.1	30.4	22.1	38.2	32.1
▨ 不亲近	40.3	46.2	41.1	40.9	37.3	31.3	36.9	39.9	32.4	44.7	42.1
▨ 很不亲近	24.0	21.5	17.1	23.6	22.3	16.5	22.0	18.4	35.3	15.8	18.9
▨ 不清楚、不知道	0.6	—	0.6	2.7	0.4	0.7	1.4	1.9	—	—	1.3
▨ 不回答	0.8	0.9	—	—	1.3	0.9	1.0	1.9	1.5	—	1.9

图 5 - 47 中国民众对日本亲近感职业比较

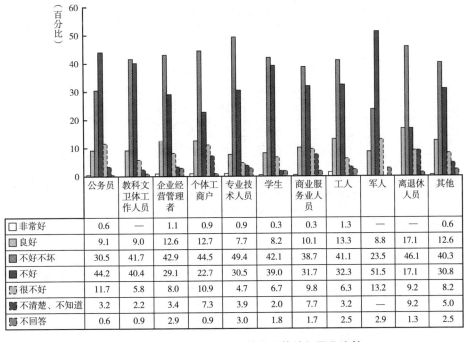

	公务员	教科文卫体工作人员	企业经营管理者	个体工商户	专业技术人员	学生	商业服务业人员	工人	军人	离退休人员	其他
□ 非常好	0.6	—	1.1	0.9	0.9	0.3	0.3	1.3	—	—	0.6
▨ 良好	9.1	9.0	12.6	12.7	7.7	8.2	10.1	13.3	8.8	17.1	12.6
▨ 不好不坏	30.5	41.7	42.9	44.5	49.4	42.1	38.7	41.1	23.5	46.1	40.3
▨ 不好	44.2	40.4	29.1	22.7	30.5	39.0	31.7	32.3	51.5	17.1	30.8
▨ 很不好	11.7	5.8	8.0	10.9	4.7	6.7	9.8	6.3	13.2	9.2	8.2
▨ 不清楚、不知道	3.2	2.2	3.4	7.3	3.9	2.0	7.7	3.2	—	9.2	5.0
▨ 不回答	0.6	0.9	2.9	0.9	3.0	1.8	1.7	2.5	2.9	1.3	2.5

图 5 - 48 中国民众对中日关系现状认知职业比较

"曲折发展"比例最高的是学生（50.8%），最低的是个体工商户（24.5%），两者相差26.3个百分点。

认为"可能倒退"和"肯定倒退"比例最高的军人（47.0%），最低的是离退休人员（17.1%），两者相差29.9个百分点。认为中日关系"顺利发展"和"曲折发展"的比例超过总体比例（43.9%）的有，专业技术人员、学生、离退休人员等，认为"可能倒退"和"肯定倒退"比例高于总体比例（25.0%）的有，公务员、教科文卫体工作人员、企业经营管理者、个体工商户、军人等（图5-49）。

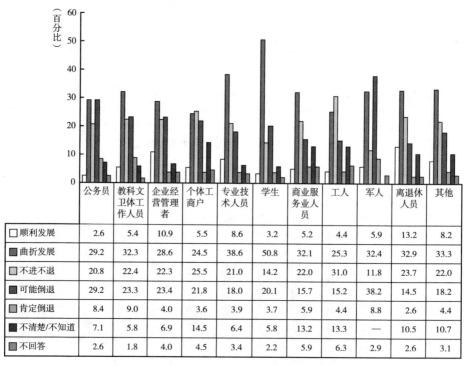

	公务员	教科文卫体工作人员	企业经营管理者	个体工商户	专业技术人员	学生	商业服务业人员	工人	军人	离退休人员	其他
□顺利发展	2.6	5.4	10.9	5.5	8.6	3.2	5.2	4.4	5.9	13.2	8.2
■曲折发展	29.2	32.3	28.6	24.5	38.6	50.8	32.1	25.3	32.4	32.9	33.3
▨不进不退	20.8	22.4	22.3	25.5	21.0	14.2	22.0	31.0	11.8	23.7	22.0
■可能倒退	29.2	23.3	23.4	21.8	18.0	20.1	15.7	15.2	38.2	14.5	18.2
▨肯定倒退	8.4	9.0	4.0	3.6	3.9	3.7	5.9	4.4	8.8	2.6	4.4
■不清楚/不知道	7.1	5.8	6.9	14.5	6.4	5.8	13.2	13.3	—	10.5	10.7
▨不回答	2.6	1.8	4.0	4.5	3.4	2.2	5.9	6.3	2.9	2.6	3.1

图5-49 中国民众对中日关系前景认知职业比较

对于"您认为未来中日关系中最重要的领域或问题是什么"这个问题，企业经营管理者、专业技术人员、学生、商业服务业人员和工人选择比例较高的前五项是"经济贸易""科技合作""历史问题""台湾问题""钓鱼岛问题"；教科文卫体工作人员选择的前五项是"经济贸易""科技合作""历史问题""钓鱼岛问题""东海问题"；个体工商户和"其他"选择的前五项是"首脑外交"

"经济贸易""科技合作""历史问题""钓鱼岛问题"；公务员和军人选择的前五项是"经济贸易""历史问题""台湾问题""钓鱼岛问题"和"东海问题"；离退休人员选择的前五项是"首脑外交""经济贸易""历史问题""台湾问题""钓鱼岛问题"。除了离退休人员和"其他"，所有职业都把"钓鱼岛问题"排在了首位（图 5 - 50）。

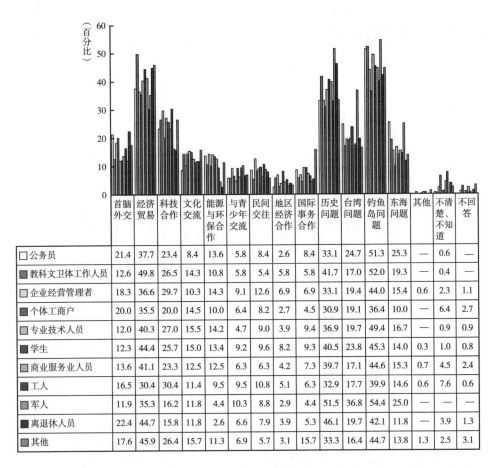

	首脑外交	经济贸易	科技合作	文化交流	能源与环保合作	与青少年交流	民间交往	地区经济合作	国际事务合作	历史问题	台湾问题	钓鱼岛问题	东海问题	其他	不清楚、不知道	不回答
□公务员	21.4	37.7	23.4	8.4	13.6	5.8	8.4	2.6	8.4	33.1	24.7	51.3	25.3	—	0.6	—
■教科文卫体工作人员	12.6	49.8	26.5	14.3	10.8	5.8	5.4	5.8	5.8	41.7	17.0	52.0	19.3	—	0.4	—
□企业经营管理者	18.3	36.6	29.7	10.3	14.3	9.1	12.6	6.9	6.9	33.1	19.4	44.0	15.4	0.6	2.3	1.1
■个体工商户	20.0	35.5	20.0	14.5	10.0	6.4	8.2	2.7	4.5	30.9	19.1	36.4	10.0	—	6.4	2.7
□专业技术人员	12.0	40.3	27.0	15.5	14.2	4.7	9.0	3.9	9.4	36.9	19.7	49.4	16.7	—	0.9	0.9
■学生	12.3	44.4	25.7	15.0	13.4	9.2	9.6	8.2	9.3	40.5	23.8	45.3	14.0	0.3	1.0	0.8
□商业服务业人员	13.6	41.1	23.3	12.5	12.5	6.3	6.3	4.2	7.3	39.7	17.1	44.6	15.3	0.7	4.5	2.4
■工人	16.5	30.4	30.4	11.4	9.5	9.5	10.8	5.1	6.3	32.9	17.7	39.9	14.6	0.6	7.6	0.6
□军人	11.9	35.3	16.2	11.8	4.4	10.3	8.8	2.9	4.4	51.5	36.8	54.4	25.0	—	—	—
■离退休人员	22.4	44.7	15.8	11.8	2.6	6.6	7.9	2.4	5.3	46.1	19.7	42.1	11.8	—	3.9	1.3
■其他	17.6	45.9	26.4	15.7	11.3	6.9	5.7	3.1	15.7	33.3	16.4	44.7	13.8	1.3	2.5	3.1

图 5 - 50　中国民众对发展中日关系重要问题认识调查结果职业比较

关于中日经济差距问题，在各类职业间有一定的差异。总体上认为中国经济"已经赶上"日本和赶上日本"还需要 10 年"或"还需要 20 年"的比例较高。具体在每个选项上，认为"已经赶上"比例最高的是个体工商户（24.5%），最低的是学生（8.2%），两者相差 16.3 个百分点；认为要赶上日本"还需要10年"比例最高的是企业经营管理者（29.7%），最低的是学生（18.1%），两者相差11.6个百分点；认为"还需要20年"比例最高的是军人（30.9%），最低的是工人（10.1%），相差20.8个百分点；认为"还需要30年"比例最高的是军人（11.8%），最低的是离退休人员（3.9%），相差7.9个百分点；认为"还需要50年"比例最高的是学生（8.5%），最低的是离退休人员（2.6%），相差5.9个百分点；认为"本世纪内"比例最高的是学生（12.7%），最低的是"其他"（3.1%），相差9.6个百分点。在选择"不清楚、不知道""不回答"选项的比例上，离退休人员和"其他"明显高于其他职业（图5-51）。

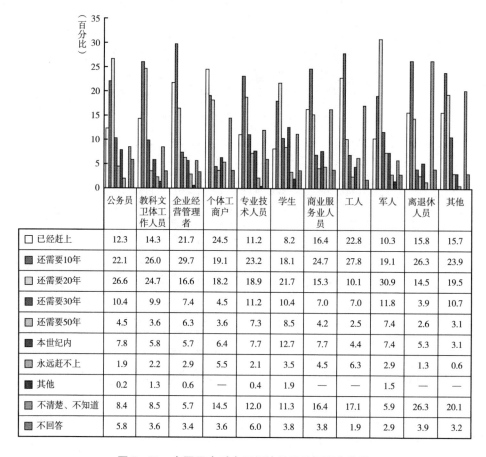

	公务员	教科文卫体工作人员	企业经营管理者	个体工商户	专业技术人员	学生	商业服务业人员	工人	军人	离退休人员	其他
□ 已经赶上	12.3	14.3	21.7	24.5	11.2	8.2	16.4	22.8	10.3	15.8	15.7
■ 还需要10年	22.1	26.0	29.7	19.1	23.2	18.1	24.7	27.8	19.1	26.3	23.9
□ 还需要20年	26.6	24.7	16.6	18.2	18.9	21.7	15.3	10.1	30.9	14.5	19.5
■ 还需要30年	10.4	9.9	7.4	4.5	11.2	10.4	7.0	7.0	11.8	3.9	10.7
□ 还需要50年	4.5	3.6	6.3	3.6	7.3	8.5	4.2	2.5	7.4	2.6	3.1
■ 本世纪内	7.8	5.8	5.7	6.4	7.7	12.7	7.7	4.4	7.4	5.3	3.1
□ 永远赶不上	1.9	2.2	2.9	5.5	2.1	3.5	4.5	6.3	2.9	1.3	0.6
■ 其他	0.2	1.3	0.6	—	0.4	1.9	—	—	1.5	—	—
■ 不清楚、不知道	8.4	8.5	5.7	14.5	12.0	11.3	16.4	17.1	5.9	26.3	20.1
■ 不回答	5.8	3.6	3.4	3.6	6.0	3.8	3.8	1.9	2.9	3.9	3.2

图5-51 中国民众对中日经济差距认识职业比较

关于日本的未来走向，各类职业的选择显示出一些差异。认为日本走"军国主义道路"比例高于走"和平主义道路"的有公务员、教科文卫体工作人员、军人和离退休人员；其他职业认为日本走"和平主义道路"的比例高于走"军国主义道路"。认为日本走"军国主义道路"比例最高的是军人（38.2%），最低的是离退休人员（19.7%），两者相差18.5个百分点；认为日本走"和平主义道路"比例最高的是学生（36.4%），最低的是离退休人员（15.8%），相差20.6个百分点。在"不清楚、不知道"和"不回答"选项上，商业服务业人员和离退休人员的选择比例都超过了50%，比其他职业高（图5-52）。

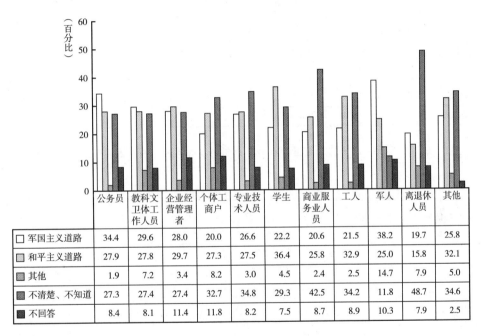

	公务员	教科文卫体工作人员	企业经营管理者	个体工商户	专业技术人员	学生	商业服务业人员	工人	军人	离退休人员	其他
□ 军国主义道路	34.4	29.6	28.0	20.0	26.6	22.2	20.6	21.5	38.2	19.7	25.8
▨ 和平主义道路	27.9	27.8	29.7	27.3	27.5	36.4	25.8	32.9	25.0	15.8	32.1
▨ 其他	1.9	7.2	3.4	8.2	3.0	4.5	2.4	2.5	14.7	7.9	5.0
▨ 不清楚、不知道	27.3	27.4	27.4	32.7	34.8	29.3	42.5	34.2	11.8	48.7	34.6
■ 不回答	8.4	8.1	11.4	11.8	8.2	7.5	8.7	8.9	10.3	7.9	2.5

图5-52　中国民众对日本未来走向认识职业比较

关于日本在国际和地区事务当中应发挥的作用，各类职业选择比例最高的都是"经济大国的作用"。从具体选项上看，"经济大国的作用"比例高的前三位职业是学生、军人和专业技术人员；"政治大国的作用"比例高的前三位是工人、个体工商户、离退休人员；"军事大国的作用"比例高的前三位是企业经营管理者、个体工商户、学生；"文化大国的作用"比例高的前三位是学生、军人、商业服务业人员（图5-53）。

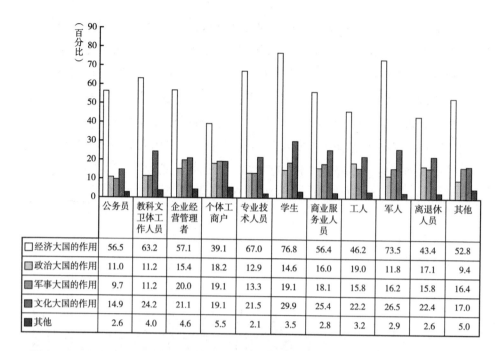

	公务员	教科文卫体工作人员	企业经营管理者	个体工商户	专业技术人员	学生	商业服务业人员	工人	军人	离退休人员	其他
□经济大国的作用	56.5	63.2	57.1	39.1	67.0	76.8	56.4	46.2	73.5	43.4	52.8
▨政治大国的作用	11.0	11.2	15.4	18.2	12.9	14.6	16.0	19.0	11.8	17.1	9.4
▤军事大国的作用	9.7	11.2	20.0	19.1	13.3	19.1	18.1	15.8	16.2	15.8	16.4
▦文化大国的作用	14.9	24.2	21.1	19.1	21.5	29.9	25.4	22.2	26.5	22.4	17.0
■其他	2.6	4.0	4.6	5.5	2.1	3.5	2.8	3.2	2.9	2.6	5.0

图 5 - 53　中国民众对于日本在国际和地区事务中发挥何种作用认识调查结果职业比较

在获取有关日本信息渠道方面，除离退休人员外，各类职业获取信息渠道的前三位都是"报纸杂志""电视""互联网"，各类职业的具体位次有所不同。公务员、个体工商户、工人、军人的位次是：1"电视"，2"报纸杂志"，3"互联网"（公务员和军人是"电视"和"报纸杂志"并列第 1 位）；教科文卫体工作人员、学生和"其他"的位次是：1"互联网"，2"电视"，3"报纸杂志"；企业经营管理者、专业技术人员、商业服务业人员的位次是：1"电视"，2"互联网"，3"报纸杂志"；离退休人员的位次是：1"电视"，2"报纸杂志"，3"广播"。在"报纸杂志"选项上比例最高的是军人，最低的是"其他"；"互联网""教科书"和"学术论著"选项比例最高的都是学生，最低的是离退休人员；"出国访问"选择比例最高的是公务员，最低的是离退休人员；"亲友同事"选择比例最高的是商业服务业人员，最低的是工人。公务员、教科文卫体工作人员及学生等获取信息的渠道相对更多；个体工商户、工人、离退休人员在多数选项上的比例偏低，获取信息的渠道相对少些（图 5 - 54）。

对于互联网上一些关于中日两国的激烈言论，没有明显的职业差异。各类职

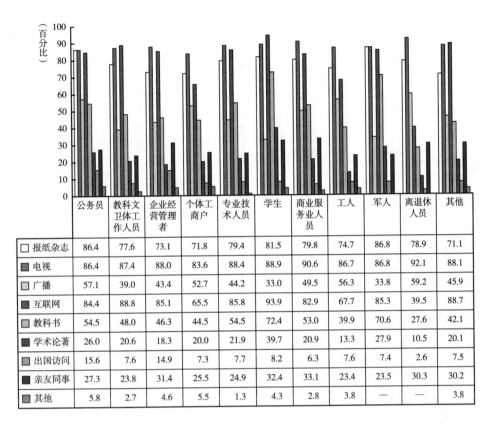

	公务员	教科文卫体工作人员	企业经营管理者	个体工商户	专业技术人员	学生	商业服务业人员	工人	军人	离退休人员	其他
□ 报纸杂志	86.4	77.6	73.1	71.8	79.4	81.5	79.8	74.7	86.8	78.9	71.1
■ 电视	86.4	87.4	88.0	83.6	88.4	88.9	90.6	86.7	86.8	92.1	88.1
□ 广播	57.1	39.0	43.4	52.7	44.2	33.0	49.5	56.3	33.8	59.2	45.9
■ 互联网	84.4	88.8	85.1	65.5	85.8	93.9	82.9	67.7	85.3	39.5	88.7
□ 教科书	54.5	48.0	46.3	44.5	54.5	72.4	53.0	39.9	70.6	27.6	42.1
■ 学术论著	26.0	20.6	18.3	20.0	21.9	39.7	20.9	13.3	27.9	10.5	20.1
□ 出国访问	15.6	7.6	14.9	7.3	7.7	8.2	6.3	7.6	7.4	2.6	7.5
■ 亲友同事	27.3	23.8	31.4	25.5	24.9	32.4	33.1	23.4	23.5	30.3	30.2
■ 其他	5.8	2.7	4.6	5.5	1.3	4.3	2.8	3.8	—	—	3.8

图 5 - 54　中国民众获取有关日本信息渠道职业比较

业选择"正负作用兼有"的人最多，比例最高的是学生（70.3%），最低的是离退休人员（39.5%），相差 30.8 个百分点；认为"有正面作用"比例最高的是军人（11.8%），最低的是学生（3.6%），相差 8.2 个百分点；认为"有负面作用"比例最高的是个体工商户（19.1%），最低的是离退休人员（9.2%），相差 9.9 个百分点。在"不清楚、不知道"和"不回答"选项上，离退休人员的选择比例高达 46.0%，远高于其他职业（图 5 - 55）。

通过以上分析，可初步得出以下结论：第一，总体上看，各类职业对日本和中日关系的认识基本相同，分歧不大。第二，在获取信息渠道上，各类职业之间存在一定差异，但差异在缩小。第三，离退休人员等选择"不清楚、不回答"的比例明显高于其他职业，说明他们对日本和中日关系的关注程度较低。

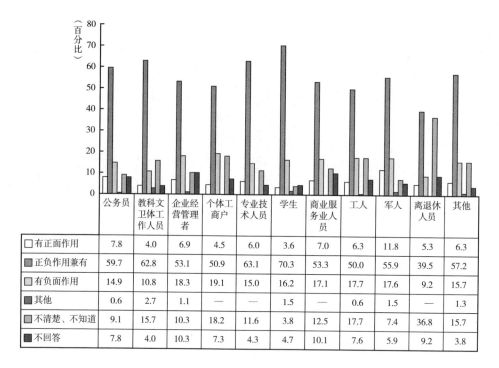

	公务员	教科文卫体工作人员	企业经营管理者	个体工商户	专业技术人员	学生	商业服务业人员	工人	军人	离退休人员	其他
□ 有正面作用	7.8	4.0	6.9	4.5	6.0	3.6	7.0	6.3	11.8	5.3	6.3
■ 正负作用兼有	59.7	62.8	53.1	50.9	63.1	70.3	53.3	50.0	55.9	39.5	57.2
□ 有负面作用	14.9	10.8	18.3	19.1	15.0	16.2	17.1	17.7	17.6	9.2	15.7
■ 其他	0.6	2.7	1.1	—	—	1.5	—	0.6	1.5	—	1.3
□ 不清楚、不知道	9.1	15.7	10.3	18.2	11.6	3.8	12.5	17.7	7.4	36.8	15.7
■ 不回答	7.8	4.0	10.3	7.3	4.3	4.7	10.1	7.6	5.9	9.2	3.8

图 5-55　中国民众对互联网上激烈言论评价职业比较

十一　收入因素分析

从月收入方面看，有 550 人选择了"不回答"或"不知道/不清楚"，占总数的 20.3%。在回答了收入问题的 2157 人当中，回答 1000 元及以下为 509 人，占总数的 18.8%；1001~3000 元为 741 人，占总数的 27.4%；3001~5000 元为 586 人，占总数的 21.6%；5001~10000 元为 260 人，占总数的 9.6%；10001~50000 元为 44 人，占总数的 1.6%，50001 元及以上为 17 人，占总数的 0.6%（表 5-3）。由于月收入 50001 元及以上人员比例很小，这里仅做参考列出，不做具体分析。

在日本形象方面，各收入层选择比例高的前三位选项都是"富士山""樱花""侵华日军"，总体印象一致。在其他一些选项上略显收入不同所带来的差异。对于"日元贷款"选项，"5001~10000 元"以上收入层认知度高于其他收入层。在"靖国神社""右翼势力""科技先进""影视明星等"等选项上，月收入"1000 元及以下"比例最高（图 5-56）。

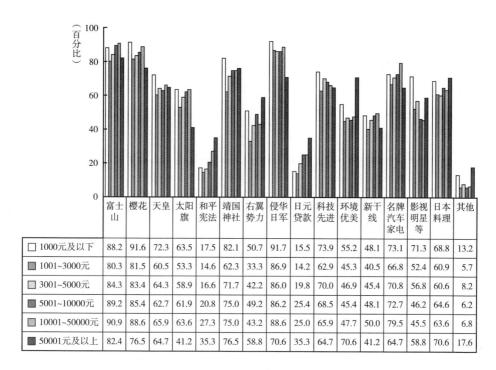

	富士山	樱花	天皇	太阳旗	和平宪法	靖国神社	右翼势力	侵华日军	日元贷款	科技先进	环境优美	新干线	名牌汽车家电	影视明星等	日本料理	其他
□ 1000元及以下	88.2	91.6	72.3	63.5	17.5	82.1	50.7	91.7	15.5	73.9	55.2	48.1	73.1	71.3	68.8	13.2
■ 1001~3000元	80.3	81.5	60.5	53.3	14.6	62.3	33.3	86.9	14.2	62.9	45.3	40.5	66.8	52.4	60.9	5.7
□ 3001~5000元	84.3	83.4	64.3	58.9	16.6	71.7	42.2	86.0	19.8	70.0	46.9	45.4	70.8	56.8	60.6	8.2
■ 5001~10000元	89.2	85.4	62.7	61.9	20.8	75.0	49.2	86.2	25.4	68.5	45.4	48.1	72.7	46.2	64.6	6.2
■ 10001~50000元	90.9	88.6	65.9	63.6	27.3	75.0	43.2	88.6	25.0	65.9	47.7	50.0	79.5	45.5	63.6	6.8
■ 50001元及以上	82.4	76.5	64.7	41.2	35.3	76.5	58.8	70.6	35.3	64.7	70.6	41.2	64.7	58.8	70.6	17.6

图 5－56 中国民众心目中的日本形象收入比较

在对日本亲近程度方面，总体倾向一致，但各收入层之间存在微小差异。在对日本感到"非常亲近"和"亲近"选项的比例高于总体（7.2%）的收入层有，"1000 元及以下"（10.4%）、"3001～5000 元"（7.3%）、"10001～50000 元"（11.4%）；对日本感到"不亲近"和"很不亲近"选项的比例高于总体（56.2%）的收入层有，"1001～3000 元"（61.4%）、"3001～5000 元"（60.9%）、"5001～10000 元"（60.0%）、"10001～50000 元"（56.8%）（图 5－57）。

在对中日关系现状的认知上，除"10001～50000 元"收入层之外，各收入层都是选择"不好不坏"选项的比例最高。在具体选项比例上，认为中日关系"良好"比例最高的是"10001～50000 元"收入层，最低的是"5001～10000 元"收入层。认为中日关系"非常好"和"良好"比例超过总体比例（10.6%）的有，"10001～50000 元""3001～5000 元"收入层；认为中日关系"不好"和"很不好"的比例高于总体比例（42.5%）的收入层有，"1000 元及以下""3001～5000 元""5001～10000 元"收入层（图 5－58）。

对于中日关系的发展前景，"顺利发展"和"曲折发展"比例相加，各收入层都

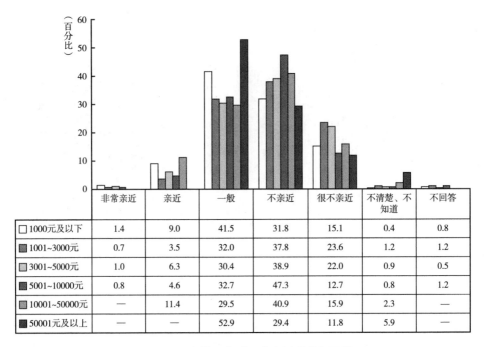

	非常亲近	亲近	一般	不亲近	很不亲近	不清楚、不知道	不回答
□1000元及以下	1.4	9.0	41.5	31.8	15.1	0.4	0.8
■1001~3000元	0.7	3.5	32.0	37.8	23.6	1.2	1.2
■3001~5000元	1.0	6.3	30.4	38.9	22.0	0.9	0.5
■5001~10000元	0.8	4.6	32.7	47.3	12.7	0.8	1.2
■10001~50000元	—	11.4	29.5	40.9	15.9	2.3	—
■50001元及以上	—	—	52.9	29.4	11.8	5.9	—

图 5 - 57　中国民众对日本亲近感收入比较

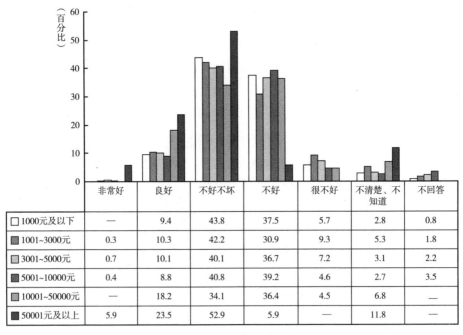

	非常好	良好	不好不坏	不好	很不好	不清楚、不知道	不回答
□1000元及以下	—	9.4	43.8	37.5	5.7	2.8	0.8
■1001~3000元	0.3	10.3	42.2	30.9	9.3	5.3	1.8
■3001~5000元	0.7	10.1	40.1	36.7	7.2	3.1	2.2
■5001~10000元	0.4	8.8	40.8	39.2	4.6	2.7	3.5
■10001~50000元	—	18.2	34.1	36.4	4.5	6.8	—
■50001元及以上	5.9	23.5	52.9	5.9	—	11.8	—

图 5 - 58　中国民众对中日关系现状认识收入比较

有很高比例的人认为中日关系会得到发展。认为中日关系"顺利发展"比例最高的是"3001～5000 元"（7.0%），最低的是"1000 元及以下"（4.5%）。认为"曲折发展"比例最高的是"1000 元及以下"　（49.9%），最低的是"5001～10000 元"（28.1%）；认为"不进不退"比例最高的是"5001～10000 元"（25.4%），最低的是"1000 元及以下"（14.1%）；认为"可能倒退"和"肯定倒退"比例最高的是"5001～10000 元"（33.1%），最低的是"1000 元及以下"（22.5%）。认为中日关系"顺利发展"和"曲折发展"的比例超过总体比例（43.9%）的有，"1000 元及以下""10001～50000 元"；认为"可能倒退"和"肯定倒退"比例高于总体比例（25.0%）的有，"1001～3000 元""3001～5000 元""5001～10000 元"（图 5-59）。

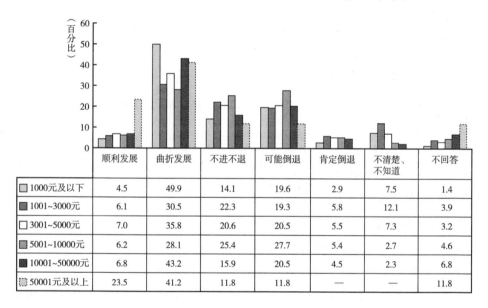

	顺利发展	曲折发展	不进不退	可能倒退	肯定倒退	不清楚、不知道	不回答
1000元及以下	4.5	49.9	14.1	19.6	2.9	7.5	1.4
1001~3000元	6.1	30.5	22.3	19.3	5.8	12.1	3.9
3001~5000元	7.0	35.8	20.6	20.5	5.5	7.3	3.2
5001~10000元	6.2	28.1	25.4	27.7	5.4	2.7	4.6
10001~50000元	6.8	43.2	15.9	20.5	4.5	2.3	6.8
50001元及以上	23.5	41.2	11.8	11.8	—	—	11.8

图 5-59　中国民众对中日关系前景认识收入比较

对于未来中日关系当中重要的领域和问题，"1000 元及以下""1001～3000元""3001～5000 元"收入层选择比例较高的前五项是"经济贸易""科技合作""历史问题""台湾问题""钓鱼岛问题"；"5001～10000 元""10001～50000 元"选择比例高的前五项是"经济贸易""科技合作""文化交流""历史问题""钓鱼岛问题"。从总体上说，收入因素基本没有影响（图 5-60）。

对于中日经济差距问题，几乎各收入层都是认为中国经济赶上日本"还需要 10年"或"还需要 20 年"的比例最高。具体在每个选项上，认为"已经赶上"比例最

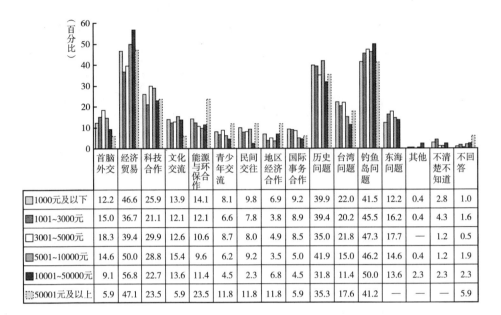

	首脑外交	经济贸易	科技合作	文化交流	能源与环保合作	青少年交流	民间交往	地区经济合作	国际事务合作	历史问题	台湾问题	钓鱼岛问题	东海问题	其他	不清楚不知道	不回答
1000元及以下	12.2	46.6	25.9	13.9	14.1	8.1	9.8	6.9	9.2	39.9	22.0	41.5	12.2	0.4	2.8	1.0
1001~3000元	15.0	36.7	21.1	12.1	12.1	6.6	7.8	3.8	8.9	39.4	20.2	45.5	16.2	0.4	4.3	1.6
3001~5000元	18.3	39.4	29.9	12.6	10.6	8.7	8.0	4.9	8.5	35.0	21.8	47.3	17.7	—	1.2	0.5
5001~10000元	14.6	50.0	28.8	15.4	9.6	6.2	9.2	3.5	5.0	41.9	15.0	46.2	14.6	0.4	1.2	1.9
10001~50000元	9.1	56.8	22.7	13.6	11.4	4.5	2.3	6.8	4.5	31.8	11.4	50.0	13.6	2.3	2.3	2.3
50001元及以上	5.9	47.1	23.5	5.9	23.5	11.8	11.8	11.8	5.9	35.3	17.6	41.2	—	—	—	5.9

图 5 - 60　中国民众对发展中日关系重要问题认识调查结果收入比较

高的是"1001 ~ 3000 元"（16.7%），最低的是"10001 ~ 50000 元"（6.8%），两者相差 9.9 个百分点；认为要赶上日本"还需要 10 年"比例最高的是"10001 ~ 50000 元"（29.5%），最低的是"1000 元及以下"（16.3%），两者相差 13.2 个百分点；认为"还需要 20 年"比例最高的是"10001 ~ 50000 元"（29.5%），最低的是"1001 ~ 3000 元"（16.1%），相差 13.4 个百分点；认为"还需要 30 年"比例最高的是"1000 元及以下"（10.0%），最低的是"10001 ~ 50000 元"（2.3%），相差 7.7 个百分点；认为"还需要 50 年"比例最高的是"1000 元及以下"（9.2%），最低的是"1001 ~ 3000 元"（3.1%），相差 6.1 个百分点；认为"本世纪内"比例最高的是"1000 元及以下"（13.0%），最低的是"10001 ~ 50000 元"（2.3%），相差 10.7 个百分点。在"不清楚、不知道"选项上，"10001 ~ 50000 元"比例高于其他收入层（图 5 - 61）。

关于日本的未来走向，收入因素的影响不大。除"5001 ~ 10000 元"收入层外，各收入层中认为走"和平主义道路"的人比例高于认为走"军国主义道路"比例。在具体比例上，认为日本走"军国主义道路"比例最高的是"5001 ~ 10000 元"（36.2%），最低的是"1000 元及以下"（22.2%），两者相差 14 个百分点；认为日本走"和平主义道路"比例最高的是"1000 元及以下"

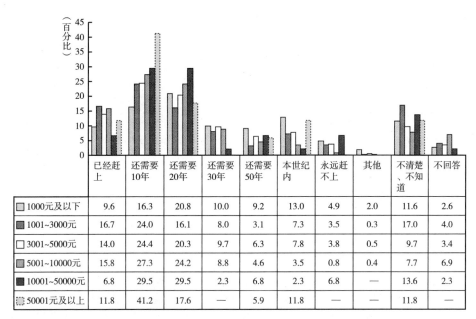

	已经赶上	还需要10年	还需要20年	还需要30年	还需要50年	本世纪内	永远赶不上	其他	不清楚、不知道	不回答
1000元及以下	9.6	16.3	20.8	10.0	9.2	13.0	4.9	2.0	11.6	2.6
1001~3000元	16.7	24.0	16.1	8.0	3.1	7.3	3.5	0.3	17.0	4.0
3001~5000元	14.0	24.4	20.3	9.7	6.3	7.8	3.8	0.5	9.7	3.4
5001~10000元	15.8	27.3	24.2	8.8	4.6	3.5	0.8	0.4	7.7	6.9
10001~50000元	6.8	29.5	29.5	2.3	6.8	2.3	6.8	—	13.6	2.3
50001元及以上	11.8	41.2	17.6	—	5.9	11.8	—	—	11.8	—

图 5-61　中国民众对中日经济差距认识收入比较

（35.8%），最低的是"5001~10000 元"（23.8%），相差 12 个百分点。在走"军国主义道路"选项上的比例高于总体比例（24.2%）的有，"3001~5000 元""5001~10000 元"、"10001~50000 元"；在"走和平主义道路"选项上的比例高于总体比例（30.9%）的有，"1000 元及以下""10001~50000 元"（图 5-62）。

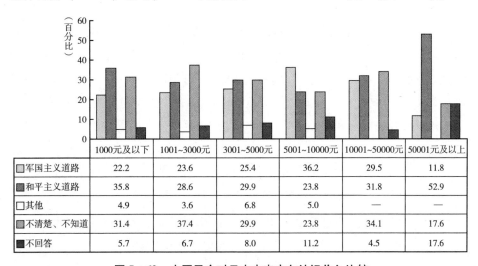

	1000元及以下	1001~3000元	3001~5000元	5001~10000元	10001~50000元	50001元及以上
军国主义道路	22.2	23.6	25.4	36.2	29.5	11.8
和平主义道路	35.8	28.6	29.9	23.8	31.8	52.9
其他	4.9	3.6	6.8	5.0	—	—
不清楚、不知道	31.4	37.4	29.9	23.8	34.1	17.6
不回答	5.7	6.7	8.0	11.2	4.5	17.6

图 5-62　中国民众对日本未来走向认识收入比较

关于日本在国际和地区事务当中应发挥的作用，收入因素影响不大。各收入层选择比例最高的都是"经济大国的作用"。从具体选项比例上看，"经济大国的作用"比例高的前三位收入层是"1000元及以下""3001～5000元""10001～50000元"；"军事大国的作用"比例高的前三位是"10001～50000元""1001～3000元""1000元及以下"；"文化大国的作用"比例高的前三位是"1000元及以下""3001～5000元""5001～10000元"。"政治大国的作用"上的选择比例差距不大（图5-63）。

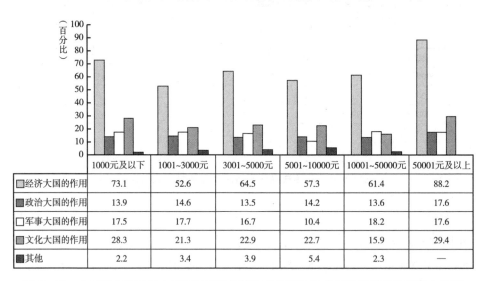

（百分比）	1000元及以下	1001~3000元	3001~5000元	5001~10000元	10001~50000元	50001元及以上
□经济大国的作用	73.1	52.6	64.5	57.3	61.4	88.2
■政治大国的作用	13.9	14.6	13.5	14.2	13.6	17.6
□军事大国的作用	17.5	17.7	16.7	10.4	18.2	17.6
▨文化大国的作用	28.3	21.3	22.9	22.7	15.9	29.4
■其他	2.2	3.4	3.9	5.4	2.3	—

图5-63　中国民众对于日本在国际和地区事务中发挥何种作用认识调查结果收入比较

在获取有关日本信息渠道方面，各收入层获取信息渠道的前三位都是"报纸杂志""电视""互联网"。从具体选项的位次上看，"1000元及以下"的位次是：1"互联网"，2"电视"，3"报纸杂志"；"1001～3000元""3001～5000元""5001～10000元"的位次是：1"电视"，2"互联网"，3"报纸杂志"（"1001～3000元"，"报纸杂志"与"互联网"并列为第二位）；"10001～50000元"的位次是：1"互联网"，2"报纸杂志"，3"电视"。在"教科书""学术论著"选项上比例最高的是"1000元及以下"收入层；在"出国访问"选项上，基本上收入层越高比例越高（图5-64）。

对于互联网上的激烈言论的评价方面，因收入因素而导致的差异不大。各收入层中都是选择"正负作用兼有"的人最多，比例上"1000元及以下"最高，"10001～50000元"最低。认为"有正面作用"比例高于总体比例（5.4%）的

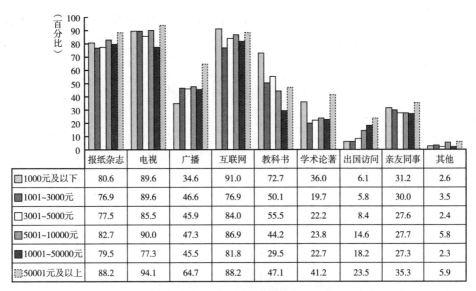

	报纸杂志	电视	广播	互联网	教科书	学术论著	出国访问	亲友同事	其他
□1000元及以下	80.6	89.6	34.6	91.0	72.7	36.0	6.1	31.2	2.6
■1001~3000元	76.9	89.6	46.6	76.9	50.1	19.7	5.8	30.0	3.5
□3001~5000元	77.5	85.5	45.9	84.0	55.5	22.2	8.4	27.6	2.4
■5001~10000元	82.7	90.0	47.3	86.9	44.2	23.8	14.6	27.7	5.8
■10001~50000元	79.5	77.3	45.5	81.8	29.5	22.7	18.2	27.3	2.3
▨50001元及以上	88.2	94.1	64.7	88.2	47.1	41.2	23.5	35.3	5.9

图 5 - 64 中国民众获取有关日本信息渠道收入比较

收入层有 "1001 ~ 3000 元" "3001 ~ 5000 元" "10001 ~ 50000 元"；认为 "有负面作用" 比例高于总体比例（15.7%）的收入层有 "1000 元及以下" "3001 ~ 5000 元" "5001 ~ 10000 元" "10001 ~ 50000 元"。在 "不清楚、不知道" 和 "不回答" 选项上，"1001 ~ 3000 元" 比例最高（图 5 - 65）。

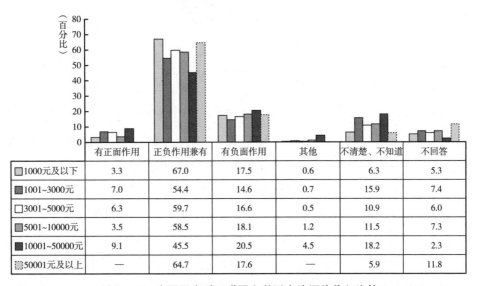

	有正面作用	正负作用兼有	有负面作用	其他	不清楚、不知道	不回答
□1000元及以下	3.3	67.0	17.5	0.6	6.3	5.3
■1001~3000元	7.0	54.4	14.6	0.7	15.9	7.4
□3001~5000元	6.3	59.7	16.6	0.5	10.9	6.0
■5001~10000元	3.5	58.5	18.1	1.2	11.5	7.3
■10001~50000元	9.1	45.5	20.5	4.5	18.2	2.3
▨50001元及以上	—	64.7	17.6	—	5.9	11.8

图 5 - 65 中国民众对互联网上激烈言论评价收入比较

通过分析可以认为：第一，收入因素没有在很大程度上影响人们对日本的态度和对中日关系的基本认识。第二，在一些选项上显示出不同收入层的差异。

十二　地区因素分析

　　本次调查在北京、兰州、上海、广州、昆明、长春、成都、长沙八个城市进行，地区分布于中国的东西南北（图 5 - 66）。这里对可能因地区不同而导致的差异进行分析。

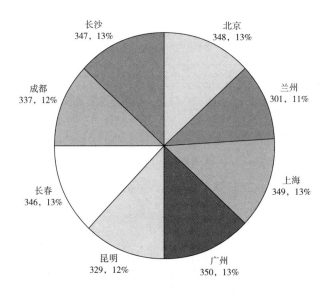

图 5 - 66　被调查者地区分布

　　在日本形象方面，各地区选择比例较高的前三位选项都是"富士山""樱花""侵华日军"，但具体位次有所不同。北京、上海、长春的位次是：1 "樱花"，2 "富士山"，3 "侵华日军"；昆明、成都的位次是：1 "樱花"，2 "侵华日军"，3 "富士山"；兰州的位次是：1 "侵华日军"，2 "樱花"，3 "富士山"；长沙的位次是：1 "侵华日军"，2 "富士山"，3 "樱花"；广州的位次是：1 "富士山"，2 "樱花"，3 "侵华日军"。北京在"天皇""太阳旗""和平宪法""日元贷款"等选项上都高于其他城市；上海在"影视明星等""日本料理"等选项上占有较高的比例；兰州在各选项上的比例都较低（图 5 - 67）。

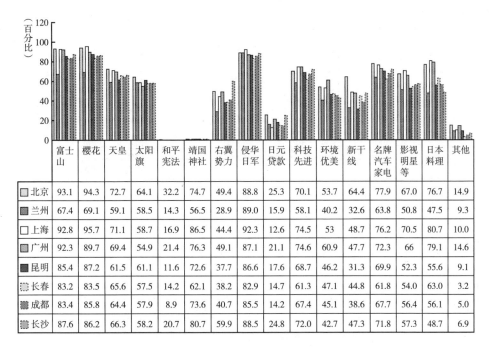

	富士山	樱花	天皇	太阳旗	和平宪法	靖国神社	右翼势力	侵华日军	日元贷款	科技先进	环境优美	新干线	名牌汽车家电	影视明星等	日本料理	其他
☐北京	93.1	94.3	72.7	64.1	32.2	74.7	49.4	88.8	25.3	70.1	53.7	64.4	77.9	67.0	76.7	14.9
■兰州	67.4	69.1	59.1	58.5	14.3	56.5	28.9	89.0	15.9	58.1	40.2	32.6	63.8	50.8	47.5	9.3
☐上海	92.8	95.7	71.1	58.7	16.9	86.5	44.4	92.3	12.6	74.5	53	48.7	76.2	70.5	80.7	10.0
☐广州	92.3	89.7	69.4	54.9	21.4	76.3	49.1	87.1	21.1	74.6	60.9	47.7	72.3	66	79.1	14.6
■昆明	85.4	87.2	61.5	61.1	11.6	72.6	37.7	86.6	17.6	68.7	46.2	31.3	69.9	52.3	55.6	9.1
▦长春	83.2	83.5	65.6	57.5	14.2	62.1	38.2	82.9	14.7	61.3	47.1	44.8	61.8	54.0	63.0	3.2
▦成都	83.4	85.8	64.4	57.9	8.9	73.6	40.7	85.5	14.2	67.4	45.1	38.6	67.7	56.4	56.1	5.0
▦长沙	87.6	86.2	66.3	58.2	20.7	80.7	59.9	88.5	24.8	72.0	42.7	47.3	71.8	57.3	48.7	6.9

图 5-67　中国民众心目中的日本形象地区比较

在对日本亲近程度方面，总体倾向一致，但各城市间也存在着较大的差别。在对日本感到"非常亲近"和"亲近"选项的比例高于总体（7.2%）的城市有，北京（8.4%）、上海（10.6%）、广州（13.2%）；在对日本感到"不亲近"和"很不亲近"选项的比例高于总体（56.2%）的城市有，昆明（69.6%）、长春（59.0%）、成都（61.5%）、长沙（69.1%）。对日本感到"非常亲近"和"亲近"比例最高的是广州，最低的是昆明，两者相差9.6个百分点；对日本感到"不亲近"和"很不亲近"比例最高的是昆明，最低的是上海，相差27.2个百分点。上海、广州等沿海大城市对日本的"亲近感"，高于兰州、昆明、长沙等内陆城市（图5-68）。

在对中日关系现状的认知上，北京、兰州、上海、广州、长春选择"不好不坏"选项的比例最高，昆明、成都、长沙选择"不好"的比例最高。认为中日关系"非常好"和"良好"比例最高的是长春（16.8%），比例最低的是成都（3.6%），两者相差13.2个百分点。认为中日关系"不好"和"很不好"比例最高的是长沙（54.2%），最低的是长春（33.5%），两者相差20.7个百分点。

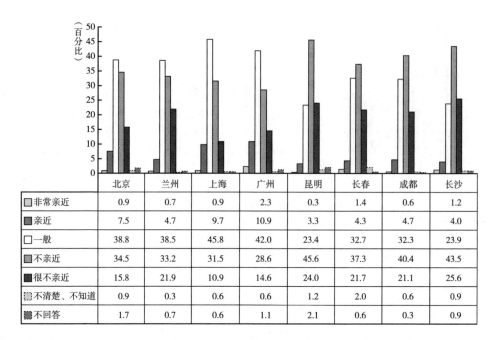

	北京	兰州	上海	广州	昆明	长春	成都	长沙
■ 非常亲近	0.9	0.7	0.9	2.3	0.3	1.4	0.6	1.2
■ 亲近	7.5	4.7	9.7	10.9	3.3	4.3	4.7	4.0
□ 一般	38.8	38.5	45.8	42.0	23.4	32.7	32.3	23.9
■ 不亲近	34.5	33.2	31.5	28.6	45.6	37.3	40.4	43.5
■ 很不亲近	15.8	21.9	10.9	14.6	24.0	21.7	21.1	25.6
▨ 不清楚、不知道	0.9	0.3	0.6	0.6	1.2	2.0	0.6	0.9
▩ 不回答	1.7	0.7	0.6	1.1	2.1	0.6	0.3	0.9

图 5–68　中国民众对日本亲近感地区比较

认为中日关系"非常好"和"良好"比例超过总体比例（10.6%）的城市有，兰州、上海、广州、长春；认为"不好"和"很不好"比例超过总体比例（42.5%）的有，昆明、成都、长沙（图 5–69）。

对于中日关系的发展前景，认为中日关系会"顺利发展"比例最高的是广州（11.1%），最低的是长沙（2.6%），两者相差 8.5 个百分点。认为"曲折发展"比例最高的是上海（46.7%），最低的是昆明（29.5%），两者相差 17.2 个百分点。认为"可能倒退"和"肯定倒退"比例最高的长沙（36.0%），最低的是长春（17.9%），两者相差 18.1 个百分点。认为中日关系"顺利发展"和"曲折发展"的比例超过总体比例（43.9%）的有，上海、广州、长春、成都；认为"可能倒退"和"肯定倒退"比例高于总体比例（25.0%）的有，昆明、成都、长沙（图 5–70）。

对于未来中日关系当中重要的领域和问题，各地略有不同。北京、广州选择的前五项是："首脑外交""经济贸易""科技合作""历史问题""钓鱼岛问题"（广州选择中"东海问题"与"首脑外交"并列第五）；兰州、上海、长春、成都、长沙选择的前五项是："经济贸易""科技合作""历史问题""台湾问题"

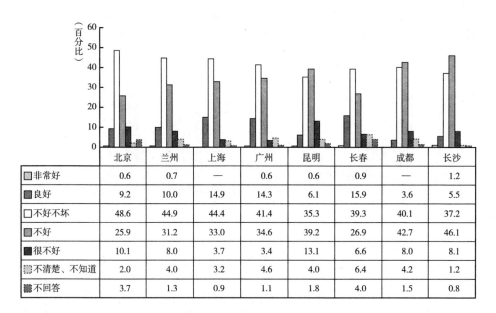

	北京	兰州	上海	广州	昆明	长春	成都	长沙
非常好	0.6	0.7	—	0.6	0.6	0.9	—	1.2
良好	9.2	10.0	14.9	14.3	6.1	15.9	3.6	5.5
不好不坏	48.6	44.9	44.4	41.4	35.3	39.3	40.1	37.2
不好	25.9	31.2	33.0	34.6	39.2	26.9	42.7	46.1
很不好	10.1	8.0	3.7	3.4	13.1	6.6	8.0	8.1
不清楚、不知道	2.0	4.0	3.2	4.6	4.0	6.4	4.2	1.2
不回答	3.7	1.3	0.9	1.1	1.8	4.0	1.5	0.8

图5-69　中国民众对中日关系现状认知地区比较

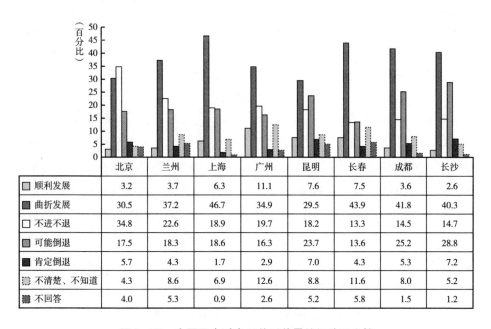

	北京	兰州	上海	广州	昆明	长春	成都	长沙
顺利发展	3.2	3.7	6.3	11.1	7.6	7.5	3.6	2.6
曲折发展	30.5	37.2	46.7	34.9	29.5	43.9	41.8	40.3
不进不退	34.8	22.6	18.9	19.7	18.2	13.3	14.5	14.7
可能倒退	17.5	18.3	18.6	16.3	23.7	13.6	25.2	28.8
肯定倒退	5.7	4.3	1.7	2.9	7.0	4.3	5.3	7.2
不清楚、不知道	4.3	8.6	6.9	12.6	8.8	11.6	8.0	5.2
不回答	4.0	5.3	0.9	2.6	5.2	5.8	1.5	1.2

图5-70　中国民众对中日关系前景认知地区比较

"钓鱼岛问题"；昆明选择的前五项是："经济贸易""科技合作""历史问题"
"钓鱼岛问题""东海问题"（图5-71）。

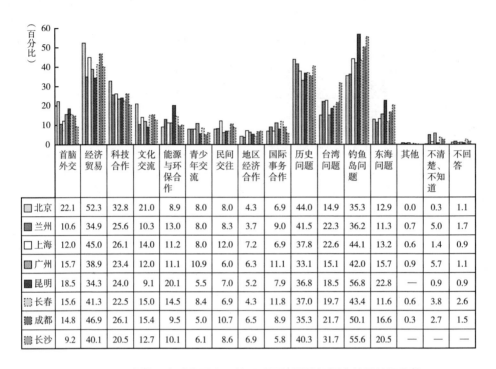

	首脑外交	经济贸易	科技合作	文化交流	能源与环保合作	青少年交流	民间交往	地区经济合作	国际事务合作	历史问题	台湾问题	钓鱼岛问题	东海问题	其他	不清楚、不知道	不回答
北京	22.1	52.3	32.8	21.0	8.9	8.0	8.0	4.3	6.9	44.0	14.9	35.3	12.9	0.0	0.3	1.1
兰州	10.6	34.9	25.6	10.3	13.0	8.0	8.3	3.7	9.0	41.5	22.3	36.2	11.3	0.7	5.0	1.7
上海	12.0	45.0	26.1	14.0	11.2	8.0	12.0	7.2	6.9	37.8	22.6	44.1	13.2	0.6	1.4	0.9
广州	15.7	38.9	23.4	12.0	11.1	10.9	6.0	6.3	11.1	33.1	15.1	42.0	15.7	0.9	5.7	1.1
昆明	18.5	34.3	24.0	9.1	20.1	5.5	7.0	5.2	7.9	36.8	18.5	56.8	22.8	—	0.9	0.9
长春	15.6	41.3	22.5	15.0	14.5	8.4	6.9	4.3	11.8	37.0	19.7	43.4	11.6	0.6	3.8	2.6
成都	14.8	46.9	26.1	15.4	9.5	5.0	10.7	6.5	8.9	35.3	21.7	50.1	16.6	0.3	2.7	1.5
长沙	9.2	40.1	20.5	12.7	10.1	6.1	8.6	6.9	5.8	40.3	31.7	55.6	20.5	—	—	—

图5-71　中国民众对发展中日关系重要问题认识调查结果地区比较

关于中日经济差距问题，认为中国经济"已经赶上"日本比例最高的是北京（19.3%），最低的是长沙（7.2%），两者相差12.1个百分点；认为要赶上日本"还需要10年"比例最高的是北京（28.7%），最低的是兰州（16.3%），两者相差12.4个百分点；认为"还需要20年"比例最高的是长沙（28.8%），最低的是兰州（14.6%），相差14.2个百分点；认为"还需要30年"比例最高的是长沙（13.0%），最低的是北京（5.2%），相差7.8个百分点；认为"还需要50年"比例最高的是兰州（8.3%），最低的是北京（3.4%），相差4.9个百分点；认为"本世纪内"比例最高的是成都（12.5%），最低的是长春（3.5%），相差9个百分点。在"不清楚、不知道"和"不回答"选项上，兰州、广州和长春的选择比例高于其他城市（图5-72）。

在关于日本未来走向问题上，各地区出现了一定的差异。北京、兰州、上

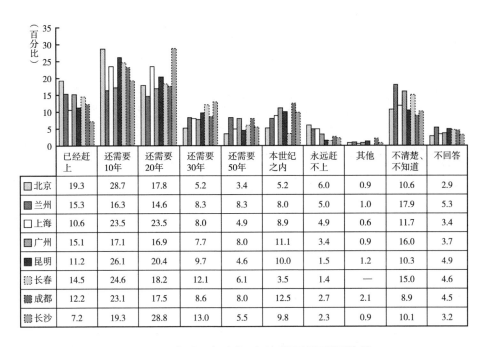

	已经赶上	还需要10年	还需要20年	还需要30年	还需要50年	本世纪之内	永远赶不上	其他	不清楚、不知道	不回答
☐北京	19.3	28.7	17.8	5.2	3.4	5.2	6.0	0.9	10.6	2.9
■兰州	15.3	16.3	14.6	8.3	8.3	8.0	5.0	1.0	17.9	5.3
☐上海	10.6	23.5	23.5	8.0	4.9	8.9	4.9	0.6	11.7	3.4
☐广州	15.1	17.1	16.9	7.7	8.0	11.1	3.4	0.9	16.0	3.7
■昆明	11.2	26.1	20.4	9.7	4.6	10.0	1.5	1.2	10.3	4.9
▥长春	14.5	24.6	18.2	12.1	6.1	3.5	1.4	—	15.0	4.6
▦成都	12.2	23.1	17.5	8.6	8.0	12.5	2.7	2.1	8.9	4.5
▨长沙	7.2	19.3	28.8	13.0	5.5	9.8	2.3	0.9	10.1	3.2

图 5 - 72　中国民众对中日经济差距认识地区比较

海、广州、长春、成都认为走"和平主义道路"的人比认为走"军国主义道路"的人多，昆明、长沙认为日本走"军国主义道路"的比例高于认为走"和平主义道路"的比例。认为日本走"军国主义道路"比例最高的是长沙（31.1%），最低的是广州（15.7%），两者相差 15.4 个百分点；认为日本走"和平主义道路"比例最高的是北京（37.9%），最低的是昆明（21.9%），相差 16 个百分点。在走"军国主义道路"选项上的比例高于总体比例（24.2%）的有，北京、昆明、成都、长沙；在"走和平主义道路"选项上的比例高于总体比例（30.9%）的有，北京、兰州、长春、成都。在"不清楚、不知道"和"不回答"选项上，上海和广州的比例明显高于其他地区（图 5 - 73）。

　　关于日本在国际和地区事务当中应发挥的作用，各地区的多数人都选择了"经济大国的作用"。从具体选项上看，"经济大国的作用"选择比例高的前三位地区是上海、广州、成都；"政治大国的作用"选择比例高的前三位是北京、广州、上海；"军事大国的作用"选择比例高的前三位是上海、北京、广州；"文化大国的作用"选择比例高的前三位是上海、广州、北京（图 5 - 74）。

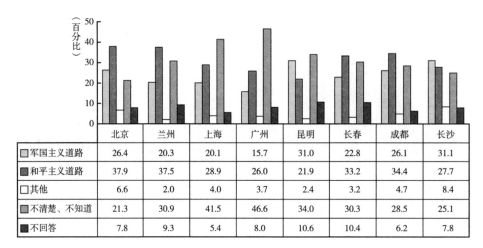

	北京	兰州	上海	广州	昆明	长春	成都	长沙
□军国主义道路	26.4	20.3	20.1	15.7	31.0	22.8	26.1	31.1
■和平主义道路	37.9	37.5	28.9	26.0	21.9	33.2	34.4	27.7
□其他	6.6	2.0	4.0	3.7	2.4	3.2	4.7	8.4
▨不清楚、不知道	21.3	30.9	41.5	46.6	34.0	30.3	28.5	25.1
■不回答	7.8	9.3	5.4	8.0	10.6	10.4	6.2	7.8

图5－73　中国民众对日本未来走向认识地区比较

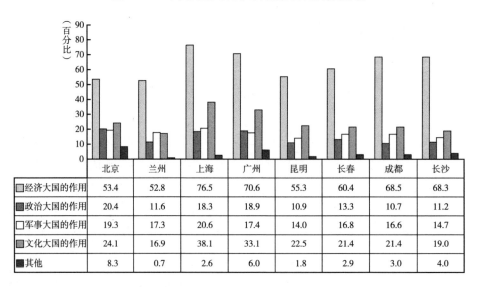

	北京	兰州	上海	广州	昆明	长春	成都	长沙
□经济大国的作用	53.4	52.8	76.5	70.6	55.3	60.4	68.5	68.3
■政治大国的作用	20.4	11.6	18.3	18.9	10.9	13.3	10.7	11.2
□军事大国的作用	19.3	17.3	20.6	17.4	14.0	16.8	16.6	14.7
▨文化大国的作用	24.1	16.9	38.1	33.1	22.5	21.4	21.4	19.0
■其他	8.3	0.7	2.6	6.0	1.8	2.9	3.0	4.0

**图5－74　中国民众对于日本在国际和地区事务中发挥
何种作用认识调查结果地区比较**

在获取有关日本信息渠道方面，各地区的前三位都是"报纸杂志""电视"
"互联网"。在"报纸杂志"选项上比例最高的是上海（84.2%），最低的是兰州
（70.1%），相差14.1个百分点；"广播"选项上比例最高的是北京（62.1%），
最低的是上海（33.5%），相差28.6个百分点；"互联网"选项上比例最高的是
长沙（89.9%），最低的是兰州（69.8%），相差20.1个百分点；"学术论著"

选项上比例最高的是北京（32.5%），最低的是成都（21.1%），相差11.4个百分点；"出国访问"选项上比例最高的是北京（19.0%），最低的是成都（3.3%），相差15.7个百分点；"亲友同事"选项上比例最高的是广州（39.4%），最低的是长沙（19.6%），相差19.8个百分点。北京在"出国访问"选项上的比例明显高于其他城市，在"亲友同事"选项上广州、上海、长春的比例更高一些（图5－75）。

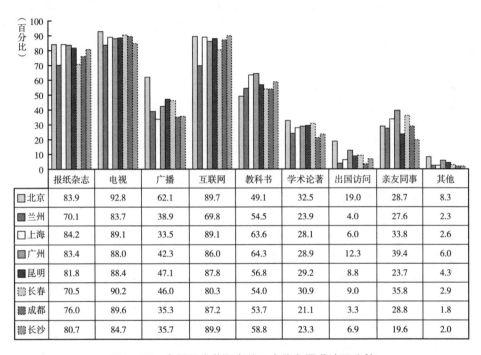

	报纸杂志	电视	广播	互联网	教科书	学术论著	出国访问	亲友同事	其他
北京	83.9	92.8	62.1	89.7	49.1	32.5	19.0	28.7	8.3
兰州	70.1	83.7	38.9	69.8	54.5	23.9	4.0	27.6	2.3
上海	84.2	89.1	33.5	89.1	63.6	28.1	6.0	33.8	2.6
广州	83.4	88.0	42.3	86.0	64.3	28.9	12.3	39.4	6.0
昆明	81.8	88.4	47.1	87.8	56.8	29.2	8.8	23.7	4.3
长春	70.5	90.2	46.0	80.3	54.0	30.9	9.0	35.8	2.9
成都	76.0	89.6	35.3	87.2	53.7	21.1	3.3	28.8	1.8
长沙	80.7	84.7	35.7	89.9	58.8	23.3	6.9	19.6	2.0

图5－75　中国民众获取有关日本信息渠道地区比较

对于互联网上的激烈言论，各地区选择"正负作用兼有"的人最多，比例差别不大。认为"有正面作用"的比例也都在较低水平。认为"有负面作用"比例最高的是北京（30.2%），远高于其他地区，比最低的昆明（9.4%），高出20.8个百分点。兰州选择"不清楚、不知道"或"不回答"的人达24.3%，高于其他地区（图5－76）。

通过对地区因素的分析，可以认为：第一，在总体上各地区对日本和中日关系的认识基本倾向相同，没有根本性分歧。第二，地区因素在人们对日本的认知程度、亲近感、获取信息渠道等方面产生一定的影响。

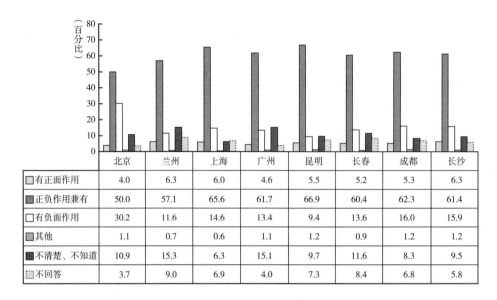

图 5 – 76　中国民众对互联网上激烈言论评价地区比较

	北京	兰州	上海	广州	昆明	长春	成都	长沙
□ 有正面作用	4.0	6.3	6.0	4.6	5.5	5.2	5.3	6.3
▨ 正负作用兼有	50.0	57.1	65.6	61.7	66.9	60.4	62.3	61.4
□ 有负面作用	30.2	11.6	14.6	13.4	9.4	13.6	16.0	15.9
▨ 其他	1.1	0.7	0.6	1.1	1.2	0.9	1.2	1.2
■ 不清楚、不知道	10.9	15.3	6.3	15.1	9.7	11.6	8.3	9.5
▨ 不回答	3.7	9.0	6.9	4.0	7.3	8.4	6.8	5.8

十三　结论

通过对本次调查数据的分析，可以初步得出以下结论：

一、与 2010 年调查比较，中国民众心目中的日本形象在总体上没有发生大的改变。从选项的比例上看，比例较高的前五位是"侵华日军""樱花""富士山""靖国神社""名牌汽车家电"，选项的位次有些变化，但依然可以认为日本在中国民众心目中的形象是多面的。在对日本亲近程度方面，虽然与 2010 年调查比较，感到"非常亲近""亲近"和"不亲近""很不亲近"的比例都有微弱变化，但中国民众对日本感到"不亲近"的比例还远高于感到"亲近"的比例。

二、2010 年日本在钓鱼岛海域冲撞我渔船事件的发生，严重影响到中日关系的发展，中国民众对中日关系的评价和展望持负面和悲观态度的比例增加。与 2010 年调查比较，认为中日关系"良好"的人减少，认为"不好"和"很不好"的比例增高；对中日关系前景持乐观态度的人减少，持悲观态度的人增多。在发展中日两国关系当中，"钓鱼岛问题"成为民众首要关注的问题，"经济贸易"成为次要问题。调查结果又一次说明，关系到民族感情、国家主权的问题是中国民众最为看重的。

三、关于日本今后的走向，虽然认为日本会走"军国主义道路"的比例仍然低于认为日本走"和平主义道路"的比例，但与 2010 年调查比较，认为走"军国主义道路"的人在增加，认为走"和平主义道路"的人在减少。同时，对日本发展前景持观望态度的人依然最多。

四、关于日本在国际和地区事务当中应发挥的作用，选择"经济大国的作用"的比例仍然远高于其他选项，中国民众更多地期待日本发挥经济方面的作用。同时，与 2010 年调查相比较，选择"经济大国的作用"的比例略有下降，而选择"文化大国的作用""政治大国的作用"和"军事大国的作用"的比例都有较大幅度的上升。人们对日本作用的预期向多元化发展的迹象更加明显。

五、人们获取信息的渠道向多元化方向发展。与 2010 年调查比较，几乎所有选项的比例都有提高，互联网已稳居第二位，它的信息传播力和影响力更应得到充分重视。对于互联网上的激烈言论的评价，与 2010 年调查相比没有大的变化，数据也表明认为"正负作用兼有"和"有正面作用"的比例微减，认为"有负面作用"的比例微增。大部分人对互联网上的激烈言论的判断比较理智和客观。

六、性别因素在中国民众认知日本和中日关系问题上影响不大，在大部分问题上没有出现因性别不同而产生的根本分歧。但与 2010 年调查相同，在一些问题的具体选项比例上，也显示出男性和女性的性别差别。比如男性偏重政治、经济因素，女性更偏重自然风光和社会生活；男性更看重历史和领土问题，女性更看重交流与合作；男性相对负面和悲观，女性相对正面和乐观；在一些问题上男性意见明确，女性态度不甚明朗，等等。

七、各年龄段在对日本和中日关系问题上的认识基本倾向相同，年龄因素的影响不大。但在一些具体问题上，存在一定程度的年龄差异。在对日是否抱有亲近感方面，低年龄段对日本抱有好感的比例高于高年龄段，这或许是今年流行的动漫、游戏等大众文化对年轻人产生了一定的影响。总体来看，与 2010 年调查结论相同，低年龄段对日本及中日关系的关心程度更高，思考更为活跃，随着年龄的增长，人们对日本及中日关系的关注度相对下降。在获取有关日本信息渠道方面，年龄差异明显，随着年龄段的增高，利用"互联网"的比例下降。

八、学历因素没有影响到中国民众认识日本和中日关系的总体倾向，但在选项比例上可以发现不同学历的差异。在多数选项上，"大专及以上"的比例都高于"高中及以下"，"高中及以下"人群在一些选项上选择"不清楚/不知道""不回答"的比例更高，低学历人群对有关日本问题及中日关系的认知程度不如高学历人群。在获取有关日本信息渠道方面，相比"高中及以下"人群，"大专及以上"学历较高人群获取信息的渠道更为广泛。

九、职业因素对整体的影响不大，各类职业对日本和中日关系的基本认识相同，没有根本性分歧。相比之下，"离退休人员""其他"和"工人"等职业在一些问题上选择了"不清楚、不知道"或"不回答"，其比例明显高于其他职业，说明这类职业对有关日本或中日关系的问题了解不多。

十、收入因素没有在很大程度上影响人们对日本的态度和对中日关系的基本认识，但在一些选项的比例上显示出不同收入层的差异。比如，在获得有关日本信息的渠道方面，收入越高通过"出国访问"获得信息的比例也越高。

十一、地区因素虽在人们对日本的认知程度、亲近感、获取信息渠道等方面产生一定的影响，但在对日本亲近程度方面，虽然总体倾向一致，但各城市间存在着较大的差别，上海、广州等沿海城市对日本的"亲近感"比例，不仅高于总体水平，而且比昆明等内陆城市高出许多。在对中日关系现状的认知、中日关系前景的判断等问题上，上海、长春等城市，比昆明等城市正面和乐观。关于日本未来走向，成都选择日本"走军国主义道路"的比例低于选择"走和平主义道路"的比例。上海几乎在所有的选项上的比例都排在前列，而成都、长沙在各选项上的比例却较低。在获取信息渠道方面，北京在"出国访问"选项上的比例明显高于其他城市，而兰州几乎在所有获得信息渠道上的比例都低于其他城市。

第六部分　附录

一　美国民众日益认识到中国的崛起①

随着中美交往的不断深入，两国民众的相互了解也有所加深，并潜移默化地影响着两国政府的政策取向。当今美国人如何看待崛起的中国？对于中国的印象如何？他们主张如何处理对华关系？主要围绕这些问题，本文将依据美国相关机构近年来的民调结果展开论述，进行纵向和横向对比，并试图解释其背后的原因。

（一）美国人对中国崛起的认知

自改革开放以来，中国经济以年均9.8%的速度快速增长。2010年，中国的国内生产总值已赶超日本，名列世界第二位，仅次于美国。尽管中美之间的差距还相当明显，但两国之间的差距正在日益缩小。国际货币基金组织预测，按照购买力平价汇率计算，中国的GDP将在2016年赶超美国。中国的经济影响力不断增强，已逐步成为推动世界经济发展的引擎。而多项民意调查显示，越来越多的美国人已感受到中国的日益崛起。

在2006年芝加哥全球事务委员会（The Chicago Council on Global Affairs）的一项调查中，当被要求以10分制来给主要国家在世界上的影响力进行打分时，受访民众给中国的平均分是6.4分，落后于美国（8.5分）、英国（6.7

---

①　中国社会科学院美国研究所研究员袁征撰写。

分），与日本(6.4 分) 相同。① 而时隔两年之后，在该委员会 2008 年 7 月的调查当中，尽管美国的影响力依旧高居榜首（9.5 分），但是中国的得分上升到了 7.9 分，超过了欧盟和英国。② 这表明，多数美国人已将中国视为当今世界上仅次于美国的最富影响力的国家。在被问及相关国家对美国的重要程度时，52% 的受访者认为中国"十分重要"，仅次于英国（60%）和加拿大（53%）。③ 到了 2010 年，该委员会的调查显示，中国的影响力为 7.5 分，美国则为 8.6 分；而到了 2020 年，中国的影响力将上升至 7.8 分，而美国则将降到 8 分。换句话说，在美国民众的眼中，中国的国际影响力在上升，美国国际影响力的总体趋势则是下降，10 年以后中美的国际影响力将旗鼓相当。④ 事实上，40% 的受访者认为 5 年之内就会有另外一个国家变得和美国一样强大，还有 26% 的受访者认为美国将会被另外一个国家超越，而这个国家实际上主要暗指的就是中国。当被问及所列出的国家中哪些国家对美国十分重要，有 54% 的受访者认为是中国，比 2008 年增加了 2 个百分点，列第一位；而认为英国对美国十分重要的比例为 52%，但这较 2 年前下降了 8 个百分点。⑤ 高达 68% 的美国人认为中国对于美国"至关重要的利益"而言非常重要，已经超过加拿大和英国。与 2008 年相比，持有这一看法的人数比例大幅增长了 17%，而与此同时，认为日本重要的人数比例从 44% 下降到了 27%。⑥

芝加哥全球事务委员会的民调结果得到了其他机构民调的印证。2011 年 2 月盖洛普公司（Gallup）的民调显示，70% 的受访民众认为中国对于美国而言是

① The Chicago Council on Global Affairs, *The United States and the Rise of China and India Results of a 2006 Multination Survey of Public Opinion*，（Chicago：The Chicago Council on Global Affairs, 2006），p. 83，Appendix A. 2006 年的民意调查中还要求被采访者给相关国家"10 年后在世界上的影响力"打分，结果美国得到了 8.5 分的平均得分，名列第一，中国以 6.8 分位居第二，日本（6.6 分）、英国（6.4 分）、欧盟（6.1 分）分列三到五位。

② The Chicago Council on Global Affairs, *Global Views 2008 U. S. Public Top Line Report*，p. 52. See http：//www. ccfr. org/curr_ pos. php.

③ The Chicago Council on Global Affairs, *Anxious Americans Seek a New Direction in United States Foreign Policy Results of a 2008 Survey of Public Opinion*，（Chicago：The Chicago Council on Global Affairs, 2009），p. 23.

④ The Chicago Council on Global Affairs, *Constrained Internationalism：Adapting to New Realities*，*Results of a 2010 National Survey of American Public Opinion*，（Chicago：The Chicago Council on Global Affairs, 2010），p. 12.

⑤ *Constrained Internationalism：Adapting to New Realities*，p. 18.

⑥ *Constrained Internationalism：Adapting to New Realities*，pp. 50 – 51.

"生死攸关的重要"（Vitally important），另有22%的受访者认为"重要，但不是生死攸关的"（Important，not vital）。相较而言，中国对于美国的重要性高居榜首。与2007年相比，认为中国的变化对于美国是"生死攸关的重要"的上升了12个百分点（表6-1）。①

表6-1　"您认为当前下列国家的变化对于美国而言的重要程度如何?"
（生死攸关的重要）

单位：百分比

国　　家	2007年2月	2011年2月	百分比变化情况
中　　国	58	70	12
朝　　鲜	64	59	-5
伊　　朗	65	57	-8
以色列	55	54	-1
伊拉克	70	52	-18
阿富汗	54	51	-3
墨西哥	42	50	8
巴基斯坦	47	48	1
埃　　及	—	45	—
加拿大	36	39	3
俄罗斯	40	36	-4
印　　度	28	31	3

虽然中国经济的发展也同样受到了全球金融风暴的冲击，尤其是对外出口一度遇到很大困难，但中国政府适时采取的多种举措依旧保证了中国经济的高速增长。② 与中国经济生机勃勃的景象形成鲜明对照的是，美国经济全面复苏之路还很漫长，失业率高居不下，民众的消费信心依旧低迷。③ 在这种情况下，蓬勃发展的中国经济更使得美国民众心理上形成了较大的落差。尽管中国的经济总量和美国还相差不小，人均GDP更低，但不少美国民众在认知上有不小的误差，甚至认为中国已经赶超了美国。显然，美国人对于本国经济状况的担忧和对中国经济发展所取得的举世瞩目的成就的关注，大幅提升了他们对中国的重要性的认知。

---

① "China Tops List of Countries Vitally Important to U. S.；Egypt 9th，" Gallup Poll，February 9，2011. See http：//www. gallup. com/poll/146039/China - Tops - List - Countries - Vitally - Important - Egypt - 9th. aspx.

② 2009年中国GDP同比增长9.2%；2010年GDP同比增长10.3%；2011年同比增长9.2%。

③ 2010年1月，美国失业率曾高达10.6%。2011年1月美国的失业率为9%，依旧高居不下。

越来越多的受访者认为中国已经是当今世界第一经济强国，盖洛普公司近年来的民调结果似乎说明了这一点。2000年，65%的受访者认为世界第一经济强国是美国，只有10%的受访者认为是中国。到了2008年，40%的受访者认为当今世界上第一经济强国是中国，只有33%的受访者认为是美国，而13%的受访者认为是日本。[①] 2012年2月，盖洛普的民调显示，53%的受访者认为当今世界第一经济强国是中国，33%的人认为是美国，另外分别有7%和3%的人认为是日本或欧盟（图6-1）。[②]

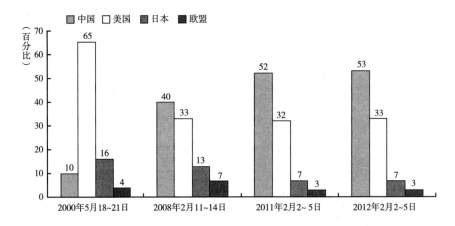

图6-1 当今世界第一经济强国或国家组织

纵向来看，认为中国是当今世界第一经济强国的受访者人数比例大幅上升，而认为美国是当今世界第一经济强国的比例则明显下滑。2000年，10%的受访者认为中国是当今世界头号经济强国，到2011年和2012年分别有52%和53%的受访者持有这种看法，这也从一个侧面彰显了中国经济的高速增长和取得的伟大成就在美国人心灵上造成的震撼。当然，美国经济陷入低谷和中国经济高速增长所形成的鲜明对比，也潜移默化地强化了普通美国人的看法。

---

① Lydia Saad, "U. S. Surpasses China in Forecast for Economic Powerhouse, Economic confidence in United States surges among Democrats," February 16, 2009. http：//www. gallup. com/poll/114658/ Surpasses – China – Forecast – Economic – Powerhouse. aspx.

② "American Still View China as World's Leading Economic Power, Expect China to be leading power in the future," Gallup Poll, February 10, 2012. See http：//www. gallup. com/poll/152600/Americans – View – China – World – Leading – Economic – Power. aspx.

　　2000 年，55% 的受访者对于美国在未来 20 年保持世界第一经济强国的地位感到有信心，只有少数人认为中国、日本和欧盟将会超越美国。然而，自 2008 年以来，越来越多的受访者预测中国将会在未来 20 年成为世界第一经济强国。2000 年，只有 15% 的受访者认为中国会在未来 20 年超越美国而成为世界第一经济强国，但 2008 年持有这种观点的人数比例上升至 44%，2011 年和 2012 年更是分别达到了 47% 和 46%。这些民调数据充分表明了中国经济连续高速增长的势头给美国人带来的心理上的冲击力不容低估（图 6 - 2）。①

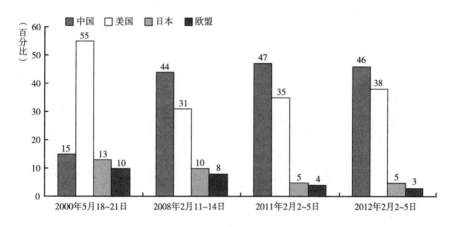

图 6 - 2　未来 20 年的世界第一经济强国或国家组织

　　盖洛普公司的民调结果印证了在此前后其他多家民调机构的结论。芝加哥全球事务委员会 2006 年和 2008 年的民调显示，那些认为中国经济有一天将增长至与美国一样规模的人数比例较此前有了大幅的增长。2008 年，约 3/4 的美国人（76%）持有这种观点，较 2006 年的人数比例（60%）有了明显的上升。超过 2/3 的美国人不认为 50 年后美国将继续是世界上的头号强国，而另外一个国家（大概是中国）将和美国一样强大，或者超过美国。② 2010 年，75% 的受访者认

---

① Gallup Poll. See http：//www. gallup. com/poll/1627/China. aspx. 耐人寻味的是，65 岁以上的老年人中 50% 的受访者认为美国是当今世界第一经济强国，只有 41% 的老人群体认为是中国。而 50 岁以下的美国人则明显倾向认为中国是当今世界第一经济强国。同样，在未来 20 年谁将是世界第一经济强国的问题上，也显示了年龄越大，就有更多的受访者倾向认为 20 年后美国依旧是世界第一经济强国。与此相对应，50 岁以下的中青年人更多倾向认为中国将是 20 年后世界第一经济强国。

② *Anxious Americans Seek a New Direction in United States*, p. 23.

为中国经济有一天将会增长至同美国一样的规模。①

皮尤人物与新闻研究中心（Pew Research Center for the People & the Press，以下简称皮尤中心）的民调显示，越来越多的美国人将中国视为世界第一经济强国。2008年 2 月的民调中，41% 的普通民众认为美国是当今世界头号经济强国；到了 2009 年11 月，这一人数比例下降到了 27%。与此同时，认为中国是当今世界头号经济强国的比例从 30% 上升至 44%。② 根 据 皮 尤 中 心 和 史 密 森 尼 杂 志（Smithsonian Magazine）2010 年 4 月 21 日至 26 日联合所做的民意调查，大约 46% 的美国人认为中国肯定或很可能取代美国成为世界第一超级强国；而 49% 的受访者则持相反的观点。不过，多数受访者（53%）表示美国在 2050 年时的国际地位不如现在重要，只有 40% 的受访者表示那时美国的地位会更加重要。③ 2011 年 3 月 18 日至 5 月 15日，皮尤中心的皮尤全球态度调查项目（Pew Global Attitudes Project）在全球 23 个国家进行了民意调查。和 2009 年的类似调查相比，认为中国将要或已经取代美国成为世界头号超级大国的人数平均比例，从 2009 的 40% 上升至 2011 年的 47%；与此相对应，认为中国将不能取代美国的人数平均比例，从 2009 年的 44% 下降至 2011 年的 36%。这其中，认为中国将最终超过或已经超过美国而成为世界第一超级大国的美国受访者比例从 2009 年的 33% 上升至 2011 年的 46%，增加了 13 个百分点。④

而美国有线电视网（CNN）和舆论研究公司（Opinion Research Corporation）2010 年 11 月的民调显示，46% 的受访者认为中国现在"已是一个超级大国"，43% 的受访者认为中国"将可望成为超级大国"，只有 8% 的受访者认为中国将"永远不会成为一个超级大国"。⑤ 如果和 1997 年的民调对比，就会发现无论是

---

① *Constrained Internationalism：Adapting to New Realities*，p. 30.

② "U. S. Seen as Less Important，China as More Powerful," December 3，2009. See http：//people - press. org/report/569/americas - place - in - the - world.

③ Pew Research Center for the People & the Press，"Public Sees a Future Full of Promise and Peril Life in 2050：Amazing Science，Familiar Threats," Overview，Survey Report，June 22，2010. See：http：//people - press. org/reports/pdf/625. pdf.

④ Pew Research Center，"China Seen Overtaking U. S. as Global Superpower," Overview，23 - Nation Pew Global Attitudes Survey，July 13，2011. Also see Andrew Kohut，"The World Says China Will Overtake America," *The Wall Street Journal*，July 14，2011.

⑤ CNN/Opinion Research Corporation Poll，Nov. 11 - 14，2010. See http：//i2. cdn. turner. com/cnn/2010/images/11/17/rel16f. pdf. 1997 年 10 月的同一民调显示，22% 的受访者认为中国"已是一个超级大国"，而 49% 的人认为中国"将可望成为超级大国"，22% 的人认为中国"永远不可能成为超级大国"。

认为中国已是或者即将是超级大国的人数比例都有了大幅提升。

2010 年 2 月美国广播公司（ABC）和华盛顿邮报（Washington Post）联合进行的民调同样印证了这一看法。这份 2 月 2 日至 8 日在全美范围内对 1004 名成年人进行的调查显示，就世界事务中的主导角色而言，38% 的受访者认为 21 世纪将更可能是"美国世纪"（American Century），而 43% 的受访者认为 21 世纪更可能是"中国世纪"。而就世界经济中的主导角色而言，40% 的受访者认为将可能是"美国世纪"，而 41% 的受访者则认为将更可能是"中国世纪"。[①] 这些数据表明，在美国经济陷入低谷、复苏遥遥无期和失业率高居不下的情况下，美国民众对中国继续保持高速增长的势头形成了高度认知，同时这一认知对他们的心理也构成了冲击。

（二）美国人对中国的总体印象

回顾自中美建交以来的民调数据，人们不难发现美国人对中国的总体印象还是比较平稳的。自中美建交以来，盖洛普公司多次进行类似的民意调查，美国人除了在中美建交，以及布什总统 1989 年访华时对中国抱有的好感度大幅提升外，普通美国人对华持有负面印象的人数比例大致在 45% 至 55% 之间徘徊（表 6 - 2，图 6 - 3）。

表 6 - 2　盖洛普公司历年民意调查中美国人对于中国的总体印象*

单位：百分比

选项民调时间	很有好感	比较有好感	比较无好感	很没好感	无看法
1979/9/	18	46	18	7	10
1985/2/22 ~ 3/3	5	33	35	16	11
1989/2/28 ~ 3/2	12	60	10	3	15
1989/8/10 ~ 11	5	29	32	22	12
1991/3/14 ~ 17	5	30	35	18	12
1994/2/26 ~ 28	4	36	38	15	7
1996/3/8 ~ 10	6	33	35	16	10
1997/6/26 ~ 29	5	28	36	14	17
1998/6/22 ~ 23	5	34	42	9	10
1998/7/7 ~ 8	6	38	36	11	9
1999/2/8 ~ 9	8	31	34	16	11

① ABC News/Washington Post Poll, Feb. 4 - 8, 2010. See http: //www. pollingreport. com/china. htm.

续表

选项民调时间	很有好感	比较有好感	比较无好感	很没好感	无看法
1999/3/12 ~ 14 **	2	32	39	20	7
1999/5/7 ~ 9	5	33	38	18	6
2000/1/25 ~ 26	4	29	33	18	16
2000/3/17 ~ 19	6	29	40	16	9
2000/11/13 ~ 15	5	31	39	18	7
2001/2/1 ~ 4 **	5	40	31	17	7
2002/2/4 ~ 6	6	38	37	12	7
2003/2/3 ~ 6	6	39	34	12	9
2004/2/9 ~ 12	6	35	38	16	5
2005/2/7 ~ 10	5	42	35	12	6
2006/2/6 ~ 9	4	40	35	14	6
2007/2/1 ~ 4	7	41	32	15	6
2008/2/11 ~ 14	6	36	38	17	3
2009/2/9 ~ 12	5	36	34	17	7
2010/2/1 ~ 3	5	37	36	17	5
2011/2/2 ~ 5	6	41	37	13	3
2012/2/2 ~ 3	6	35	36	20	2

* Gallup Poll, "China," See http：//www. gallup. com/poll/1627/China. aspx.

** 只有一半的样本询问了此问题。

如果将上述数据做成坐标图像，就更为直观（图6-3）：

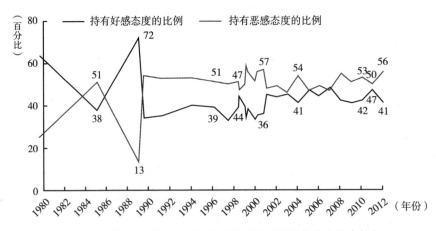

图6-3　自1979年9月以来美国人对于中国印象的变化走势*

　　* http：//www. gallup. com/poll/1627/China. aspx. 2011年1月，美国广播公司和《华盛顿邮报》联合进行的民调显示，42%的受访民众对中国有好感，而对中国没有好感的占到49%。参见：http：//www. washingtonpost. com/wp - srv/politics/polls/postpoll_ 01172011. html。

2012 年 2 月，盖洛普与《中国日报》联合发布的民调显示，尽管美国人对中美关系的认知相对积极一些，但对中国的印象却出现明显分歧。42% 的美国成年人认为自己对中国有好感，44% 的人则表示对华没有好感。在舆论领袖中，49% 的人表示对中国有好感，但 40% 的人持相反的看法。①

盖洛普公司的民调结果显示了美国人在对华态度上的复杂心态明显出现了分化。这一情况也从美国广播公司和《华盛顿邮报》联合进行的民调中反映出来。2011 年 1 月，两家联合进行的民调显示，42% 的民众对中国有好感，而 49% 的人表示无好感（表 6 - 3）。② 这组民调表明，美国民众的对华态度会受到中美关系间发生的一系列事件的影响而出现一定程度的起伏。

表 6 - 3　"总体来说，你对中国有好的印象还是坏的印象？"

单位：百分比

	有好感	无好感	难以确定
1989 年 2 月	69	28	3
1989 年 4 月	80	17	2
1990 年 3 月	39	58	3
1998 年 6 月	34	52	14
2011 年 1 月	42	49	9

（三）中国：盟友还是敌人？

中美是当今世界上的两个大国：一个是西方资本主义国家的领头羊，一个是最大的发展中国家；一个是国际体系中的"守成大国"，一个是正在崛起的"新兴大国"。两国国情有很大差异，对外部世界的认知也不尽相同，相互缺乏战略互信，但共同利益的需要又使得双方不得不重视发展同对方的关系。如何处理好相互间的关系，的确是摆在两国政府和人民间的重大战略议题。克林顿政府时期，美国主要致力于发展同中国的"建设性合作伙伴关系"。小布什刚刚上台

① "Americans, Opinion Leaders See U. S. - China Ties as Friendly," Gallup and China Daily Poll, February 2012. http：//www. gallup. com/poll/152618/Americans - Opinion - Leaders - China - Ties - Friendly. aspx.

② ABC News/Washington Post Poll. Jan. 13-16, 2011. N = 1, 053 adults nationwide. http：//www. pollingreport. com/china. htm.

时，一度将中国视为"战略竞争对手"。"9·11"恐怖袭击事件发生后，两国关系峰回路转，布什政府将中美关系的定位逐步调整为"建设性合作关系"，进而在2005年提出了"利益攸关方"的界定。2009年4月1日，中美两国元首确定了"共同努力建设21世纪积极、合作和全面的中美关系"的新定位。2011年1月，胡锦涛主席访美期间，中美两国发表《中美联合声明》，一致决定"共同努力建设相互尊重、互利共赢的合作伙伴关系，以推进两国共同利益、应对二十一世纪的机遇和挑战"。尽管如此，从美国对华政策的本质上来看，美国官方实际上还是将中国界定为"非敌非友"的关系，合作与防范并存。①

那么，在普通美国人的眼中，中国是美国的盟友还是敌人？

盖洛普公司自2001年2月小布什就任美国总统之初就美国的"头号敌人"问题进行民调，至2012年2月进行了数次类似调查。2001年小布什上台之初，小布什对华不友好的言论也传染给美国的普通民众，14%的受访者认定中国是美国的"头号敌人"。2001年9月美国遭受恐怖袭击之后，中美在双边、地区和全球多个层面上进行了卓有成效的磋商与合作，双边关系日渐平稳，因此认定中国为美国"头号敌人"的比例有所下降。但2008年后，美国遭受次贷危机和由此引发的金融危机的冲击，而中国经济继续高速增长，这种反差使得一些美国民众的心理发生了微妙的变化，美国国内"中国威胁论"的渲染也有所抬头。

2008年2月盖洛普公司的民调显示，有14%的受访者认为中国是美国的"头号敌人"，仅次于伊朗和伊拉克，列第三位。2011年2月，分别有25%、16%和16%的受访者认为伊朗、中国和朝鲜是"当今美国的头号敌人"。② 2012年2月，盖洛普的民调显示，分别有32%、23%和10%的受访者认为伊朗、中国和朝鲜是"当今美国的头号敌人"，名列前三位。认为中国是美国"头号敌人"的人数比例上升到自2001年以来的最高位（图6-4）。中国的高速增长和

---

① 通常来说，美国对国家实力、意识形态、地缘政治和现实利益等因素做出综合评估后，将世界上的主要力量按照亲疏程度划分为朋友、盟友、伙伴、竞争对手、潜在敌手和敌人六大类。依据这一划分，中国在美国全球战略定位中的地位始终在"伙伴—竞争对手—潜在敌手"三者之间来回摆动。而这种变换，则主要取决于美国的战略需要、中国的发展方向和全球战略格局的态势。

② Jeffrey M. Jones, "Americans Continue to Rate Iran as Greatest U. S. Enemy, North Korea, China tie for second; mentions of Iraq down significantly," Gallup Poll, February 18, 2011. http://www. gallup. com/poll/146165/Americans - Continue - Rate - Iran - Greatest - Enemy. aspx.

中国国际影响力的快速上升显然影响了美国民众的看法，他们担心中国的崛起会对美国的霸权地位产生冲击。

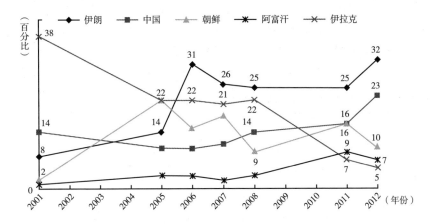

图 6-4 对于美国"头号敌人"认知的变化趋势*

* Frank Newport, "Americans Still Rate Iran Top U. S. Enemy, China is second on the 'greatest enemy' list," Gallup Poll, February 20, 2012. http: //www. gallup. com/poll/152786/Americans-Rate-Iran-Top-Enemy. aspx.

　　2012 年 1 月皮尤中心发布的调查结果显示，伊朗、中国和朝鲜被视为美国的三大威胁。28% 的受访者将伊朗视为美国最大的威胁，这一比例较前一年高出了 16 个百分点。这主要是由于伊朗核问题的紧张引起了普通民众的关注。不过，中国也被视为仅次于伊朗的威胁。22% 的受访者认为中国是美国的"头号威胁"，这一比例较 2011 年上升了 2 个百分点。[①]

　　尽管美国人认为中国构成军事威胁的比例变化不大，但近年来认为中国对美国构成经济威胁的人数比例明显上升。2008 年 7 月，美国有线新闻网和舆论研究公司联合进行的民调显示，51% 的受访者认为中国对美国构成威胁，而 49% 的人则不这样认为；另有 70% 的受访者认为中国对美国构成经济威胁，只有 30% 的人持否定意见。[②] 到了 2010 年 11 月，该民调显示，高达 58% 的人认为

①　Pew Research Center, "Public Priorities: Deficit Rising, Terrorism Slipping," January 23, 2012. See http: //www. people-press. org/2012/01/23/public-priorities-deficit-rising-terrorism-slipping/? src=prc-headline.

②　http: //www. pollingreport. com/china. htm.

"中国的富足和经济力量对美国而言更多是一种威胁"，而只有35%的受访者认为这对美国而言是一种"机遇"。①

其他机构的民调结果也印证了这一倾向。2011年1月，皮尤中心的民调显示，60%的受访者更为担心中国的经济力量，而27%的人表示更担心中国的军事力量，另有7%的受访者对两者都担心。受访者中，22%的人认为中国是一个"对手"，43%的人认为中国是一个"严重问题"，只有27%的人认为"不是问题"（表6-4）。② 2011年3月18日至5月15日，皮尤中心的皮尤全球态度调查项目（Pew Global Attitudes Project）的调查结果显示，高达79%的美国受访者认为中国日益增长的军事力量对美国而言是"坏事"，只有11%的受访者认为是"好事"；37%的人认为中国不断增强的经济实力对美国而言是"好事"，而53%的人认为是"坏事"。③

表6-4　"下列哪种描述最接近你对当今中国的看法？"

单位：百分比

	对手	严重问题	不是问题	不确定/不回答
1997年9月	14	46	32	8
1999年3月	20	48	25	7
1999年6月	18	53	22	7
2000年3月	17	44	26	13
2001年5月	19	51	22	8
2002年2月	17	39	33	11
2004年7月	14	40	36	10
2005年10月	16	45	30	9
2008年9月	19	49	26	6
2009年11月	19	41	30	9
2011年1月	22	43	27	9

---

① CNN/Opinion Research Corporation Poll. Nov. 11 - 14, 2010. See http://i2. cdn. turner. com/cnn/2010/images/11/17/rel16f. pdf. 1997年10月的该项民调显示，分别有43%和45%的受访者认为中国的富足和经济力量对于美国而言是威胁或机遇。

② The Pew Research Center, "Strengthen Ties with China, But Get Tough on Trade," January 12, 2011. see http://people - press. org/reports/pdf/692. pdf. 2012年1月，皮尤中心在对全美范围内748名受访者的调查显示，伊朗、中国和朝鲜被认为是对美国构成最大威胁的三个国家。分别有28%、22%和8%的受访者认为伊朗、中国和朝鲜是对美国构成最大威胁的国家。

③ Pew Research Center, "China Seen Overtaking U. S. as Global Superpower," Pew Global Attitudes Project, July 13, 2011. See http://www. pewglobal. org/2011/07/13/chapter - 4 - views - of - china/.

美国广播公司和《华盛顿邮报》2011年初联合进行的民调同样显示，47%的受访者表示中国是一个"友好"国家，33%的人表示中国是"不友好"的国家，还有11%的人表示中国是"敌人"（表6－5）。与1998年"考克斯报告"发布前后和2001年中美军机"撞机事件"之后的民调相比，对华印象有所改善。不过，高达61%的受访者认为中国对于美国的工作和经济安全而言是一种"威胁"，只有29%的民众认为是一种"机遇"。这表明，在美国经济全面复苏之路漫漫、失业率居高不下的情况下，美国民众有一种焦虑和危机感。①

表6－5　"就与美国的总体关系来说，你认为中国是一个友好国家还是不友好的国家？如果不是友好的国家，你是否将中国视为美国的敌人，还是说仅仅是不友好？"

单位：百分比

	友好	不友好	敌人	处于友好与不友好之间	不能确定
2011 年 1 月	47	33	11	4	5
2001 年 4 月	28	37	20	8	6
1998 年 6 月	39	35	12	9	5

根据2011年11月哥伦比亚广播公司的民调结果，25%的受访者认为中国军事力量对美国的安全是"主要威胁"，42%的人认为是"次要威胁"，仅有26%的受访者认为"不是威胁"。不过，高达61%的受访者认为中国最近的"经济扩张"总体来讲对美国经济是坏事，只有15%的受访者认为这对美国经济有益。②

如同上述多项民调显示的那样，"中国威胁论"在美国颇有市场。中美之间在社会制度、意识形态、文化传统和各自在国际体系中所处地位的差异，使得双方对外部世界的看法有着很大的不同。随着中国经济的高速增长和国力的不断增强，从美国的精英阶层到普通的民众，都抱有对中国的崛起会危及美国霸权地位的担心，因此"中国威胁论"将会在很长一段时间存在于美国社会，并影响到美国的对华政策。

---

① ABC News/Washington Post Poll. Jan. 13 – 16, 2011. N = 1, 053 adults nationwide. http：//www. pollingreport. com/china. htm.

② CBS News Poll. Nov. 6 – 10, 2011. N = 1, 182 adults nationwide.

（四）美国人看中美关系

自冷战结束以来，中美关系不断深化，但也受到了诸如 1995 年李登辉访美、1999 年"炸馆事件"和 2001 年"撞机事件"的冲击。自奥巴马上台以来，随着美国重返亚太战略的推进，中美关系也是跌宕起伏，台湾、西藏、南海、朝核、钓鱼岛争端和经贸摩擦等诸多问题困扰双边关系，中美博弈的局面或隐或现。这种态势也反映在了民意调查的结果上。2011 年 1 月皮尤中心的民调显示，只有 16% 的民众认为中美关系"改善"了，22% 的受访者认为中美关系"恶化"了，另有 55% 的人认为中美关系没有什么变化（表 6 – 6）。

表 6 – 6　对中美关系状态的印象*

单位：百分比

	改善	维持原样	恶化	不确定/拒绝回答
2011/1	16	55	22	7
2004/7	18	58	13	11
2002/2	16	61	14	9
2001/5	6	48	40	6
2000/3	13	55	19	13
1999/6	7	50	35	8
1999/3	13	60	19	8
1995/8	16	53	22	9

* http：//www. pollingreport. com/china. htm。

随着中国实力的增强和国际影响力的拓展，发展对华关系的重要性已经成为美国民众的共识。皮尤中心的这项民调还显示，分别有 58% 和 30% 的受访者认为与中国建立更为强有力的关系"十分重要"或"有些重要"，而认为不重要的只占到 9%。不过，还分别有 53% 和 32% 的受访者表示在经贸问题上对华强硬"十分重要"或"有些重要"。①

---

① http：//www. pollingreport. com/china. htm。

2012 年 2 月 14 日,在时任国家副主席的习近平访美前夕,盖洛普公司与
《中国日报》联合发布的民调报告显示,多数美国人和舆论领袖视中国为友好的
国家或美国的盟友,大约四分之一的受访者认为中国是不友好国家或敌人
(表 6 - 7)。①

表 6 - 7 "您如何界定中国同美国的关系?你认为中国是……?"

单位:百分比

	美国成年人	美国舆论领袖
一个盟友	13	6
友好的国家,但不是盟友	63	69
不友好的国家	17	19
一个敌人	6	4

尽管美国公众与舆论领袖总体上对于中国有一种复杂的心态,但绝大多数人
认为强有力的中美关系是重要的。71% 的美国成年人认为强有力的中美关系
"有些重要"(27%)和"十分重要"(44%)。而高达 85% 的舆论领袖持有这种
观点,其中 57% 的人认为"十分重要"。这次民调还显示,超过 60% 的美国人希
望中美在关键性问题上进行更多的合作(表 6 - 8)。②

这项民调还显示,分别有 51% 的美国成年人和 60% 的舆论领袖表示,中国
日益增长的军力对美国的国家安全是一种威胁。不过,许多美国人和舆论领袖认
识到两国有许多共同利益和合作的机会,都表达了支持加强中美关系的主张。对
于过去十年中美关系的发展,大约 35% 的成年人和 43% 的舆论领袖表示获得了

① 2012 年 12 月,盖洛普公司对 2007 名美国成年人和 250 名舆论领袖进行了民调。舆论领袖包括
美国政府官员、思想库领导人、媒体精英、商界管理层和大学教师。See "Americans, Opinion
Leaders See U.S. - China Ties as Friendly," China Daily and Gallup Poll, February 14,
2012. http://www.gallup.com/poll/152618/Americans - Opinion - Leaders - China - Ties -
Friendly. aspx.

② 2012 年 12 月,盖洛普公司对 2007 名美国成年人和 250 名舆论领袖进行了民调。舆论领袖包括
美国政府官员、思想库领导人、媒体精英、商界管理层和大学教师。See "Americans, Opinion
Leaders See U.S. - China Ties as Friendly," China Daily and Gallup Poll, February 14,
2012. http://www.gallup.com/poll/152618/Americans - Opinion - Leaders - China - Ties -
Friendly. aspx.

表 6 - 8 "请指出你是否希望中美在下列领域更多、大致相当或更少地进行合作?"

（美国成年人／舆论领袖）

单位：百分比

	经济和能源合作	文化教育和科技合作	政治和外交合作
更多一些	67/78	64/68	63/77
大致相同	18/13	25/23	24/17
更少一些	14/8	11/8	12/5

＊2012 年 12 月，盖洛普公司对 2007 名美国成年人和 250 名舆论领袖进行了民调。舆论领袖包括美国政府官员、思想库领导人、媒体精英、商界管理层和大学教师。See "Americans, Opinion Leaders See U. S. - China Ties as Friendly," China Daily and Gallup Poll, February 14, 2012. http：//www. gallup. com/poll/152618/Americans - Opinion - Leaders - China - Ties - Friendly. aspx.

改善，但分别有 28% 和 22% 的受访者表示中美关系下滑了。另有大约三分之一的人表示中美关系不进不退，维持原有的状态。[1]

尽管大多数美国人表示强有力的中美关系是重要的，但他们也认知到发展两国关系面临的主要障碍。这其中，分别有 76% 的美国成年人和 78% 的舆论领袖表示，两国间缺乏信任是中美关系的主要障碍（表 6 - 9）。

表 6 - 9 美国人认知的发展强有力中美关系的主要障碍＊

单位：百分比

	主要障碍		次要障碍		根本不是障碍	
	美国成年人	舆论领袖	普通成年人	舆论领袖	美国成年人	舆论领袖
缺乏信任	76	78	17	21	5	1
对于自然资源需求的日益增长	66	69	22	23	8	7
不同的政治体制	59	62	29	33	8	4
文化误解	48	40	41	49	9	10
中国在亚洲日益增长的影响力	46	46	36	44	11	9

＊Cynthia English, "American See Benefits of Close U. S. - China Relations," Gallup and China Daily Poll, April 17, 2012. http：//www. gallup. com/poll/153911/Americans - Benefits - Close - China - Relations. aspx.

---

[1] 调查显示，分别有 81% 的美国成年人和 88% 的舆论领袖认为中美之间密切的关系对美国而言是好事，但与此同时，分别有 61% 的美国成年人和 63% 的舆论领袖认为中国在世界上日益增强的影响力对美国而言是件坏事。Cynthia English, "American See Benefits of Close U. S. -China Relations," Gallup and China Daily Poll, April 17, 2012. http：//www. gallup. com/poll/153911/Americans - Benefits - Close - China - Relations. aspx.

中美经贸关系日益密切，相互依赖日益加深，已成为稳定中美关系的重要基石。1979 年两国建交时贸易额只有 25 亿美元。据美方统计，2011 年，美国对华出口 1038.7 亿美元，从华进口 3993.3 亿美元，贸易总额达到 5032 亿美元。而据中方统计，2011 年，中美贸易额达到 4467 亿美元，创历史新高。目前中美互为对方的第二大贸易伙伴。美国是中国最大的出口市场，中国是美国出口增长最快的市场。截至 2012 年 3 月底，中国所持有的美国国债总计 11699 亿美元，是美国的第一大债权国。

对于中美经贸关系的重要性，美国公众有着明确的认知。2012 年 2 月，当被问及在多大程度上关注对华贸易关系时，高达 51% 的受访者表示非常关注，35% 的人表示有些关注，两者合计高达 86%，而表示"不太关注"和"一点也不关注"的受访者只占到 14%。①

然而，随着两国往来的增多，经济摩擦也有所上升。特别是在全球遭受金融危机重创的大背景下，中美两国经济状况出现天壤之别，美国普通民众的担忧也在与日俱增。

美国公众关于对华贸易的担忧与日俱增。早在 2008 年 7 月，芝加哥全球事务委员会的民调就显示，67% 的美国人表示中国在推行"不公平贸易"，这较 2006 年大幅上升了 9 个百分点。美国六大贸易伙伴中，中国被视为唯一的"不公平贸易者"。② 该委员会 2010 年的民调再次显示，63% 的受访者认为中国推行"不正当贸易"。在这些人当中，又有 61% 的人认为减少美国的贸易赤字是美国对外政策的一个"十分重要的"目标。与此相对应，71% 的受访者表示多少有些关注中国压低人民币汇率提升出口竞争力的做法，而 23% 的人则表示"十分关注"这一问题。56% 的民众不主张美国同中国签订自由贸易协定。③ 2010 年，芝加哥全球事务委员会的民调表明，只有 8% 的受访者对中国经济规模赶上美国持有正面的态度，而 50% 的民众则认为好坏参半，但 38% 的人认为中国经济赶超美国的影响主要是负面的。④

其他机构的民调似乎也印证了这一倾向。2009 年皮尤中心的民调显示：

---

① Gallup Poll. http：//www. gallup. com/poll/1627/China. aspx.

② *Anxious Americans Seek a New Direction in United States*, p. 24.

③ *Constrained Internationalism：Adapting to New Realities*, pp. 30 – 31.

④ *Constrained Internationalism：Adapting to New Realities*, p. 30.

55% 的美国人认为中国在对美贸易中"使用不公平的方式占据了优势"。① 2009 年 11 月美国有线电视网和舆论研究公司联合进行的民调显示，高达 67% 的受访者认为中国对美国公司而言构成了"不正当竞争"，只有 27% 的受访者认为中国是美国公司的巨大潜力市场。② 2011 年 1 月皮尤中心的民调显示，60% 的受访者认为中国的经济力量对美国构成更大的威胁，而 27% 的民众认为构成更大威胁的是中国的军事力量。尽管高达 58% 的民众认为构建强有力的对华关系"十分重要"，但 53% 的受访者也认为在经贸问题上对华采取更加强硬的立场"十分重要"（表 6 – 10）。③

表 6 – 10 "对华政策：在经贸问题上强硬，但也要加强中美关系"

单位：百分比

	十分重要	有些重要	不太重要
构建强有力的对华关系	58	30	9
在经贸问题上对华更加强硬	53	32	11
进一步推进中国的人权	40	32	22
进一步推动中国的环境政策与实践	39	33	23

总而言之，在经济不佳、失业率居高不下的大背景下，美国国内的贸易保护主义思潮抬头。而美国国内政客和媒体炒作人民币汇率问题，使得普通民众对于中国的贸易政策持有负面印象。这也是近年来中美贸易摩擦的美国国内政治背景。

大多数美国人认为，中国已逐渐成为亚洲地区富有影响力的国家。与此相对应，中国被视为美国更为主要的经济和战略竞争者。芝加哥全球事务委员会的民意调查结果显示了这一点。2008 年的民调显示，约 70% 的美国人担忧中国会对

① The Pew Research Center for the People & the Press, "Trends in Political Values and Core Attitudes: 1987 – 2009 Independents Take Center Stage In Obama Era," p. 61, Released on Thursday, May 21, 2009. See http://people – press. org/reports/pdf/517. pdf.

② CNN/Opinion Research Corporation Poll. Nov. 13 – 15, 2009. See http://www. pollingreport. com/china. htm.

③ "Strengthen Ties with China, But Get Tough on Trade," Pew Research Center, Jan. 5 – 9, 2011. http://pewresearch. org/pubs/1855/china – poll – americans – want – closer – ties – but – tougher – trade – policy.

美国构成军事威胁。这其中，25% 的受访者表示"非常担忧"，还有 46% 的人则是"有些担忧"。不少美国人还主张利用日本来平衡中国在亚洲地区影响力的上升。54% 的美国人主张美日联手来限制中国的崛起。[①] 为达到此目的，高达 66% 的受访者同意，鉴于中国不断增强的军事实力和来自朝鲜的"威胁"，日本应当更为自由地使用其自身的军事力量。为了使日本能够"更加有效地帮助美国处理地区不稳定局势或者世界范围内的潜在冲突"，57% 的美国受访者支持日本修宪。这一比例甚至远远超出了日本人支持修宪的人数比例（23%）。[②] 到了 2010 年，为了应对中国崛起的挑战，更多的美国人（58%）主张加强同亚洲盟友如日本和韩国的同盟关系来制衡中国，只有 31% 的受访者主张侧重发展同中国的关系。在"天安舰事件"引发朝鲜半岛局势紧张的大背景下，55% 的受访者主张美韩应当联手限制中国的崛起，而只有 38% 的人反对这样做。[③]

不过，美国民众似乎并不支持积极推进限制中国崛起的努力。根据芝加哥全球事务委员会 2006 年的民调，65% 的美国人认为，美国应当采取对华友好合作和接触政策来应对中国的崛起。[④] 2008 年，64% 的受访者主张这一对华政策，这一比例和两年前相比几乎没有改变。[⑤] 2010 年的调查结果显示，高达 68% 的受访者表示美国应当采取对华友好合作和接触政策，而只有 28% 的人主张美国应积极限制中国力量的增强，这一比例相较于 2008 年降低了 5 个百分点（图 6 - 5）。[⑥]

（五）影响美国人看中国的主要因素

整体来看，大多数美国人认为强有力的中美关系是重要的，并期望两国在关键的政策领域进行更多的合作。不过，美国人在对中国的好感度上还是有明显的

---

① Christopher B. Whitney and David Shambaugh, *Soft Power in Asia：Results of a 2008 Multinational Survey of Public Opinion* (The Chicago Council on Global Affairs, 2009), p. 24, p. 25. "十分担忧"和"有些担忧"的比例之和应当是 70%，只是由于最初的四舍五入而造成这种结果。

② *Anxious Americans Seek a New Direction in United States Foreign Policy*, pp. 28 - 29.

③ *Constrained Internationalism：Adapting to New Realities*, pp. 51 - 52. 1994 年和 1998 年的两次民调中，都有 57% 的受访者认为中国的崛起对美国构成"重大威胁"。

④ *The United States and the Rise of China and India*, p. 37.

⑤ *Anxious Americans Seek a New Direction in United States Foreign Policy*, pp. 24 - 25.

⑥ *Anxious Americans Seek a New Direction in United States Foreign Policy*, p. 24. See also *Constrained Internationalism：Adapting to New Realities*, p. 17.

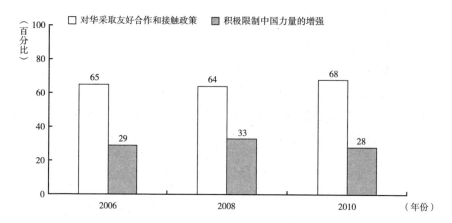

图 6-5　美国如何应对中国的崛起？

分歧。这或许与两国间政治层面上意识形态的差异、中美贸易逆差的存在和中国日益增强的国际影响力有关。① 近年来的民调数据还显示，美国人对于中国的戒心和不信任度在上升，主张在对华贸易政策上要更加强硬。

应当说，美国人的"中国观"有着明显的偏狭性，对中国缺乏全面而客观的认知。之所以出现这样的状况，是由多种原因造成的。

第一，美国人对于外部世界的关注度非常有限。通常来讲，普通美国人更为关注那些直接涉及自身利益的事务，诸如经济、就业、个人收入、社会保障、教育等问题，而对国际事务则关注度不够。这在和平时期尤其明显。即使在特定条件下，如国际上出现关系美国安全的重大事件，普通美国人对国际事务的关注会大幅提升，但这种时段也是短暂的。这种状况也与美国人对于自身实力和本国政府的看法有关。自 20 世纪中叶以来，美国就是世界上最强大的国家，虽也遭遇过挑战甚至是挫折，但美国本土并无战火燃起。长此以往，多数美国人更多地关注内忧而非外患。不仅如此，许多美国人认为外交事务就应当是由政府来处理的。在他们眼中，政府花了纳税人的钱，就理所应当地担当起保卫美国国家安全的任务，而不需要普通美国人来操心处理。相比于中国民众对于世界事务的关注和认知，美国民众对于外部世界的

---

① "Americans, Opinion Leaders See U. S. - China Ties as Friendly," Gallup and *China Daily* Poll, February 2012. http：//www. gallup. com/poll/152618/Americans - Opinion - Leaders - China - Ties - Friendly. aspx.

关注和了解程度都是很不够的。也正因为如此，他们中的绝大多数人对于中国的历史文化、政治制度和改革开放以来取得的成就及面临的巨大挑战缺乏一个全面而客观的认识。

第二，美国的政治文化潜移默化地影响美国人的看法。在特定的社会里，人们看待问题会有一定的模式和价值规范，在特定的问题上达成一定的共识。作为一个移民国家，特定的价值观念和信仰成为凝聚美国社会至关重要的"黏合剂"。作为美国社会中的一员，美国民众生活在特定的环境之中，自小受到一些根深蒂固的政治文化和社会氛围的影响。深深扎根于美国社会之中的价值观念、信仰和美国人的自我认识，时刻都影响着美国普通大众的价值判断。自由主义理念、"美国例外论"的自我优越感和与此相对应的使命感使得美国民众倾向于用美国的价值观念和标准来衡量其他国家的人权状况和民主程度。而经过20世纪冷战所强化的反共理念以及冷战后兴起的"民主和平论"更使得美国人用一种十分矛盾的心态来看待中国的崛起。实际上，美国人对于中国有一种颇为复杂甚至是矛盾的情感：一方面，长期以来美国人就一直在试图改造中国，而20世纪上半叶中美曾互为盟友的经历更强化了美国人对华的特殊情感；另一方面，当代中美两国政治体制、意识形态和社会文化都有很大差异，而美国社会中长期存在的偏见也不时影响美国民众对中国的认知，他们对于中国力量的日益增强抱有很大的戒心。

第三，美国公众对于中国的看法和态度与中美双边关系的状态密切相关，两国关系的好坏直接影响到美国民众对于中国的情感判断。新中国成立后，中美在冷战的大背景下相互对抗。在"谁丢失了中国"的指责声中，大多数美国民众将新中国视为美国的敌人。到了20世纪70年代，随着尼克松访华，中美实现和解，普通美国人对于中国的看法也发生了明显的变化。总体来说，中美建交之后，美国公众对于中国的看法相对比较平稳，并无根本性的差别，但也时不时受到中美关系中一些事件的影响，出现一定的波动。比如1989年北京风波、1995年台海危机、1999年"考克斯报告"出台和中国使馆被炸，以及2001年中美"撞机事件"都使得美国公众的对华看法出现了一定的波动，而如前所述，卡特政府宣布与中国建交、布什总统访华等则使得美国人对华的好感度有大幅提高。不过，这种波动是暂时性的，难以持久。

第四，国际环境的变迁也影响到美国人看待中国的态度。20世纪三四十年代和 20 世纪七八十年代是美国民众对中国印象最好的两个时期。而这两个时期的共同特点是，中美两国都面临着共同的敌人（分别为日本和苏联），并结成了某种形式的同盟关系。两国的战略合作客观上有利于美国民众形成积极的中国观。反之，当此战略基础消逝的时候，往往也会影响到美国民众对中国的看法。冷战结束后，一度失去战略基础的中美关系跌宕起伏，发展极不平稳。当美国遭受恐怖袭击之后，美国面临新的非传统威胁。面对日趋复杂的国际环境，美国在很多方面离不开中国的合作。在美国遭受金融危机冲击、经济陷入低谷之时，中国的合作就显得更为重要。然而，中国经济持续的高速增长和美国经济的低迷形成了鲜明的对比，美国人心中的失落和危机感更为明显，一些人甚至将心中的不满转移到对华关系上，认为中国采取了不正当的贸易手段。这是近年来中美经贸摩擦不断的一个背景。应当说，面对中国的日益崛起，美国民众的心境实际上颇为复杂。

第五，普通美国人对于中国的认知和看法很大程度上还受到新闻媒体和精英舆论的影响。如前所述，美国人对于外部世界的关注度非常有限，信息来源和知识积累常有缺陷，因此他们的注意力往往被媒体所设定的议题所左右，其看法也容易受到新闻媒体的引导。当新闻媒体的报道是正面的时候，普通美国人的对华看法也多是积极的。反之，美国公众对于中国的负面印象就会上升。西方媒体向来秉承"狗咬人不是新闻，而人咬狗才是新闻"的准则，更倾向于报道负面新闻。而意识形态的差异、自我优越感和由此而产生的对华偏见使得美国媒体更多地倾向于报道中国的负面消息。冷战之后，美国媒体的这种表现更为明显。新闻媒体的负面报道在很大程度上造成美国公众对中国消极的看法。所谓精英舆论，主要是指政客和有关专家的讲话和看法，其看法和论断也会引导普通民众对于国际事务的判断。相对于政客言论而言，美国的智囊机构及其相关专家的看法要客观一些。尽管近年来美国媒体对华报道的客观性较前有所改进，但远没有得到根本改观。

当然，美国人的中国观是由多种复杂因素所交互影响而形成的，并非单一因素所成就。同时，美国人的中国观也不是一蹴而就的，而是历史积淀下来、逐步形成的。这就意味着要让美国人对中国有一个客观而全面的认知，则需要很长的一个过程。我们要提高自己的"软实力"，改善中国在美国社会的形象，这将是一项漫长的综合工程。

二　中国民众的国际观调查问卷（2011年）

问卷编号 □□□□

城市	北京	兰州	上海	广州	昆明	长春	成都	长沙
城市编码	1	2	3	4	5	6	7	8
样本量	350	350	350	350	350	350	350	350

中国民众的国际观调查问卷

您好！本调查为中国社会科学院美国所、欧洲所、日本所和俄罗斯东欧中亚所"国情调研"项目的一部分，旨在了解中国民众对一些国际问题的看法，为国家制定相关政策提供参考。本调查为匿名调查，您只要根据您的真实想法和实际情况回答即可。我们将遵循有关的国家法规，对您的个人信息严格保密，请您放心填写。

衷心感谢您的支持与合作！

中国社会科学院国际学部

2011年6月2日

填表说明

➤本问卷的问题分为两类：一类为选择题，另一类为填空题。

➤选择题：

——凡选择题为单选题，只能选择一个选项，请选择一个最符合自己实际情况的答案，并在题号上画○，如④。

——凡选择题注明"最多选三项"，请选择一至三个最符合自己实际情况的答案，并在题号上画○。

——凡题目为一表格的，请就其中的每一个选题选择一个最符合自己实际
情况的答案，并在选项内画○，如①。

➢填空题：请填入反映实际情况的答案。

➢所有"其他"项，请在横线上或表的空白处给予说明。

➢所有题目后面的方框由录入员在最终录入阶段进行填写，调查阶段不得填
写内容。

【调查时间：2011 年 6～7 月】

A 部分　个人基本情况

A1. 您的性别：1. 男　　2. 女　　　　　　　　　　　　　　□

A2. 您的出生年份：□□□□年　　　　　　　　　　　□□□□

A3. 您的民族：1. 汉族　　2. 少数民族　　　　　　　　□

A4. 您的最高学历：　　　　　　　　　　　　　　　　□

    1. 研究生（博士或硕士）　　　2. 大学（本科或大专）

    3. 高中（含中技中专职高）　　4. 初中

    5. 小学　　　　　　　　　　　6. 其他（请注明）_____

A5. 您的职业：　　　　　　　　　　　　　　　　　　□□

    1. 公务员　　　　　　　　　　2. 教科文卫体工作人员

    3. 企业经营管理者　　　　　　4. 个体工商户

    5. 专业技术人员　　　　　　　6. 学生

    7. 商业服务业人员　　　　　　8. 工人

    9. 农民　　　　　　　　　　　10. 军人

    11. 离退休人员　　　　　　　　12. 其他_____

    98. 不知道/不清楚　　　　　　　99. 不回答

A6. 您的月收入大约有多少？　　　　　　　　　　　　□□

    1. 1000 元及以下　　　　　　　2. 1001～3000 元

    3. 3001～5000 元　　　　　　　4. 5001～10000 元

    5. 10001～50000 元　　　　　　6. 50001 元及以上

    98. 不知道/不清楚　　　　　　　99. 不回答

B 部分　国际问题

B1. 您对下列国家和欧盟的了解程度如何？（每行单选）

		非常了解	比较了解	一般了解	不太了解	不了解	不清楚/不知道	不回答
B1.1	俄罗斯	1	2	3	4	5	98	99
B1.2	美　国	1	2	3	4	5	98	99
B1.3	欧　盟	1	2	3	4	5	98	99
B1.4	日　本	1	2	3	4	5	98	99

B2. 您认为下列国家和欧盟对国际事务的影响程度如何？（每行单选）

		影响很大	影响较大	影响一般	影响不大	没影响	不清楚/不知道	不回答
B2.1	俄罗斯	1	2	3	4	5	98	99
B2.2	美　国	1	2	3	4	5	98	99
B2.3	欧　盟	1	2	3	4	5	98	99
B2.4	日　本	1	2	3	4	5	98	99

B3. 您认为对中国来说，下列双边关系的重要程度如何？（每行单选）

		很重要	比较重要	一般重要	不太重要	不重要	不清楚/不知道	不回答
B3.1	中俄关系	1	2	3	4	5	98	99
B3.2	中美关系	1	2	3	4	5	98	99
B3.3	中欧关系	1	2	3	4	5	98	99
B3.4	中日关系	1	2	3	4	5	98	99

B4. 您对下列国家和欧盟的总体印象如何？（每行单选）

		很好	比较好	一般	比较差	很差	不清楚/不知道	不回答
B4.1	俄罗斯	1	2	3	4	5	98	99
B4.2	美　国	1	2	3	4	5	98	99
B4.3	欧　盟	1	2	3	4	5	98	99
B4.4	日　本	1	2	3	4	5	98	99

B5. 您最关注下列哪些国际事件？（最多可选三项）　　　□□□

    1. 日本大地震并引起海啸、核泄漏

    2. 中东与北非动荡、利比亚危机

    3. 美国特种部队击毙本·拉登

    4. 梅德韦杰夫视察国后岛（日本称"北方四岛"之一）

    5. 朝韩延坪岛互相炮击事件

    6. 日本抓扣中国渔民渔船之"钓鱼岛事件"

    7. 欧洲对外行动局成立

    8. "维基解密"网事件

    9. 上海世博会圆满闭幕

    10. 其他（请注明）＿＿＿

    98. 不清楚/不知道

    99. 不回答

C 部分　美国

C1. 您认为下列哪个符号最能代表美国的形象？（单选）　　□□

    1. 白宫　　　　　　　　　2. Twitter/Facebook

    3. 华尔街/美元　　　　　4. 五角大楼

    5. 好莱坞　　　　　　　　6. 自由女神像

    7. 航空母舰　　　　　　　8. 硅谷

    9. iPhone　　　　　　　　10. 航天飞机

    11. 麦当劳/可口可乐　　　12. NBA

    13. 哈佛大学　　　　　　　14. 拉斯维加斯赌城

    15. 其他（请注明）＿＿＿　98. 不清楚/不知道

    99. 不回答

C2. 您认为击毙本·拉登对美国反恐战争的影响程度如何？（单选）　□

    1. 很大　　　　　2. 比较大　　　　　3. 一般

    4. 比较小　　　　5. 很小　　　　　98. 不清楚/不知道

    99. 不回答

C3. 您认为美国的国际影响力将会怎样变化？（单选）　　　　□

1. 迅速上升　　　　　2. 上升　　　　　　3. 基本持平

4. 下降　　　　　　　5. 迅速下降　　　　98. 不清楚/不知道

99. 不回答

C4. 您认为普通美国人了解中国吗？（单选）　　　　　　　　　□

　　1. 很了解　　　　　　2. 了解　　　　　　3. 一般

　　4. 不了解　　　　　　5. 很不了解　　　　98. 不清楚/不知道

　　99. 不回答

C5. 您认为普通中国人了解美国吗？（单选）　　　　　　　　　□

　　1. 很了解　　　　　　2. 了解　　　　　　3. 一般

　　4. 不了解　　　　　　5. 很不了解　　　　98. 不清楚/不知道

　　99. 不回答

C6. 您如何看待当前的中美关系？（单选）　　　　　　　　　　□

　　1. 很好　　　　　　　2. 好　　　　　　　3. 一般

　　4. 差　　　　　　　　5. 很差　　　　　　98. 不清楚/不知道

　　99. 不回答

C7. 您对中美关系的发展前景持何种看法？（单选）　　　　　　□

　　1. 顺利发展　　　　　2. 曲折发展　　　　3. 不进不退

　　4. 可能倒退　　　　　5. 肯定倒退　　　　98. 不清楚/不知道

　　99. 不回答

C8. 您认为未来中美关系中最重要的领域或问题是什么？（单选）　□

　　1. 经贸　　　　　　　　　　　　　2. 能源

　　3. 反恐　　　　　　　　　　　　　4. 环境与气候变化问题

　　5. 公共健康与防疫　　　　　　　　6. 台湾问题

　　7. 西藏问题　　　　　　　　　　　8. 人权问题

　　9. 教育科技文化交流　　　　　　　10. 亚太安全

　　11. 中美军事关系　　　　　　　　　12. 其他（请注明）＿＿＿

　　98. 不清楚/不知道　　　　　　　　99. 不回答

C9. 您认为今后中国应当如何处理对美国的关系？（单选）　　　□

　　1. 更坚持原则　　　　　　　　　　2. 无需改变

　　3. 稍微灵活一些　　　　　　　　　4. 其他（请注明）＿＿＿

98. 不清楚/不知道   99. 不回答

C10. 您主要从哪些渠道获得有关美国的信息？（最多可选三项） □□□

    1. 报纸杂志   2. 电视/电影   3. 广播

    4. 互联网   5. 教科书   6. 学术论文和著作

    7. 出国访问   8. 亲友同事   9. 手机报

    10. 其他（请注明）____

D 部分　俄罗斯

D1. a　您对俄罗斯是否抱有亲近感？（单选） □

    1. 非常亲近   2. 亲近   3. 一般

    4. 不亲近   5. 很不亲近   98. 不清楚/不知道

    99. 不回答

【如果 D1. a 选 3、98、99，D1. b 和 D1. c 不必回答】

D1. b　如果您对俄罗斯有亲近感，主要理由是什么？（最多选三项） □□□

    1. 中俄友好交流的历史悠久

    2. 俄罗斯（苏联）是最早的社会主义国家

    3. 俄罗斯（苏联）曾经支持和援助中国革命和建设

    4. 俄罗斯经济技术发达

    5. 俄罗斯是中国的战略伙伴

    6. 曾留学或访问过俄罗斯

    7. 有家人或亲友在俄罗斯

    8. 有俄罗斯朋友

    9. 其他（请注明）____

    98. 不清楚/不知道

    99. 不回答

D1. c　如果您对俄罗斯没有亲近感，主要理由是什么？（最多选三项） □□□

    1. 沙皇俄国曾侵略中国   2. 中苏之间发生过冲突

    3. 俄罗斯是我国潜在的威胁   4. 曾留学或访问俄罗斯

    5. 本人或亲友与俄罗斯人有过不愉快   6. 其他（请注明）____

    98. 不清楚/不知道   99. 不回答

D2. 说到俄罗斯（苏联），您会想到什么？（最多选三项） ☐☐☐☐☐☐

　　1. 十月革命　　　　　2. 莫斯科红场　　　　3. 苏联红军

　　4. 彼得大帝　　　　　5. 托尔斯泰　　　　　6. 列宁

　　7. 斯大林　　　　　　8. 普京　　　　　　　9. 苏联剧变和解体

　　10. 反法西斯卫国战争　11. 白雪覆盖的大地　12. 芭蕾舞

　　13. 北极熊　　　　　　14. 伏特加酒　　　　15. 伏尔加河

　　16. 其他（请注明）____

D3. 您认为当前的中俄关系如何？（单选） ☐

　　1. 非常好　　　　　　2. 良好　　　　　　　3. 不好不坏

　　4. 不好　　　　　　　5. 很不好　　　　　　98. 不清楚/不知道

　　99. 不回答

D4. 您对中俄关系的前景有何看法？（单选） ☐

　　1. 顺利发展　　　　　2. 曲折发展　　　　　3. 不进不退

　　4. 可能倒退　　　　　5. 肯定倒退　　　　　98. 不清楚/不知道

　　99. 不回答

D5. 您认为下述哪些方面对 21 世纪中俄关系的健康发展最重要？（最多选三项） ☐☐☐☐☐☐

　　1. 首脑外交　　　　　2. 经济贸易　　　　　3. 科技合作

　　4. 文化交流　　　　　5. 能源与环保合作　　6. 青少年交流

　　7. 民间交往　　　　　8. 地区经济合作　　　9. 国际事务中的合作

　　10. 其他（请注明）____ 98. 不清楚/不知道　99. 不回答

D6. 您认为俄罗斯在中国实现和平统一问题上会采取什么态度？（单选） ☐

　　1. 积极支持　　　　　2. 支持　　　　　　　3. 不支持也不反对

　　4. 反对　　　　　　　5. 坚决反对　　　　　6. 其他（请注明）____

　　98. 不清楚/不知道　99. 不回答

D7. 在下列人物中，您了解较多的人物是谁？（最多选三项） ☐☐☐☐☐☐

　　1. 彼得大帝　　　　　2. 尼古拉二世　　　　3. 列宁

　　4. 斯大林　　　　　　5. 托洛茨基　　　　　6. 赫鲁晓夫

　　7. 勃列日涅夫　　　　8. 叶利钦　　　　　　9. 普京

　　10. 托尔斯泰　　　　　11. 高尔基　　　　　12. 索尔仁尼琴

13. 其他（请注明）____ 14. 以上人物都不了解

D8.a 1991年底苏联解体，您对此持何种看法？（单选） □

　　1. 惋惜　　　　　　　2. 无所谓　　　　　3. 赞赏

　　4. 其他（请注明）____　98. 不清楚／不知道

　　99. 不回答

【如果D8.a选4、98、99，D8.b、D8.c、D8.d和D8.e不必回答（填写）】

D8.b 如果回答"惋惜"，理由是什么？

_____

_____

D8.c 如果回答"无所谓"，理由是什么？

_____

_____

D8.d 如果回答"赞赏"，理由是什么？

_____

_____

D8.e 1. 有留言　　　2. 没有留言　　　　　　□

D9. 您主要从哪些渠道获得有关俄罗斯的信息？（最多选三项） □□□

　　1. 报纸杂志　　　2. 电视　　　　　3. 广播

　　4. 互联网　　　　5. 教科书　　　　6. 相关学术论文和著作

　　7. 出国访问　　　8. 亲友同事　　　9. 其他（请注明）____

E部分　日本

E1. 说到日本您会想到什么？（每行单选）

		是	否	不清楚／不知道	不回答
E1.1	富士山	1	2	98	99
E1.2	樱花	1	2	98	99
E1.3	天皇	1	2	98	99
E1.4	太阳旗	1	2	98	99
E1.5	和平宪法	1	2	98	99
E1.6	靖国神社	1	2	98	99

续表

		是	否	不清楚/不知道	不回答
E1.7	右翼势力	1	2	98	99
E1.8	侵华日军	1	2	98	99
E1.9	日元贷款	1	2	98	99
E1.10	科技先进	1	2	98	99
E1.11	环境优美	1	2	98	99
E1.12	新干线	1	2	98	99
E1.13	名牌汽车和家电	1	2	98	99
E1.14	影视明星、卡通、电子游戏	1	2	98	99
E1.15	日本料理	1	2	98	99
E1.16	其他_____	1	2	98	99

E2. 您对日本是否抱有亲近感？（单选）　　　　　　　　　□

　　1. 非常亲近　　　2. 亲近　　　　3. 一般

　　4. 不亲近　　　　5. 很不亲近　　98. 不清楚/不知道

　　99. 不回答

E3. 您认为当前的中日关系如何？（单选）　　　　　　　　□

　　1. 非常好　　　　2. 良好　　　　3. 不好不坏

　　4. 不好　　　　　5. 很不好　　　98. 不清楚/不知道

　　99. 不回答

E4. 您对中日关系的前景持何看法？（单选）　　　　　　　□

　　1. 顺利发展　　　2. 曲折发展　　3. 不进不退

　　4. 可能倒退　　　6. 肯定倒退　　98. 不清楚/不知道

　　99. 不回答

E5. 您认为未来中日关系中最重要的领域或问题是什么？（最多选三项）

　　　　　　　　　　　　　　　　　　□□□□□□

　　1. 首脑外交　　　2. 经济贸易　　　3. 科技合作

　　4. 文化交流　　　5. 能源与环保合作　6. 青少年交流

　　7. 民间交往　　　8. 地区经济合作　　9. 国际事务中的合作

　　10. 历史问题　　　11. 台湾问题　　　12. 钓鱼岛问题

　　13. 东海问题　　　14. 其他（请注明）____

　　98. 不清楚/不知道　　　　　　　99. 不回答

E6. 您认为中国经济整体上是否已经赶上日本经济？若没有，需要多久才能赶上？（单选） □

　　1. 已经赶上　　　　2. 还需要 10 年　　　3. 还需要 20 年

　　4. 还需要 30 年　　5. 还需要 50 年　　　6. 本世纪之内

　　7. 永远赶不上　　　8. 其他（请注明）＿＿

　　98. 不清楚/不知道　99. 不回答

E7. 在互联网上能看到中日两国网民的一些激烈言论。您对此做何评价？（单选） □

　　1. 有正面作用　　　　　　　　　2. 正负作用兼有

　　3. 有负面作用　　　　　　　　　4. 其他（请注明）＿＿

　　98. 不清楚/不知道　　　　　　　99. 不回答

E8. 有人担心 21 世纪日本走军国主义道路，有人认为日本仍走和平主义道路。您的看法？（单选） □

　　1. 走军国主义道路　　　　　　　2. 走和平主义道路

　　3. 其他（请注明）＿＿　　　　　98. 不清楚/不知道

　　99. 不回答

E9. 您认为日本在国际和地区事务中应发挥怎样的作用？（每行单选）

		是	否	不清楚/不知道	不回答
E9.1	经济大国的作用	1	2	98	99
E9.2	政治大国的作用	1	2	98	99
E9.3	军事大国的作用	1	2	98	99
E9.4	文化大国的作用	1	2	98	99
E9.5	其他(请注明)＿＿	1	2	98	99

E10. 您主要从哪些渠道获得有关日本的信息？（每行单选）

		是	否	不清楚/不知道	不回答
E10.1	报纸杂志	1	2	98	99
E10.2	电视	1	2	98	99
E10.3	广播	1	2	98	99
E10.4	互联网	1	2	98	99

续表

	是	否	不清楚/不知道	不回答
E10.5 教科书	1	2	98	99
E10.6 相关学术论文和著作	1	2	98	99
E10.7 出国访问	1	2	98	99
E10.8 亲友同事	1	2	98	99
E10.9 其他(请注明)____	1	2	98	99

F 部分　欧洲

F1. 请问欧盟委员会总部在哪里?（单选）　　□

　　1. 法兰克福　　　　2. 巴黎　　　　　3. 布鲁塞尔

　　98. 不清楚/不知道　99. 不回答

F2. 到目前为止，欧盟有多少个成员国?（单选）　　□

　　1. 6 个　　　　　　2. 15 个　　　　　3. 27 个

　　4. 32 个　　　　　98. 不清楚/不知道　99. 不回答

F3. 在您看来，当前中欧关系的现状如何?（单选）　　□

　　1. 非常好　　　　　2. 比较好　　　　　3. 不太好

　　4. 很不好　　　　　98. 不清楚/不知道　99. 不回答

F4. 在影响中欧关系发展的下列问题中，您最关注哪一个问题（单选）□□

　　1. 中国完全市场经济地位　　　　　2. 欧盟对华军售禁令

　　3. 环境和能源　　　　　　　　　　4. 中欧贸易摩擦

　　5. 科技合作和技术转让　　　　　　6. 教育和文化交流

　　7. 国际影响力的冲突　　　　　　　8. 知识产权

　　9. 人权冲突　　　　　　　　　　　10. 文化和基本价值观冲突

　　11. 相互误解和无知　　　　　　　　12. 美国的态度

　　13. 其他（请注明）____　　　　　　98. 不清楚/不知道

　　99. 不回答

F5. 总体而言，您对中欧关系的前景持何看法?（单选）　　□

　　1. 非常乐观　　　　2. 谨慎乐观　　　　3. 保持中立

4. 比较悲观　　　　5. 非常悲观　　　　98. 不清楚/不知道

99. 不回答

F6. 如果用一个词来形容欧盟和中国的关系，您认为下面哪个词最恰当？
（单选）　　　　　　　　　　　　　　　　　　　　　　□

1. 朋友　　　　　　　2. 合作伙伴　　　　3. 竞争对手

4. 敌人　　　　　　　6. 一般关系　　　　7. 其他（请注明）____

98. 不清楚/不知道　　99. 不回答

F7. 您认为以下哪些方面对 21 世纪中欧关系的健康发展最重要？（最多选三
项）　　　　　　　　　　　　　　　　　　　　□□□□□

1. 首脑外交　　　　　　　　　　　2. 经济贸易

3. 科技合作　　　　　　　　　　　4. 文化交流

5. 能源与环保合作　　　　　　　　6. 青少年交流

7. 民间交往　　　　　　　　　　　8. 地区经济合作

9. 国际安全事务合作　　　　　　　10. 其他（请注明）____

98. 不清楚/不知道　　　　　　　　99. 不回答

F8. 对于欧盟在当前国际经济体系中的作用，您如何评价？（单选）　□

1. 极其重要　　　　　　2. 比较重要　　　　　3. 不太重要

4. 完全不重要　　　　　98. 不清楚/不知道　　99. 不回答

F9. 您认为欧洲债务危机对欧洲整体经济实力有什么影响？　　　　□

1. 重大削弱　　　　　　2. 削弱　　　　　　　3. 增强

4. 没有太大影响　　　　98. 不清楚/不知道　　99. 不回答

F10. 对于欧盟在当前国际政治事务中的作用，您如何评价？（单选）　□

1. 极其重要　　　　　　2. 比较重要　　　　　3. 不太重要

4. 完全不重要　　　　　98. 不清楚/不知道　　99. 不回答

F11. 对于部分欧盟成员国对利比亚的军事行动，您有何看法？（单选）　□

1. 积极支持　　　　　　2. 支持　　　　　　　3. 反对

4. 坚决反对　　　　　　98. 不清楚/不知道　　99. 不回答

F12. 您主要从哪些渠道获得有关欧盟的信息？（最多选三项）　□□□

1. 电视　　　　　　　　2. 报纸　　　　　　　3. 广播

4. 互联网　　　　　　　5. 亲身旅行经历　　　6. 亲友同事介绍

7. 历史/地理教科书　　8. 其他（请注明）____

您对本次调查有什么意见或者建议？

_____

_____

_____

_____

_____

_____

_____

1. 有留言　2. 没有留言　　　　　　　　　　　　　　　　□

三　中国民众的国际观国情调查基本数据（2011 年）

中国民众的国际观调查受访者城市分布

城市	人数	百分比
北京	348	12.9
兰州	301	11.1
上海	349	12.9
广州	350	12.9
昆明	329	12.2
长春	346	12.8
成都	337	12.4
长沙	347	12.8
总　计	2707	100.0

中国民众的国际观调查受访者性别分布

性别	人数	百分比
男	1332	49.2
女	1375	50.8
总　计	2707	100.0

中国民众的国际观调查受访者年龄分布

年龄段	人数	百分比
25 周岁及以下	1283	47.4
26~35 周岁	712	26.3
36~45 周岁	386	14.3
46~60 周岁	266	9.8
60 周岁以上	60	2.2
总　计	2707	100.0

中国民众的国际观调查受访者民族分布

民族	人数	百分比
汉族	2475	91.4
少数民族	232	8.6
总　计	2707	100.0

中国民众的国际观调查受访者学历分布

学历	人数	百分比
研究生（硕士或博士）	662	24.5
大学（本科或大专）	1487	54.9
高中（含中技中专职高）	394	14.6
初中	109	4.0
小学	34	1.3
其他	20	0.7
不回答	1	0.0
总　计	2707	100.0

中国民众的国际观调查受访者学历分布

学历	人数	百分比
大专及以上学历	2149	79.4
高中及以下学历*	558	20.6
总　计	2707	100.0

＊包括选择"其他"和"不回答"的人数。

中国民众的国际观调查受访者职业分布

职业	人数	百分比
公务员	154	5.7
教科文卫体工作人员	223	8.2
企业经营管理者	175	6.5
个体工商户	110	4.1
专业技术人员	233	8.6
学生	955	35.3
商业服务业人员	287	10.6
工人	158	5.8
农民	14	0.5
军人	68	2.5
离退休人员	76	2.8
其他	159	5.9
小　计	2612	96.5
不知道/不清楚	16	0.6
不回答	79	2.9
小　计	95	3.5
总　计	2707	100.0

中国民众的国际观调查受访者月收入分布

月收入	人数	百分比
1000 元及以下	509	18.8
1001～3000 元	741	27.4
3001～5000 元	586	21.6
5001～10000 元	260	9.6
10001～50000 元	44	1.6
50001 元及以上	17	0.6
小　计	2157	79.7
不知道/不清楚	83	3.1
不回答	467	17.3
小　计	550	20.3
总　计	2707	100.0

对俄、美、日和欧盟的了解程度

	你是否了解俄罗斯		你是否了解美国		你是否了解欧盟		你是否了解日本	
	人数	百分比	人数	百分比	人数	百分比	人数	百分比
非常了解	85	3.1	129	4.8	86	3.2	141	5.2
比较了解	356	13.2	746	27.6	332	12.3	663	24.5
一般了解	1185	43.8	1227	45.3	1023	37.8	1221	45.1
不太了解	713	26.3	385	14.2	837	30.9	421	15.6
不了解	271	10.0	144	5.3	316	11.7	173	6.4
小　计	2610	96.4	2631	97.2	2594	95.8	2619	96.7
不清楚/不知道	69	2.5	54	2.0	73	2.7	54	2.0
不回答	28	1.0	22	0.8	40	1.5	34	1.3
小　计	97	3.6	76	2.8	113	4.2	88	3.3
总　计	2707	100.0	2707	100.0	2707	100.0	2707	100.0

俄、美、日和欧盟对国际事务的影响程度

	俄罗斯		美国		欧盟		日本	
	人数	百分比	人数	百分比	人数	百分比	人数	百分比
影响很大	288	10.6	1510	55.8	675	24.9	177	6.5
影响较大	1141	42.1	757	28.0	1214	44.8	842	31.1
影响一般	882	32.6	213	7.9	494	18.2	1115	41.2
影响不大	162	6.0	46	1.7	88	3.3	316	11.7
没影响	23	0.8	17	0.6	19	0.7	53	2.0
小　计	2496	92.2	2543	93.9	2490	92.0	2503	92.5
不清楚/不知道	170	6.3	139	5.1	176	6.5	154	5.7
不回答	41	1.5	25	0.9	41	1.5	50	1.8
小　计	211	7.8	164	6.1	217	8.0	204	7.5
总　计	2707	100.0	2707	100.0	2707	100.0	2707	100.0

下列双边关系对中国的重要程度

	中俄关系		中美关系		中欧关系		中日关系	
	人数	百分比	人数	百分比	人数	百分比	人数	百分比
很重要	1041	38.5	1446	53.4	880	32.5	714	26.4
比较重要	1010	37.3	838	31.0	1154	42.6	899	33.2
一般重要	470	17.4	258	9.5	448	16.5	681	25.2
不太重要	48	1.8	41	1.5	70	2.6	178	6.6
不重要	17	0.6	21	0.8	18	0.7	107	4.0
小　计	2586	95.5	2604	96.2	2570	94.9	2579	95.3
不清楚/不知道	85	3.1	81	3.0	102	3.8	86	3.2
不回答	36	1.3	22	0.8	35	1.3	42	1.6
小　计	121	4.5	103	3.8	137	5.1	128	4.7
总　计	2707	100.0	2707	100.0	2707	100.0	2707	100.0

对俄、美、日和欧盟的总体印象

	俄罗斯		美国		欧盟		日本	
	人数	百分比	人数	百分比	人数	百分比	人数	百分比
很好	292	10.8	191	7.1	278	10.3	93	3.4
比较好	1022	37.8	695	25.7	889	32.8	307	11.3
一般	1180	43.6	1213	44.8	1214	44.8	990	36.6
比较差	77	2.8	357	13.2	133	4.9	640	23.6
很差	18	0.7	137	5.1	26	1.0	553	20.4
小　计	2589	95.6	2593	95.8	2540	93.8	2583	95.4
不清楚/不知道	91	3.4	89	3.3	133	4.9	85	3.1
不回答	27	1.0	25	0.9	34	1.3	39	1.4
小　计	118	4.4	114	4.2	167	6.2	124	4.6
总　计	2707	100.0	2707	100.0	2707	100.0	2707	100.0

最关注的国际事件

	是		否		不清楚/不回答		总数	
	人数	百分比	人数	百分比	人数	百分比	人数	百分比
日本大地震引起海啸与核泄漏	2020	74.6	634	23.4	53	2.0	2707	100.0
中东与北非动荡和利比亚危机	866	32.0	1788	66.0	53	2.0	2707	100.0
美国特种部队击毙本·拉登	1054	38.9	1600	59.1	53	2.0	2707	100.0
梅德韦杰夫视察国后岛(日本称"北方四岛"之一)	317	11.7	2337	86.3	53	2.0	2707	100.0
朝韩延坪岛互相炮击事件	465	17.2	2189	80.9	53	2.0	2707	100.0
日本抓扣中国渔民渔船之"钓鱼岛事件"	1534	56.7	1120	41.4	53	2.0	2707	100.0
欧洲对外行动局成立	120	4.4	2534	93.6	53	2.0	2707	100.0
"维基解密"网事件	294	10.9	2360	87.2	53	2.0	2707	100.0
上海世博会圆满闭幕	554	20.5	2100	77.6	53	2.0	2707	100.0
其他事件	19	0.7	2635	97.3	53	2.0	2707	100.0

四 中国民众的国际观国情调查问卷留言

问卷编号	D8.b 对苏联解体"惋惜"的理由	D8.c 对苏联解体"无所谓"的理由	D8.d 对苏联解体"赞赏"的理由	对本次调查的意见或建议
3		中国的社会主义跟苏联关系不大。		
10		只关心自己国家的国事。		
12				本次的调查加深了自己对欧盟国家的认识,进一步了解中欧国家的关系。
13		什么事物的发展都有利弊两面。		
20		解体对中国无影响。		
22			少一个强国在身边就少一份压力。	问得太多。
24				内容过多。
26			识时务。	
28		没有理由。		
30			有一个太强大的邻居不是什么好事。	
34			根据国情,实事求是。	
37	因为苏联是世界上最强的社会主义国家,可以帮助我国的发展。			
39		本国自己的发展,外人不需干涉。		
40	因为是被美国弄解体的。			
42		觉得苏联解体与中国或是中国人民没有什么关系。		

续表

问卷编号	D8.b 对苏联解体"惋惜"的理由	D8.c 对苏联解体"无所谓"的理由	D8.d 对苏联解体"赞赏"的理由	对本次调查的意见或建议
45	若没有解体,苏联应该会更加强大,社会主义发展良好,对中国有利。			
51	苏联解体是一个伟大国家的毁灭,是20世纪的一场政治灾难,本可以在国家框架内在新的基础上加以解决的问题,却以毁灭的方式来解决,不能不说是一场悲剧。			
53	曾经如此强大的苏联不复存在,苏联的人民陷入恐慌。			
55		不是普通民众的事,该吃该吃该喝喝。		
56		这是历史发展的必然,这是发展的趋势。		
57		已成为历史。		
61		不关心。		
62				问题太过专业,也或许是自己知识面不够广,许多问题不是很清楚,跟政治考试似的!
67				为什么没有关于韩国及澳洲的与中国相关的调查?
68			历史趋势。	
69	共产党多年的努力功亏一篑,为了人民的理想灰飞烟灭。			
69				应该再增加一部分对其他国家态度考察,既然问卷题目是国际观调查的话。

续表

问卷编号	D8.b 对苏联解体"惋惜"的理由	D8.c 对苏联解体"无所谓"的理由	D8.d 对苏联解体"赞赏"的理由	对本次调查的意见或建议
70	第一个社会主义国家就这样轻易解体，对我国的影响有一些。			很有意思，但内容都一样，没有太大特色。
71			自由、人权。	
72			一个专制的堡垒土崩瓦解，一个战争机器消失了。	有些应更全面，未必非一即二。
73		每个国家都有自己的发展道路，都有权利探索自己的发展道路。		发现对日本的调查较多，对欧洲的调查较少。而且对日、美、俄的调查选项中都有中性与偏中性的选项，欧洲的没有。
74			历史的必然。	
75			苏联终于不能欺负别国了！	
76	第一个社会主义国家。			
79	第一个社会主义国家就这样解体了。			
83			苏联机构当时漏洞百出，应时代之势而亡。	
87	中国面临的外部压力更大了。			
88	同为社会主义国家，情感上在同情；世界上第一个社会主义国家最终解体，是国际社会主义事业的一个损失。			
89	苏联是第一个社会主义国家。			
91		对我国有利有弊。		
95	苏联很强大，很有实力，是社会主义国家。			
97			改革旧弊，自由选择。	

续表

问卷编号	D8.b 对苏联解体"惋惜"的理由	D8.c 对苏联解体"无所谓"的理由	D8.d 对苏联解体"赞赏"的理由	对本次调查的意见或建议
98		在我国经济实力和国力还没有达到一个相当的高度去关心其他国家事务之前,我觉得应先集中精力搞好建设。		
101			历史的必然性。	这次调查很好,可以促进大家对国际大事的关注,也促使我们更明白自己肩上的责任并为之奋斗! 为中国的和平崛起而奋斗!
104			长痛不如短痛。	
119	当年红色政权的老大不复存在,共产党的力量遭到削减,资本主义占上风。			
127			当断不断,必自乱。	
131		尊重他们自己的选择。		
132	一个完整的国家解体,经济政治实力减弱,矛盾增加。			
133		那是他们自己的选择。		
134	一个完整的大国解体了,各方面实力下降。			
135		每个国家都有自己发展的路,这是他们的选择。		
144		有正负两方面的影响,一为"苏式社会主义"解体,二为中国少了一个"巨人邻居"。		
146	曾经世界第一强国、第一大国,解体后实力必然降低。			

续表

问卷编号	D8. b 对苏联解体"惋惜"的理由	D8. c 对苏联解体"无所谓"的理由	D8. d 对苏联解体"赞赏"的理由	对本次调查的意见或建议
153	社会主义国家阵营少了一员。			
156			适合历史发展。	
162	国力下降。			
171	可惜。			
214	第一个成立的社会主义国家,最后四分五裂。			
229			顺应大势,符合民意,谋求发展。	
230			合久必分,有利于各自的发展就是对的。	
258		有什么关系?		
260		不会对我国的政治、经济构成影响。		
274		谁的事情谁操心,事不关己。		
275			中国周边地区少了一个军事大国对我国的威胁。	
278		这是别人的事,不关自己国家的事。		
288		对中国影响不大。		
290		别国内政。		
291	社会体制、制度的变更。			
293	一个完整的大国解体为十几个小国,经济实力下降。			
297			走自己发展的路。	
298	国家分裂必然引起战争,经济退步。			
326	苏联为社会主义国家,其解体对社会主义事业影响甚大。			此次调查对于民众的国际观、世界观有很大帮助。

问卷编号	D8.b 对苏联解体"惋惜"的理由	D8.c 对苏联解体"无所谓"的理由	D8.d 对苏联解体"赞赏"的理由	对本次调查的意见或建议
329	朋友感情。			
1052			如同普京所讲,苏联的制度不正确。	
1057	当时苏联把力量投往于军事,忽略民生问题,是解体的主要原因之一,从此能与美国抗衡的唯一国家消失。			
1058		事实证明,从长远来说,高度集中的计划经济并不适应社会主义社会的发展。		
1059	强国瓦解,变成众多小国,国际影响力大幅下降。			
1060	解体后的苏联不能统一调配资源,给自身发展留下诸多不便。			
1069	因为苏联是一个社会主义国家,它的解体会对其他的社会主义国家带来一定的冲击力。			
1074	苏联共和体制不应解体。			
1075		这在当时的社会条件来讲是必然的。		
1077	中国从此独力承担大任。			
1078			苏联解体代表当地局势复杂,越复杂越有利于中国的外交政策。	
1079				题太多。

续表

问卷编号	D8.b 对苏联解体"惋惜"的理由	D8.c 对苏联解体"无所谓"的理由	D8.d 对苏联解体"赞赏"的理由	对本次调查的意见或建议
1082	国家解体证明有不能（克服）的矛盾（和）利益（冲突），也证明当权者处理问题不老到。			
1985	革命成果来之不易，解体为各个小国，没有统一前那么强大了。			
1086	社会主义阵营瓦解，直接造成现在一超多强局面，（是）对社会主义在全球发展的一次重击。			
1087	无法抗衡美国。			
1093	估计社会主义阵营削弱了。			
1097	共产主义被资本主义打败了。			题目太多，选项设置不尽合理。
1098		各国有各国的发展道路，只要能向好的发展，什么形式并不重要。		可以更加地把事件具体化，举更多的事例，可以更加深入分析。
1101	少了一个超级大国抗衡美国。			
1103			更有利于发展民主政治。	
1104		对苏联没多大感觉。		
1107	美国成了超级大国。			
1110			苏联存在很严重的特权阶级现象，体制落后，民不聊生，没有存在的必要。	希望本调查完全用于造福人类的学术活动，而非谋利的商业活动。
1113	苏联解体使俄罗斯在各方面的实力遭到重创，并没有为俄罗斯带来繁荣。			

续表

问卷编号	D8.b 对苏联解体"惋惜"的理由	D8.c 对苏联解体"无所谓"的理由	D8.d 对苏联解体"赞赏"的理由	对本次调查的意见或建议
1115	国家也如一个整体统一的家庭,分裂总归不是一个好事。			
1116	一个曾发展比较好的社会主义大国就此解体,难免令人惋惜。			
1117			不解体就没有发展。	
1124	能与美国抗衡的一支力量就此解体,社会主义力量更为单薄了。			
1126	列宁的新经济政策若坚持下来,可能会给俄罗斯一个更好的未来,可是俄罗斯大多数领导人(包括彼得大帝)的政策有明显缺陷。			
1128	由于领导者的不成熟,或者制度政体不完善导致瓦解。			
1129	这么一个庞然大物说散就散了。			
1130		社会历史发展的潮流,难以抵挡。		
1138	社会主义理想遭到挫败。			很好。
1139				很多很烦。
1144				都不知道,太深奥。
1145	毕竟是第一个社会主义国家,而且理论指导思想有功效,但制度导致国家崩溃。			
1146	因为惋惜。			
1147			解除中国北方压力。	
1150			中国北方的威胁解除了,地缘政治环境变好。	

续表

问卷编号	D8.b 对苏联解体"惋惜"的理由	D8.c 对苏联解体"无所谓"的理由	D8.d 对苏联解体"赞赏"的理由	对本次调查的意见或建议
1154	中国必须自我摸索。			
1157		制度是发展的手段方式，只是换了一种方式，现在照样发展。		问题设置有条理，逻辑内容有意思。
1158	本来前途很光明，无奈政策错误。			
1159			对俄罗斯来说，是新生活的开始，原来的整体已僵化，走到尽头。	把调查结果告诉我好么？
1161	苏联解体，社会主义运动受挫，苏联的社会主义其实可以发展得更深，前提是领导人决策明智。			调查内容很合理。
1162				我觉得总体而言问卷设置内容及范围较全面，不过不同国别之间存在差异性，如问题（中有关）中美与中俄关注点选项，另外，个别选项不够严谨，如中立也可以作为一种态度，谢谢！
1163		合久必分，分久必合，顺其自然，尽力而为。		问卷选题新颖，可以再有针对性一些。
1164			苏联独裁的终结。	
1165	苏联为最大的社会主义国家。			
1166	导致国力衰弱，不能和美国抗衡。			
1167			民主、自由、普世真理。	
1168	社会主义制度应坚持下去。			调查表设计比较好。
1169	少了同伴，中国的社会主义前途曲折。			

问卷编号	D8.b 对苏联解体"惋惜"的理由	D8.c 对苏联解体"无所谓"的理由	D8.d 对苏联解体"赞赏"的理由	对本次调查的意见或建议
1171	曾经是一个超级大国,却一夜之间分崩离析。			题量太多。
1180	第一个社会主义国家失败了。			
1181	解体后社会混乱,经济发展停滞,民主无明显改善。			
1194	最大的社会主义国家解体,挫伤社会主义力量。			问题太多。
1198		对当时俄国状况不太了解。		
1200		对 90 后生活影响不大,没有体验。		问题多,而且不知道怎么才叫对一个国家了解。
1201				问题太繁琐。
1202		与中国关联不大,与自己关联不大。		
1204	曾经能和美国抗衡。			
1205			适应历史潮流。	
1207	同属社会主义阵营,苏联解体是社会主义阵营力量的减损。			问卷太长,形式复杂。
1208	毕竟曾经是大国。			
1210		国家的发展趋势。		
1211		历史的趋势,合合分分。		
1214	社会主义解体。			
1215		对我无影响。		
1218		之所以会解体,必有其内在原因,应该是一种必然趋势。		
1225		是历史的发展趋势。		

续表

问卷编号	D8. b 对苏联解体"惋惜"的理由	D8. c 对苏联解体"无所谓"的理由	D8. d 对苏联解体"赞赏"的理由	对本次调查的意见或建议
1226				可采用网络问卷的形式,更广泛地征求不同地区(接受)访问者意见,推荐问卷采用问卷星等网络调查系统,低碳,环保,而且节约人力。
1227	社会主义阵营损失惨重。			
1228		中国自己发展就好。		本次调查很好,调查目标受众应该谨慎选择。
1229		对中国影响貌似不大。		还算比较全面客观地反映被调查者意向。
1232			极权独裁早该解体了。	
1252		与中国影响关系不大。		
1253	共产主义领头羊倒下了。			
1260	社会主义制度在发展过程中的坎坷和曲折。			
1262		顺应潮流,每个国家都有其特点及发展规律。		
1265		苏联解体仅代表苏联模式的社会主义失败,对中国社会主义没太大影响。		
1266		事不关己,因为无所谓。		
1268	社会主义阵营的解体。			
1269	国际影响力下降,民族分裂加剧。			
1274	世界最大的经济共同体瓦解,社会主义未能在苏联取得成功。			
1277			如此僵化的体质必然不能发展下去。	

续表

问卷编号	D8.b 对苏联解体"惋惜"的理由	D8.c 对苏联解体"无所谓"的理由	D8.d 对苏联解体"赞赏"的理由	对本次调查的意见或建议
1278			在未能真正踏入共产主义之前,通过强权统一起来,限制在同一意识形态下的联合体毫无前途。	
1279		对中国无太大影响。		
1282		对我影响不大。		
1283			在特定时期做出的果断抉择,是一种对人民负责任的表现。	
1284	社会主义阵营受到重大的影响。			
1285	当时能和美国抗衡的经济军事大国解体了,让美国欺霸全球。			
1289	大型的社会主义国家分崩离析,同为社会主义国家并且有过良好友谊的中国应该感到惋惜。			
1292			现行整体适合俄罗斯的经济、军事等各方面的发展。	部分问题稍显狭隘。
1299		对苏联不太了解,对于其他国家解体或独立并不太关心。		
1318		不是自己的国家,与我国无关,对自己没影响。		
1323	解体表明国家分裂,一个国家分裂,不团结,就感到惋惜。			
1357		每个国家有其国情,体制一定有所不同,正如封建王朝改朝换代。		

问卷编号	D8. b 对苏联解体"惋惜"的理由	D8. c 对苏联解体"无所谓"的理由	D8. d 对苏联解体"赞赏"的理由	对本次调查的意见或建议
1358				比较有意义,视野比较开阔。
1360			好管理。	
1361		与本人无关。		
1363		解体对中国影响不大。		
1364	一个大国解体。			
1369			放下战争,让世界得以和平。	
1372		与我本人没有关系。		
1373		和本人利益没有关系。		
1376	共产主义未能实现。			
1400		如果路线不合理,不要也罢。		
1401	苏联是当时世界上唯一能与美国抗衡的国家,无论在经济、文化、政治上,它都处于世界领先地位,苏联的解体,无疑使它的发展被制约了。			
1402		不清楚。		
1405	1. 苏联是第一个社会主义国家,苏联的解体,让人对社会主义国家信心不足。2. 削弱了对美国等资本主义国家的威胁,让美国成为世界老大。			关于中日关系调查民意并寻求解决之道。
1406	因为领导人的个人能力和思想思维上的问题导致了一个国家的解体。			
1407				对本次的调查具有积极的意义,对调查的范围内容可以再多一点、更详细一点。

续表

问卷编号	D8.b 对苏联解体"惋惜"的理由	D8.c 对苏联解体"无所谓"的理由	D8.d 对苏联解体"赞赏"的理由	对本次调查的意见或建议
1409	因为他是第一个社会主义国家和资本主义国家相抗衡,他能带领世界很多国家维持世界的平衡。			
1412	谁不盼老大哥好啊。			
1413	它最早开始社会主义的探索,是"领头羊",可却没走下去。			
1414			苏联解体是必然的,这样对俄国和其他国家都有好处,有利于他们的自由发展。	
1415	因为当时的苏联经济较发达,对中国的发展起了一些作用。			
1416	中国少了一个非常重要的战略伙伴。			
1417	如果不解体,现在就有两个超级大国相抗衡了。			
1418	苏联曾是社会主义国家老大哥,能给社会主义国家带来利益,惋惜。			
1422	由于苏联解体,导致世界进入一极化社会,没有苏联吸引美国注意力,中国将经受更大的压力。			
1423		尊重苏联人民的选择。		欧盟成员国众多,人们对各国的了解程度不同,全部一起提问太笼统。

问卷编号	D8.b 对苏联解体"惋惜"的理由	D8.c 对苏联解体"无所谓"的理由	D8.d 对苏联解体"赞赏"的理由	对本次调查的意见或建议
1424			结束了"冷战"，让苏联摆脱了萧条动乱局面。	
1427	苏联的解体，使美国超级大国地位得到确定，不利于世界和平，利比亚遭袭就是例子。			
1429				保持中日友好关系，谨记历史。
1432		对该事件并不了解。		
1433			理由：苏联解体对以后新的俄罗斯成立做了一个很好的铺垫。	
1434	如果未解体，则苏联会比现在更强大。			
1437	第一个共产主义国家解体了。			
1438	苏联曾经一度帮助过中国，对新中国的成立或多或少是有推进作用的。			针对性太强。
1440	本来苏联是唯一能与美国抗衡的大国，苏联解体，美国就成了头号强国，更加肆无忌惮。			
1441		只是历史发展潮流而已。		
1443	社会主义探索的失败，忽略了客观规律，本应可以成为一个历史新纪元的国家解体。			
1444	一个超级大国就此解散，使得美国没有制约对象。			

续表

问卷编号	D8.b 对苏联解体"惋惜"的理由	D8.c 对苏联解体"无所谓"的理由	D8.d 对苏联解体"赞赏"的理由	对本次调查的意见或建议
1445			经济得到发展。	
1446	苏联解体开创了社会主义国家最终走向真正民主自由的先例,对目前的社会主义国家的体制改革具有重要意义。			希望能对国际问题的处理有些许帮助。
1447	苏联解体在一定程度上冲击社会主义制度。			
1448	社会主义发展的一大损失。			
1450		个人认为对本人影响不大。		
1453		我只是个普通中国公民。		
1454	因为俄(苏联)当时是与中国一样走社会主义的,而且那时俄(苏联)是老大,它解体了对中国来说是不利的。			
1455				加深对国际关系的了解。
1457		是历史发展的必然。		
1458				很认真、全面。
1459			为中国的发展指明了道路,提出(供)了失败的教训。	应该多做些这样的调查,有利于增进知识。
1460	对中国也造成了影响。			我发现我不知道(的)还真多,有待多关注时事。
1461		作为一个小市民,别的国家的解体并没有与自己有何关系,故无所谓。		对于此次调查,我认为调查了也没啥实际的意义,故没有什么建议,不过依然建设性地回答问题。

问卷编号	D8. b 对苏联解体"惋惜"的理由	D8. c 对苏联解体"无所谓"的理由	D8. d 对苏联解体"赞赏"的理由	对本次调查的意见或建议
1465	政党、国家、民众。			
1466				很有意思，值得国民思考。
1470	可惜少了一个国家与美国对抗。			苏联部分问题复杂了，如选几，不用回答，选几又要回答，能简单点吗？
1471	是最早（的）社会主义国家，曾支持过中国革命。			
1472	失去同盟军。			
1474	自己国家的事情，自己处理。作为外人不要干涉。			
1477			会给民主和发展更多的机会，减少对抗，更有利于世界和平。	挺好。但是做题的时候不够方便。
1478		对中国影响不大。		选题不错。
1481	因为解体不解体对中国无影响。			中国是富有了，但是在政治谈判方面却软弱无力，对自身权益问题总是让步，而且贪官太多，没有毛主席时代的感觉。
1482	一个国家的解体，总的来说都是一种惋惜，无论是经济还是军事，都是一种创伤。			
1485	领导人的错误导致世上第一个社会主义国家解体，之前的努力付之东流，只留下教训。			1. 分专业进行调查。2. 对于实力较弱的国家也应该调查。
1486				主观题太少。
1487		苏联解体有其值得惋惜之处，但也有其积极意义。		应当扩大调查范围、层次。

问卷编号	D8.b 对苏联解体"惋惜"的理由	D8.c 对苏联解体"无所谓"的理由	D8.d 对苏联解体"赞赏"的理由	对本次调查的意见或建议
1488			任何一种情况的发生都意味着一种改变、一种进步,突破十分有益处。	我认为,这种调查应该面向各年龄人群,各种不同阶层人群,随着时代发展,年轻人的思想与老一辈相差甚远,进行多年龄人群调查才更有说明性。
1491				这次调查总体还是好的,可它主要是针对学生群体,我觉得应该对各个阶层的群体进行调查,毕竟学生群体只是我国的一部分,不代表我们全部人的想法。
1494			苏联对中国的剥、侵。	
1495		与我无关。		中国在外交方面应该采用强势的态度。
1496			解体后发展更好、更灵活。	中国需要发展经济与军事,这是在国际地位中的重要因素。
1497	最大、最早的社会主义国家,竟沦为以资本主义为主的众多小国家。社会主义的大哥不复存在。			
1498	社会主义国家才能更好地发展。			
1499	个别领导人(的)错误路线,造成了严重后果。			

续表

问卷编号	D8.b 对苏联解体"惋惜"的理由	D8.c 对苏联解体"无所谓"的理由	D8.d 对苏联解体"赞赏"的理由	对本次调查的意见或建议
1500			有利于缓解国与国之间的矛盾冲突,更顺利地发展。	我认为《中国民众的国际观调查问卷》所调查的国家虽然有针对性,但不具体,可以对东南亚、非洲一些也进行一些调查。
1501		不了解当时苏联国内局势和国际局势。		调查范围很全面、很详细。
1503				无意见、无建议。
1504		各国的社会制度任人民去选择。		
1506	历尽千辛万苦,才解放统一,正健康前行,却突然解体。			
1508	国土分裂、民族分裂、内忧外患。			
1509	当地民族一片混乱。			
1514		它的内部矛盾存在,无论如何坚持解体是必然的。		太长了。
1515	因为苏联是中国的老大哥,中国很多东西借鉴于苏联。			
1516			借鉴别人之经验,将有利于社会主义更好地发展。	挺好的。
1517			苏联的大一统是以严厉的统治和人民的不自由为代价的,民族自决后的苏联解体更符合各民族和所有人民的利益。	问题的设置可以更多元。
1519			政治经济发展的结果。	很有意义,应多做此类调查。

问卷编号	D8.b 对苏联解体"惋惜"的理由	D8.c 对苏联解体"无所谓"的理由	D8.d 对苏联解体"赞赏"的理由	对本次调查的意见或建议
1520	强国变弱了。			更了解国际。
1524			整体团结受损,对中国威胁减少。	
1526			冷战后期,苏联成为严重的经济负担体,选择解体,有种壮士断腕的英勇。	题有些多,最好可以有一些专门针对大学的问题。
1528			苏联的解体产生了不一样的制度和不一样的国家,加快了其发展,虽说总体不如从前。	我几乎都不知道诶!
1529			其解体有利于多极世界的建构,利于俄罗斯的经济发展。	
1531		91年我才2岁,不知世事,对我影响不深。		
1533			解体后发展得更好,不好的体制就该散。	
1534		这是苏联人民自己的事。		
1535			更利于一个国家的发展	
1536	少了一个能对美国进行国际制约的国家。			
1539			绝对权力导致绝对腐败,评价社会的好坏不在制度是否优越,而在于社会大众的幸福指数。	调查很有意义,不过我觉得研究中国内部之问题,其重要性更大。
1540		因为美苏争霸也会损害中国的利益,美国独霸也会损害中国利益,弱国无外交。		

续表

问卷编号	D8. b 对苏联解体"惋惜"的理由	D8. c 对苏联解体"无所谓"的理由	D8. d 对苏联解体"赞赏"的理由	对本次调查的意见或建议
1541	对(其)他的国家发展有所影响,不利于(……)			
1542	经济后退。			感觉很好,应多做此类调查,让更多老百姓介入。
1543	不利于国家发展。			比较好,增强国民的爱国主义的心理。
1544	少一个社会主义同盟国。			
1545	原来看起来更和平。			
1547	历朝历代的努力积累。			关心国际大家,才关心到自己国家乃至自己小家。
1550				很好!
1554	国土分裂、国力分散。			建议网络调查的方式成本更低。
1561			勇于改革,寻找合适自我发展道路。	
1565	实力变小。			
1584	不应解体。			
1590	最大的社会主义国家被和谐了,是对社会主义及共产主义事业最深痛的打击。			美国的霸权主义实在令人讨厌,中国必须坚持自己的原则,以后才能顺利发展,我认为协商解决南海问题固然很重要,但是一味地让步,只能令我们失去更多! 请党拿出建国时代领导人的勇气,为维护我们国家主权而坚持强硬反击。
1594		对中国整体影响不大。		

问卷编号	D8.b 对苏联解体"惋惜"的理由	D8.c 对苏联解体"无所谓"的理由	D8.d 对苏联解体"赞赏"的理由	对本次调查的意见或建议
1597		其他国家,与我们无关。		
1600				我对本次调查没有什么意见。
1604	少了一个与美国分庭抗礼的国家,中国压力很大。			
1606	苏联在世界以及历史舞台上起着非常重要(的)作用。			
1607	民族分裂,国土分裂,外患内忧。			
1608	民族分裂,国土分裂,外患内忧。			
1612	国地(土)分裂。			
1613	国地(土)分裂。			
1614	苏联在世界以及历史舞台上起着非常重要的作用,军事科技等方面一直是引领世界的。			
1617	社会主义阵营中缺失了一个重要力量。			
1623		这是苏联本国自己的选择,别国无权也不应干涉。		
1625		发展才是硬道理,经济决定思维,思维影响体制。		
1628	社会主义阵营的力量受到削弱。			
1629			顺应历史发展潮流。	
1630	苏联"老大哥"倒了,路在何方?			

续表

问卷编号	D8. b 对苏联解体"惋惜"的理由	D8. c 对苏联解体"无所谓"的理由	D8. d 对苏联解体"赞赏"的理由	对本次调查的意见或建议
1631				不知本次调查的目的何在？是信息普及还是民意调查？个人认为调查结果意义不大,内容的深度不够。
1632			强大的邻国不好,强权政治不好,民族之间冲突不好。	
1633				要研究大国关系与老百姓的关系。
1634		不关心。		
1647	因为苏联是社会主义国家的形象。			很有必要。
1649	一个时代的结束。			
1655			顺应历史发展潮流。	
1660			促进体制改革,加速经济发展。	
1663		一个政权的存在与否不以其纲领或目标的内容（为准）,而以其是否适应社会生产力发展和人民幸福安居为准。		
1667	被和平演变。			
1668			现实证明,解体对老百姓有好处。	
1669			只有解体,才能发展。	
1674	一个阵营（国家）的分裂、解体。			
1678	为一个面积辽阔,历史悠久的国家解体分裂而惋惜。			
1679	社会主义国家又少一个。			

问卷编号	D8.b 对苏联解体"惋惜"的理由	D8.c 对苏联解体"无所谓"的理由	D8.d 对苏联解体"赞赏"的理由	对本次调查的意见或建议
1681	一、可与美国抗衡,为我国发展赢得空间,毕竟是社会主义国家,我国可多个臂膀,尽管这只臂膀有时也会抽走。二、角度不同,看法不同。立场不同,认识不一样。			调查很好,选项单一了点。
1682	自己把自己搞废了。			
1683		利于独联体国家的发展。		
1685	失去了一个超级大国,影响世界和平。			
1686	共产党执政多年,社会主义的阵营已全新形成。			
1687		与我无关。		
1688	对社会主义政权的失败感到惋惜,但这又是历史的选择。			
1690	从此由大国变成二流国家。			
1691		政治体制受经济基础决定。		建议多做民调,这样可以准确了解民意,尊重民意。
1692			潜在的威胁被削弱。	
1699		决定权交国民。		
1700		人民自由选择。		很好。
1702		事不关己。		
1707	社会主义阵营削弱。			
1710	革命没有坚持,战斗没有继续。			

问卷编号	D8.b 对苏联解体"惋惜"的理由	D8.c 对苏联解体"无所谓"的理由	D8.d 对苏联解体"赞赏"的理由	对本次调查的意见或建议
1718	失去了同盟军。			
1719		对我国没有明显影响。		
1720	社会主义阵营削弱。			
1921	俄罗斯是我国的北方的重要伙伴，（苏联）分离后中国要同时协调两个国家。			
1922	俄罗斯是我国的北方的重要伙伴，（苏联）分离后中国要同时协调两个国家。			
1923	社会主义阵营被瓦解，不能更好地牵制美国。			
1724			什么事物发展都有一定规律。	
1725	全世界最大的一个联邦共和国就此退出历史舞台，在国际社会中声望降低。		苏联的强大对中国发展不利。	国别之间是合作、竞争的关系，期望他国对自己如何友善，是不切实际的。
1760		和我没关系。		
1762		左右不了。		
1766	好好的一个苏联被分化了，逐个击破失去了霸主的地位。			对国外动态关注不足。
1770				或许应有更有效的调研方式，图书馆或集会更合适些，自愿最好。
1778			对于改革开放的中国有很好的启示作用。	
1800		也许解体发展更好。		

续表

问卷编号	D8. b 对苏联解体"惋惜"的理由	D8. c 对苏联解体"无所谓"的理由	D8. d 对苏联解体"赞赏"的理由	对本次调查的意见或建议
1815	中国曾经跟苏联关系非常友好,解体之后对中国影响较大。			中国在共产党人的带领下一定会更加强大。保持国际领土主权是13亿人民的意愿;在钓鱼岛、南海、台湾问题上中国一定要行使自己的主权,发挥自己在国际中的作用,支持中国打倒一切外侵势力维护主权领土完整,中国万岁加油中国,中国共产党万岁,世界人民大团结万岁!
1816				加油中国,台湾是中国不可分割的领土,钓鱼岛自古以来就属于中国,南海也是属于中国的,中国万岁,共产党万岁,感谢胡锦涛主席,感谢温家宝总理,我为自己是一个中国人而感到自豪!
1821	苏联解体导致社会主义阵营发生巨变。			
1843			不解体能发展这么好吗?	很好,多整几次,加深了解。
1844		每个国家的发展决定因素取决于自身。		
1852	中国曾经"仰望"的"老大哥"不存在了。			该选项设计比较人性化,考虑到被调查者的选择,但是题量有点过大,有的题目选项过于牵强和形式化,没有考虑时间情况。

续表

问卷编号	D8.b 对苏联解体"惋惜"的理由	D8.c 对苏联解体"无所谓"的理由	D8.d 对苏联解体"赞赏"的理由	对本次调查的意见或建议
1853	曾经强盛的社会主义国家土崩瓦解。			
1856	最大的社会(主义国家)消亡了。			很详细很好。
1857	国力相对减弱。			
1858	解体造成的混乱使大量无辜的人被迫害。			
1861			面对积重难返的局面,有勇气破而后立是值得赞赏的。	希望能将调查结果及时反馈给我们。
1862	作为一个社会主义国家的公民对苏联解体表示同情和"惋惜"是很正常的。			为什么没有关于美国的部分。
1863	世界二元格局改变,美国一方独大。			
1865	作为最早的社会主义国家,首先探索社会主义发展道路,却因为内部斗争及冒进解体。			
1867		苏联解体对我影响不大。		
1868		苏联与中国具体国情不同,解体是它的国情决定的。		应该多关注一下这些大国文化方面的问题。
1870	社会主义的老大哥,一个时代的终结。			
1871	最大的社会主义国家解体,中国失去了重要的战略伙伴。			
1872	苏联人民团结奋勇抗战终于取得民族胜利,反而放弃社会主义的强大力量,令人惋惜。			
1873			对社会主义国家的发展有了正与反的借鉴。	望更加具体充分,总体很好。

续表

问卷编号	D8.b 对苏联解体"惋惜"的理由	D8.c 对苏联解体"无所谓"的理由	D8.d 对苏联解体"赞赏"的理由	对本次调查的意见或建议
1874		与中国影响不大。		
1876	如果不解体,社会主义阵营(会)更大些。			
1877		一个国家的变好变坏取决于领导人并不取决于国家的大小。		题有些多,少一些就好了。
1879		年代久远了不了解当时的情况。		
1883	希望苏联能在社会主义道路上给中国更多经验,很惋惜。			建议各个国家调查信息相同,不要有所偏见,这样反映更公平的信息。
1884	社会主义国家的领头国,解体是社会主义国家的一大损失。			
1885			不看好这种专制体制,对中国有威胁。	有一道题的逻辑性有问题。
1886			没有解决经济问题。	
1887		与普通民众无直接关系。		
1888	经济的倒退与国际格局的改变并未对世界带来益处。			可以多进行此类民调。
1890				问卷有些问题设计得不够全面,如:C6好和一般之间应是较好,个人感觉这样比较好。
1891	社会主义的同盟者,失去了可惜。			
1892		国家制度的改变对百姓好坏参半,甚至兴,百姓苦;亡,百姓衰。		
1893			民族自决,缓解中国潜在威胁。	

问卷编号	D8.b 对苏联解体"惋惜"的理由	D8.c 对苏联解体"无所谓"的理由	D8.d 对苏联解体"赞赏"的理由	对本次调查的意见或建议
1895	第一个社会主义国家解体,削弱了社会主义阵营。			
1897			维护国家的民主和进步高于政治权力和统治地位。	
1898		因为相对减轻了中国边疆的压力,中国不需要北方的强邻;同时,苏联的解体又是世界社会主义运动的挫折。		
1899	对人类有史以来的社会主义实践的失败感到惋惜。			
1901	大国没落。			
1902		中国身边需要俄国但不需要强大的苏联。		有一道题逻辑上有问题。
1903		不是自己国家的事情。		
1904				问卷的涉及方面应更加宽泛、灵活,多角度地去把握;对一些(……)政治性较大的问题要积极予以自由谈论。
1905	共产主义发展受挫。			未涉及中国南海问题。
1906				本次调查个人感觉并未能够完全说明个人的国际观,选项内容部分过于简单,不能够反映问题如 D7。
1907	苏联解体的同时也表示苏联社会主义体系的解体。			

问卷编号	D8.b 对苏联解体"惋惜"的理由	D8.c 对苏联解体"无所谓"的理由	D8.d 对苏联解体"赞赏"的理由	对本次调查的意见或建议
1908		对中国影响不是很大,并且与中国战略关系仍在。		
1909		历史的必然。		
1910	社会主义遭受巨大打击少了一个有力的盟友。			国际观的调查应该全面,发展中国家的合作更值得关注和调查,特别是金砖四国的合作。
1911			在特定经济背景下社会主义的必然。	问题的选项太多。
1912		苏联解体具有应然性,但是又不值得赞扬。		整体设计很科学,环节设计并不完善。
1913	世界上最大的国家之一解体,没有国家在短期内独立对抗美国,中美蜜月也停止了。			请向受调查者告知调查结果。
1914		国家领导人决策失误,不便评价。		问题有点多,有些问题过于专业。
1915		对中国影响不太大。		调查让我们去关注国际社会。
1917				调查促进了学生关心国际国内事务,能够学以致用,这样的调查应该多一点。应该加入中国的相关内容,因为很多人对国内的形势还是不甚了解。
1918			世界摆脱冷战对于发展更有益。	比较客观,但主观题可以多点。
1920	唯一能与美国对峙的超级大国解体不利于国际局势平稳。			可以再把选项做进一步阐释。
1921	社会主义遭受巨大损失。			

续表

问卷编号	D8.b 对苏联解体"惋惜"的理由	D8.c 对苏联解体"无所谓"的理由	D8.d 对苏联解体"赞赏"的理由	对本次调查的意见或建议
1923	社会主义国家努力创造,美国独裁。			
1924	世界第一个社会主义国家解体。			调查方向自然单一。
1925	本应发展得很好。			减少题的数量。
1927				对民众的需要缺乏关注(国际问题,其他国家发展的知识)。有条件的描述绝对化,比如:认为中日前景,这取决于中日经济发展和国际地位的发展,无法绝对化评价。表格设计不合理,题目作答不便,浪费纸张。
1928	社会主义(国家)解体我当然惋惜,我拥护共产党。			
1929	不再是与美国相抗衡的大国了。			
1930				觉得我们多做一些类似的调查比较好。可以更清楚地了解中国人的国际观(学生的国际观),但有一点不太清楚,怎样才能看到你们调查研究的结果呢?
1931		意料之中。		调查对象中,大学生所占的比例过大。
1932	第一个社会主义国家解体,感到对社会主义国家的未来有种困惑。			问卷设计较复杂,数量太多。

问卷编号	D8. b 对苏联解体"惋惜"的理由	D8. c 对苏联解体"无所谓"的理由	D8. d 对苏联解体"赞赏"的理由	对本次调查的意见或建议
1933				有的问题表述不清,让人不知道如何作答,如:E1、E9;还有的设问的选项很难让人选择,如:D8。
1934		认为对中国没有实质性的坏处。		问题设置有问题,题量太大,会降低质量。
1935		每个国家的现实情况不同,只要适合该国家的发展就好。		
1937	因为它是最早社会主义国家,如果不解体,社会主义能再强大。			范围广些,年龄差异大些,性别比例合理分配。
1938				国际观调查国家选择的标准是什么?
1940	社会主义阵营瓦解,对其他社会主义国家的发展造成很大影响。			调查问卷内容较为单一,不能从整体上衡量出国际观。
1941				对民众需要缺乏关注(国际问题和其他国家发展的知识)。有些条目的描述绝对,比如:认为中日关系取决(于)中日经济发展和国际地位的发展,无法绝对化评价。表格设计不合理,题目作答不便,浪费纸张。
1942			实力没有以前大。	
1944				题目过多。
1945		对那时政治格局不太清楚。		

问卷编号	D8. b 对苏联解体"惋惜"的理由	D8. c 对苏联解体"无所谓"的理由	D8. d 对苏联解体"赞赏"的理由	对本次调查的意见或建议
1947	一个强大的可以与美国抗衡的力量消失了。			
1948			国家太大,经济发展慢,解体对经济发展(有利)。	
1950	社会主义中国少了一位强有力的盟友。			
1951	社会主义建设的辉煌成就没有保住。			
1952		无类我事,那时还未长大。		
1954		他国事务,必有利有弊,但对我国发展影响不大。		
1957		没有永久的朋友也没有永远的敌人。		
1958		与自己无关,不了解情况。		
1959		苏联解体有其内部和国际原因,有一定的必然性,但我们又不能否定共产主义的先进性,只能说可能还不是时候,解体正确与否不好确定。		
1961		它发生时,我才2岁,与我关系不大。		
1963		苏联与中国在建国后治国方针存在很大差别,所以没有什么多想的。		还不错,感觉排版可以更简约些,改选择题为填空题就可以了。谢谢!
1964	苏联(在)与美国的抗争中失败,而与霸主地位失之交臂。			我是学地理的,刚学完世界地理,以为对这些国家比较了解,但是涉及国家问题还是相当不清楚。

问卷编号	D8.b 对苏联解体"惋惜"的理由	D8.c 对苏联解体"无所谓"的理由	D8.d 对苏联解体"赞赏"的理由	对本次调查的意见或建议
1965		我不关心国事。		
1967		有意识以来感觉不到影响。		
1970		因为对中国没什么影响。		我认为这样（的）调查问题很好，可以增加一些国际知识，希望多办一些。
1971	苏联解体不利于共同发展国际合作。			
1972	苏联解体使一个完整的社会国家不复存在。			
1974				了解国家大事。
1977	因为发生在那些年,现在我们仍然（是）社会主义国家,发展和建设得非常好。			
1981	破产啦,浪费,惋惜。			
1982	统一的俄罗斯民族才是强大的,才能立足世界舞台,拥有更大话语权。			
1989	人民将饱受战争之苦。			挺好!
1998				使自己知道本国的关系,希望提供更多资料了解世界各国之间关系。
2000	列宁创建的苏维埃政权解体了,岂不惋惜。			可以给一些详细的资讯,尤其是国防方面的。
2004	有（由）一个强大的国家分裂成一个个小小的国家。在国际上地位也不一样。			
2006				满意。

续表

问卷编号	D8. b 对苏联解体"惋惜"的理由	D8. c 对苏联解体"无所谓"的理由	D8. d 对苏联解体"赞赏"的理由	对本次调查的意见或建议
2007				满意。
2014			不适应国际形势发展。	
2017		对我们没有太大的影响。		以上的问题很重要。
2018				满意。
2024				
2039			更民主,自由,人民意志体现。	
2043	苏联非常强大,无论是科技,军事,体育等。			
2044	一个整体是强大的,分开后力量是微不足道的。			
2046	没有坚持原有制度,改变社会制度引起社会动荡,国力衰退。			
2047				对我们个人起到一定的作用。
2049			顺势而为。	
2050			各过各的,多好。	应该加入调查的目的,否则被调查人根本不知为什么而填写。
2052			从未来看发展趋势很稳定,局势更稳定。	
2053	希望国家统一,不希望分离。			
2054	国家解体。			
2062			大势所趋。	
2063	社会主义国家发展必然遇到的挫折和困难,但前景和趋势一定会胜利。			本调查应更全面,更深层次,覆盖调查人员更广。
2064		自由发展,顺其自然。		

问卷编号	D8.b 对苏联解体"惋惜"的理由	D8.c 对苏联解体"无所谓"的理由	D8.d 对苏联解体"赞赏"的理由	对本次调查的意见或建议
2066			获得自由。	
2067	苏联社会主义制度发展得很好,为什么还要解体?			
2075				希望多有这样的调查多听听人民的心声。
2076				和谐是一个国家最重要的,所以但愿以后每一个国家都有好的发展,以和平为首,以百姓为首,共建和谐家园。
2077	如果不解体要比现在发展得好。			
2078				希望每个家园和中国都有一个好的进展,更能在经济和科技方面做到和谐。
2079	分散了。			非常好,通过本次问卷了解到很多国际问题。
2085	一个国家分成几个国家。			
2089	一个联盟竟然在无硝烟的战争中被击败。			
2098	对整个世界的格局产生了深远的影响,不利于整个世界的和平统一。			
2091	共产党,包括任何一个组织,不加强内部建设都有可能到今天的地步,从中也启示我们党内建设必须加强,所谓"打江山容易,守江山难"。			

问卷编号	D8.b 对苏联解体"惋惜"的理由	D8.c 对苏联解体"无所谓"的理由	D8.d 对苏联解体"赞赏"的理由	对本次调查的意见或建议
2102	苏联是世界第一个社会主义国家。			
2104	不知道。			
2105		顺应时代，历史有其必然性。		选项存在98、99，为何后面的方框只有一位数。
2106	共产党执政国瓦解。			
2109	无产阶级的解体。			
2111	社会主义之路，艰难。			
2112	苏联本可以像中国一样发展本国特色的社会主义，民族问题也处理得比较纠结。			
2115	为数不多的社会主义（国家）少了一员。			有些设计不合理，模糊。
2116	政治经济总体实力削弱。			
2118			民主。	
2119		与个人无关。		
2120		不太关注。		日本部分过于独特。
2122		当时尚小，且对中国影响逐步减低，已非旧日苏联能相比。		
2125		顺应事物发展规律，自有其原因。		
2126			社会发展之规律，用于改变，利于人民享有自由、自主；给世界各国以启迪——发展，没有一成不变的模式。	
2127			因为那是必然的结果。	
2128	减慢了世界文明进展。			
2129	社会主义阵营遭受重挫。			

问卷编号	D8.b 对苏联解体"惋惜"的理由	D8.c 对苏联解体"无所谓"的理由	D8.d 对苏联解体"赞赏"的理由	对本次调查的意见或建议
2130			苏联到后期体制有问题,解体是应该的,各个小国也不是很团结。	
2131		本来就是一个矛盾的共同体,解体与否,取决于各方的力量对比。		
2132	社会主义的损失。			未能突出受调查人在俄、美、日、欧四地区重要性上的倾向性,某些问题提法可以优化。
2134			过于强大,对中国造成的潜在威胁也越大。	
2135	因为毕竟是一个国家的解体。			其实,调查中有的选项可以再精简一下,方便选择,CDEF 部分有些重复项目,可以列在一起,做对比调查。
2136		社会制度对社会经济发展非(常)关键。		
2137	在当时,若没有解体,可能会有更好的发展,当然,长远来看,也不一定是坏事。			挺好的,只是我了解得比较少一些。
2138		事物都在变化中成长,有利有弊,灵活处理后果就行。		量太大,不易统计,被采访者容易反感(题太多了)。
2139		历史的选择。		受调查者须关心时事才行。
2141			专制结束。	
2142	苏联解体后,它的整体经济实力、军事实力被分解,世界上缺少一个可以与美国抗衡的国家,不利于世界和平稳定。			

问卷编号	D8. b 对苏联解体"惋惜"的理由	D8. c 对苏联解体"无所谓"的理由	D8. d 对苏联解体"赞赏"的理由	对本次调查的意见或建议
2145				设计不合理。
2146	当初是最大的社会主义国家。			俄罗斯养不熟,日本紧盯着,美国死抗着,欧盟拉拢着。
2147	社会主义面临危机。			调查方式应创新,目标群众应明确,问卷设计不够创新。
2152			1. 改变世界两极格局,结束冷战;2. 事实已经证明,解体后的国家走上资本主义发展道路后,都比原来好很多。	希望这个调查不会又是走形式地浪费纳税人的金钱和无用功。
2154				很好。
2156		事实已无法改变。		所取样本不具代表性。
2157	社会主义解体,世界强国崩溃。			
2158		和本人无关。		
2159			更为先进的社会体制代替了腐朽没落的制度。	
2161			无法前进,解决矛盾。	
2162	一个庞大的联合体 over 了。			
2163	实现社会主义的坎坷历程。			
2164				简单易懂,但太多了。
2165		对中国影响不大。		
2166	如果苏联不解体,美国不会像今天这样猖狂。			本次调查很有意思,我很喜欢,没什么意见。

续表

问卷编号	D8. b 对苏联解体"惋惜"的理由	D8. c 对苏联解体"无所谓"的理由	D8. d 对苏联解体"赞赏"的理由	对本次调查的意见或建议
2167	苏共在(第)二次世界大战中后发制人,但国内问题却未能处理好,以致共党失势,改革失败。苏联解体,促使美国成为当今第一霸主,难以制衡、保持世界力量平衡。			
2169	一个非常有成就的国家和政府就这样消亡了。			非常好。
2170				很好,继续保持。
2171		社会主义的发展本来就是一个曲折的过程,有倒退是正常的。		比较全面,但是有些答案不能反映一些个人观点,看法被局限在一个范围的选项内,希望能有一些更为开放的问题,谢谢。
2172		中国走自己的路。		应该更全面地分析日本。
2173	它是社会主义的先驱。			
2174		这是社会发展的结果。		
2175			苏联当时经济政治处于极度困难期,一切能改善其国民待遇的手段都是可以支持的。	在多选题设置中,可以按重要程度选择,当然,这会增加后续统计工作的难度,谢谢这么有意思的调查问卷。
2178	社会主义阵营失去信心。			
2179		尾大不掉。		
2180	再也不会出现那么大一个社会主义联邦。			不清楚能起到什么不同。

续表

问卷编号	D8.b 对苏联解体"惋惜"的理由	D8.c 对苏联解体"无所谓"的理由	D8.d 对苏联解体"赞赏"的理由	对本次调查的意见或建议
2181	社会主义国际力量损失，苏联国内的动荡对于中国（而言）则失去了同盟军。			
2182	如果苏联不解体，美国现在就不会在国际社会上如此嚣张，"霸权主义"。			
2184			讨厌斯大林，苏联太死板了。	
2185	毕竟和中国（属同）一个政体。			很好，但是为什么没有中非这一重要关系的信息。
2186	社会主义国家缺少了核心与灵魂。			
2189	加盟国经济、社会、人民生活的全面倒退，社会主义改革实践一个重要历史样本的消失，导致中国90年代国际环境的恶化。			很有意义的调查，但感觉问卷在选项的排序上有一定的倾向性。
2190		对中国影响不大。		
2192				表格设计太繁琐，可简化许多，三分之二以上。
2196		历史必然。		
2197			独大必将威胁我中华。	要调查就认真一点，中国的统计数据要从大家做起。
2198	它是第一个社会主义国家。			
2199	国势减弱。			
2200	第一个社会主义国家的改革发展以失败告终。			

问卷编号	D8.b 对苏联解体"惋惜"的理由	D8.c 对苏联解体"无所谓"的理由	D8.d 对苏联解体"赞赏"的理由	对本次调查的意见或建议
2201	苏联是在一个经济文化相对落后的国家中横空出世,取得了社会主义革命胜利。			
2202	本来很强大,可以抗衡美国。			
2203		天下大势,合久必分,分久必合。		
2204	个人觉得,没什么特别理由。			
2205			从一个较为呆板的计划经济体制变为市场经济体制,结束了冷战时代。	
2211	世界上少了制约美国的又一力量,社会主义的挫败。			
2213	社会主义缺少了联盟。			
2214		不了解内幕。		
2215	世界第一个社会主义国家,唯一一个可与美国抗衡的国家自己灭亡了。			
2216	少了一个与美国抗衡的对手。			
2217	没有解体的话,至少当今世界还会存在另一个社会主义的超级大国。			
2218		不关心。		问题太多。
2220			专制制度不利于国家发展,集权式的发展模式阻碍了苏联的进步。	

续表

问卷编号	D8. b 对苏联解体"惋惜"的理由	D8. c 对苏联解体"无所谓"的理由	D8. d 对苏联解体"赞赏"的理由	对本次调查的意见或建议
2223		苏联解体,冷战结束,需要经济复苏,给中国更多的发展时间及机会,但失去了苏联的牵制,中国受到美国的影响将会变大。		
2227	对中国无好处。			
2228		比较遥远。		很好,类似的问题很多,可以弄到一起问嘛。
2230		大势所趋,从人民的角度看,如果体制不合适,还是顺其自然罢。		个别题的选项个人认为不是很有代表性,如日本部分的 E1 题。
2233			多元化。	
2234		解体已成事实,应在新的实际条件下尽一切力量让国家继续向前发展。		
2235	少一个社会主义国家。			
2237	毕竟是社会主义国家,和我们一个阵营。			其实一般民众对这些还真不关心,在中国生活幸福感不强,人们忙于生计,不太管这些,这个纸质太好了,全国调查下来得砍多少树木!!
2238			符合时代发展。	
2240	第一个社会主义大国,尚未发展到共产主义,便瓦解,挺惋惜的。			题目有点多,选项设置不太合理。
2241	社会主义阵营力量骤减,社会主义道路出现重大挫折。			问题太少。
2245		犯不着有所谓。		

问卷编号	D8.b 对苏联解体"惋惜"的理由	D8.c 对苏联解体"无所谓"的理由	D8.d 对苏联解体"赞赏"的理由	对本次调查的意见或建议
2246	大国解散,让美国可以独霸一时。			
2247	否则会多一个社会主义同盟。			
2250		年龄太小。		
2251	强国的没落。			
2252		历史演变,过去的事。		
2255	第一个社会主义国家就这样瓦解了。			
2256	世界少了一个社会主义国家,会增加国际上对中国的压力,且俄后(来)经济倒退。			讨厌画圈,喜欢打钩,问题设置多,不深入,无重点。
2258				问卷设计很规范。
2259	第一个社会主义国家就这样瓦解。			
2261		当时的情形,国家自己的选择。		
2267	是第一个社会主义国家。			
2269		时间太早。		
2271	超前的意识,没有现实的物质基础。			
2272		感觉跟我们没有很大的关系。		
2273	唯一能与美国对抗的国家灭了。			
2275		不了解,也就无所谓,况且属他国内政。		
2277	给人民造成更大的损失。			
2278	和中国是同类型国家。			

问卷编号	D8.b 对苏联解体"惋惜"的理由	D8.c 对苏联解体"无所谓"的理由	D8.d 对苏联解体"赞赏"的理由	对本次调查的意见或建议
2279	苏联是苏联红军以及苏维埃政府艰难奋斗的成果。			很好，让我们开阔了眼界，增长了知识，也对国际问题有了更深刻更进一步的了解，以后会更关注国际大事。
2280	苏联人民艰苦卓绝创造的苏维埃政府就此宣告不存在。			很好，让我们开阔了眼界，增长了知识，也对国际问题有了更深刻更进一步的了解，以后会更关注国际大事。
2283		水到自然成。		
2287	有共同点，共产党社会主义国家。			
2288	国家应该统一，决不能独立。			
2290	一个强大帝国从此消失。			好像一个外交家对外关系的处事方式。
2293		解体对我国人民影响不大。		
2294	综合实力分散减小了，影响了对国际的影响力和抗争力。			
2297	削弱了社会主义制度在全社会的影响力。			
2298			军备竞赛极大阻碍了经济发展，斯大林时代开始的独裁统治已不适应苏联社会发展。	
2300	是国际上第一个社会主义国家，却不能坚持下去，不能为其他社会主义国家起示范作用。			
2303		类似于"权变管理"，可能不同的国家适合不同的制度。		

续表

问卷编号	D8.b 对苏联解体"惋惜"的理由	D8.c 对苏联解体"无所谓"的理由	D8.d 对苏联解体"赞赏"的理由	对本次调查的意见或建议
2304	毕竟同为社会主义国家,苏联倒了我们手中少了一张牌,美国腾出手来遏制我们。			
2305	无产阶级政权失去了最大的盟友。			
2311		与我个人无关。		
2312		国民自由选择国体。		
2313			一种社会制度取代另一种社会制度是社会发展的必然结果,新制度的诞生更具适应性。	
2320			官僚机构腐败,不关注民生。	
2322	自己把自己拖垮了。			设计差,国与国之间的关系主要靠自己国家的经济实力以及国家决策层的魅力。
2327	通过革命成功的一个强大的国家走向分裂,对欧洲亚太乃至世界的变革和影响巨大。			
2332	社会主义老大哥倒掉了,国际共运的重大挫折,中共面临更大挑战。			
2338	一个社会主义发源地的大国自我毁灭。			
2339	社会主义国家的老大哥解体,很遗憾。			
2341	共产主义敌不过人性的私欲,导致得来如此不易(的)政权分崩离析,社会主义老大哥已经倒下了,中国又将如何。			

续表

问卷编号	D8.b 对苏联解体"惋惜"的理由	D8.c 对苏联解体"无所谓"的理由	D8.d 对苏联解体"赞赏"的理由	对本次调查的意见或建议
2342	建立社会主义制度的第一个国家,却第一个解体,犹如分家,结果不是前进而是倒退,国民生活水平急剧下降,国力下降,国际地位和影响力下降。			
2343	国家不统一,人民难幸福,和平生活无从谈起。			
2349	由一个超级大国变为二流国家。			
2352	联邦难,解体了。			
2354	开历史倒车,无可奈(何)。			
2355		自然发展规律。		
2361	苏联解体意味着一个政府的瓦解。			很有意思,希望能经常组织一些这样的问卷答题。
2362		这是社会民主进程的蜕变,有利于社会及民众的经济发展。		希望中国的媒体报刊多渠道报导世界各国在军事、政治、经济、文化、体育、能源、科技等方面的情况,让中国人更多了解世界各国,希望英语像新加坡一样成为中国第二官方语言,让中国了解世界。中国的经济标准按国际标准达标,中国出口的产品更好地畅销世界,知己知彼百战百胜,(为)让中国在世界的舞台上成为大国而努力奋斗不息。
2363			有利于社会和经济发展。	

续表

问卷编号	D8. b 对苏联解体"惋惜"的理由	D8. c 对苏联解体"无所谓"的理由	D8. d 对苏联解体"赞赏"的理由	对本次调查的意见或建议
2375		苏联的解体,有好有坏,顺应历史发展。		
2376	苏维埃政权的建立是来之不易的,解体意味着政权的瓦解。			对我们了解欧盟,了解国际形势以及发展趋势有着极其重要的作用和意义,也让我们增长了见识和开阔眼界。
2377			有利于他的经济发展。	
2383	经历不稳定,社会问题增加。			
2390	削弱了国力。			
2396				希望英语能成为中国的第二官方语言,让中国了解世界,世界了解中国,让中国在政治、军事、外交、科技、经济(等方面)更加国际化地接轨。
2399		社会制度不重要,重要的是社会要保障民众的生活幸福感。		
2406		大国之间的组合基于共同的价值观,苏联在联合之初并无此基础。		
2418		对自己的生活没有什么影响。		
2419			一定程度上促进了局部的发展。	
2423		因为苏联国内解体,与我国无关,没多大影响,也是生产力发展的结果。		

续表

问卷编号	D8. b 对苏联解体"惋惜"的理由	D8. c 对苏联解体"无所谓"的理由	D8. d 对苏联解体"赞赏"的理由	对本次调查的意见或建议
2424	腐败,上层建筑人物追求权力,底层人们盲目追求西方化,自身破坏了一个国家。			有意义,在当前中国外交环境日趋严峻的情况下,组织调查,尽可能了解民意,宏观分析,利于宏观决策。
2428	我认为一个国家解体,内部不团结,发展就会倒退,经济会下滑。			
2429	一个很强大的社会主义国家,被一个人搞垮了。			
2434	因其为最早的社会主义国家。			
2435	政治体制不成熟。			
2437		解体对警示中国有良好的效果。		引起对日本的重视,不能忘记历史。
2452		苏联支持外蒙独立,拒不归还侵占我国领土。		
2453	社会主义遭受挫折。			
2456	成果来之不易。			
2457	苏共没有把握好自己命运。			
2461	社会主义制度夭折。			
2467		腐败政府迟早要垮。		
2468		政党失去活力,对国家人民发展都不利,落后必将(遭到)淘汰,这是历史的选择。		
2470	少一个社会主义大国。			
2475	社会主义阵营减弱。			
2479	苏联的强大与迅速衰落令人惋惜。			
2480	社会主义国家少了盟友。			问卷不是太合理。

续表

问卷编号	D8.b 对苏联解体"惋惜"的理由	D8.c 对苏联解体"无所谓"的理由	D8.d 对苏联解体"赞赏"的理由	对本次调查的意见或建议
2481			人民生活水平提高。	很有意义。
2482	少了一个社会主义大国。			
2483	(两个)超级大国(对峙)就此变成美国独大的单极世界,中国成为美国潜在敌手。			
2484		形式不重要,结果和过程才是关键,所以苏联是否解体无所谓。		
2485	苏联失败了,可惜。			
2486				想法比较好,但是对调查结果要认真梳理,客观分析,进而制定科学的决策。
2487			1. 俄罗斯变弱,2. 民主进程。	问题设计不尖锐,学术研究要体现新思想、新观点,不是和稀泥。
2489		合久必分。		
2490			本国人民的选择。	
2493	第一个社会主义国家仅存在 70 余年,自己把自己搞乱。			
2496	中国失去了盟友。			
2497	第一个社会主义国家突然解体,是国际社会主义阵营的巨大损失。			
2498	最大的社会主义国家,一夜间分解了。			
2499				样本代表性值得改进,建议进行随机调查。
2500	第一个社会主义国家的消失。			

续表

问卷编号	D8.b 对苏联解体"惋惜"的理由	D8.c 对苏联解体"无所谓"的理由	D8.d 对苏联解体"赞赏"的理由	对本次调查的意见或建议
2501			（苏联）共产党离心离德，丧失民心，党其不党，国其不国。	
2502		不好不坏，担心影响我国政治，但可能会发展更好。		
2504	共产主义阵营少了一重大力量。			
2505			独裁。	
2506	走了历史的退路。			
2508	社会主义力量受到严重打击。			
2509			太黑了。	
2511		它对我们影响不大。		
2513	社会主义阵营的损失。			
2515	社会主义的失利。			内容太多。
2517	和则利，分则伤，国际地位下降。			
2518	一在定时期内影响了中国的外交环境，受美国压力变大。			多设一些问答题，有些题目答案不好。
2519		历史就是历史。		
2521	如果苏联没有解体，现在的世界格局会有新的态势。			
2523			民主是俄罗斯人民的正确选择。	
2525	国际势力失衡，美国独大。			
2527	未能正确化解危机。			
2529	本可以和中国并肩作战。			
2530			中国来自北方的军事压力骤然减小。	对不同国家和地区的问题和答案设置应有所区别。

续表

问卷编号	D8.b 对苏联解体"惋惜"的理由	D8.c 对苏联解体"无所谓"的理由	D8.d 对苏联解体"赞赏"的理由	对本次调查的意见或建议
2532		无所谓就是无所谓。		
2534	唇亡齿寒。			
2535	半途而废，大厦崩溃。			期待将结果发表成论文，公布研究结论。
2536			和平的世界不需要大国维持。	
2537	可惜了。			
2538				没有韩国。
2539	毕竟苏联曾经帮助过中国。			
2540		对中国经济发展不存在任何影响。		
2542	苏联解体，美国一家独大！			
2543	中国人民对苏联是有感情的。			我愿意参加这样的活动，多关心当前的国际政治。
2550	苏联解体是社会主义革命的一次重大挫折。			
2553		历史的必然趋势，应客观面对！		
2554			符合人民的利益。	
2555	少了一个最大的社会主义盟友。			很好，多开展。
2556	少了一个社会主义国家。			
2557	苏联执政党的建设出现问题，有改革的意识，但改革没有控制好。			
2558	由于没有及时纠正发展偏差，导致不可逆转的错误。			

问卷编号	D8.b 对苏联解体"惋惜"的理由	D8.c 对苏联解体"无所谓"的理由	D8.d 对苏联解体"赞赏"的理由	对本次调查的意见或建议
2559		对目前影响不大,有一定的必然性。		问卷设计选择较差,做问卷时很不方便。
2563	(苏联)共产党失去了执政权,失去了人民的信任,没有坚持住社会主义道路。			
2566	最富强的社会主义国家解体了。			
2568			大势所趋。	
2569	失去了自己的主见,受外界干扰过大。			
2571		不太关注。		
2573	与美抗衡力量或国际制衡削弱。			
2574			太大,不好管理。	
2575	社会主义力量被瓦解。			
2577	苏共应当做得更好。			
2582	曾经是世界一极的无产阶级政权分崩离析。			
2585			进步,必然。	注重实效,不要浪费太多资源。
2589	社会主义阵营少了一位老大哥,对中国的支持、帮助少了,美国更强大了。			
2591	第一个社会主义国家解体了。			
2594	一个大国很快解体,几乎没有什么反抗,政治体制就发生巨变。			
2596		走自己的路是最重要的,别人怎么样不重要。		

续表

问卷编号	D8.b 对苏联解体"惋惜"的理由	D8.c 对苏联解体"无所谓"的理由	D8.d 对苏联解体"赞赏"的理由	对本次调查的意见或建议
2598		俄罗斯仍是大国。		
2599			其国家发展已经没有出路。	
2603			减轻了中国的压力。	
2604	可以不解体。			
2607	社会主义阵营实力减弱。			
2608	苏联解体削弱了社会主义世界的力量。			
2609	西伯利亚虎灭亡,美国猴子称王。			
2610		一种政体的灭亡总是有其原因的,就像自然选择一样。		调查的内容都是我不怎么懂的,但是我还是比较感兴趣。
2612	我觉得苏联政体是一种社会性质的尝试。			本次调查主要是对国际形势的一些看法,对此我了解不是很多,建议在统计分析调查结果后,能更多地宣讲中国(所)处的地位与情况。
2613		每个国家都有自己的发展历程,与其他国家无很大关系。		
2617	美国霸权主义升级。			
2621				这个调查不够详细。
2622		对我们影响不大。		
2623		苏联解体对我们没多大影响。		希望国家不要盲目煽动群众,普及一些国际常识。
2625		旧的不去,新的不来。		
2627	不解体,苏联将会更好地与美国在军事和经济上抗衡。			有一定的作用,能了解国内民众的国际观。

续表

问卷编号	D8. b 对苏联解体"惋惜"的理由	D8. c 对苏联解体"无所谓"的理由	D8. d 对苏联解体"赞赏"的理由	对本次调查的意见或建议
2629	苏联社会主义的一种尝试。			
2630	帝国的余晖，英雄的末路。			这次调查蛮可以的。
2632	因为没了苏联，世界就只有一霸，中国也要被美国压着了。			中国人需要被世界了解。
2634				调查的内容比较符合我的兴趣，建议能够认真分析调查结果，了解国民的国情（际）观。
2635				对于此次调查的内容我并不是很清楚，我认为应该关注教育，这也是教育的弊端。
2636	苏联解体后，俄罗斯在国际上的地位下降，经济、文化、科技都有所倒退。			
2639		这个是必然的，因为发展出现问题。		
2640	苏联解体使美国一国独大，称霸世界。			
2642	苏联解体在社会主义国家投下一片阴影，使马克思列宁主义的希望落空。			
2644		没太多的感情。		
2648		存在好和坏的两方面。		
2655	因为国家解体，经济受到影响，人民的苦难加重了。			
2659		我认为对我的影响不大。		

续表

问卷编号	D8.b 对苏联解体"惋惜"的理由	D8.c 对苏联解体"无所谓"的理由	D8.d 对苏联解体"赞赏"的理由	对本次调查的意见或建议
2661	对抗美国的强大力量不再存在,美国霸权将会膨胀。			没有个调查背景,不知道干什么……
2662			它老是威胁别人。	
2663	社会主义的倒退。			
2668	一个国家独立完整才能变得强大。			
2675	一个这么强大的国家解体了。			
2677	少了能与美国抗衡的力量。			
2683			支持多元发展。	对调查对象应有进一步了解。
2685				题目太多,涉及政治问题,难回答。
2686	社会主义阵营势力削弱。			
2689		与历史环境有关(不成熟的条件),必然性。		
2691		无所谓就是不管苏联解体与否都是客观存在的,你惋惜也好,赞赏也罢,你又不能改变什么。	。	题目太多了,都没有耐心看下去,建议精简问卷! 个人看法。 另:样本量太少,样本对象太集中。调研结果的科学性和全面性难以保证。
2699		已经发生的事不必再纠结。		
2700		不太关心国事,对体制也不那么在意。		
2706		历史所决定的。		
2707	缺少一个社会主义国家。			
2712		历史进程的必然而已。		

续表

问卷编号	D8.b 对苏联解体"惋惜"的理由	D8.c 对苏联解体"无所谓"的理由	D8.d 对苏联解体"赞赏"的理由	对本次调查的意见或建议
2713		对中国外交无实质性影响。		
2725			民主与发展。	
2727		不一定是好事，也不一定是坏事。		选项不全，先入为主。
2728	大国解体，失去了发展机遇。			
2731			当一种政体走到腐朽极端时，终止它也是项大勇气、大智慧的工作。	调查内容同往年无变化，排版比较繁复，易看错。
2737	原本苏联坚持共产主义道路，后来改成资本主义道路。			
2738	因为解体后，其政治、经济、文化、军事水平倒退，人民生活水平降低。			
2739	因为苏联解体后，其政治、经济、军事实力大幅下降，生活水平不如从前。			
2740		虽然对苏联的意义很大，但对中国而言起到了警示作用。		
2741			国家摆脱政体之争，冷战结束。	
2747		苏联解体对于国际形势主要（是）结束冷战状态。		
2758	具体的原因：经过三次革命、二次战争，90多年党史、70多年国史，无外敌入侵，无内部造反，是因苏共党变质，领袖背叛。			

续表

问卷编号	D8.b 对苏联解体"惋惜"的理由	D8.c 对苏联解体"无所谓"的理由	D8.d 对苏联解体"赞赏"的理由	对本次调查的意见或建议
2760			具体能加快经济建设，实行改革。	
2764			加快经济建设。	
2765	没有给社会主义国家带来榜样。			
2766				很多观点不知道是从国家集体来考虑，还是就是个人人道主义观点。不过可能这也只是个人回答问题时才有的思想纠结。
2771			苏联弊端严重，解体是必须的，否则会使进步停滞。	
2772	可惜了。			
2774			苏联解体是必然趋势，因为在几经改革之后，制度发生变化，不再适合苏联国情，顺应时代和客观条件变化才是正确的。	
2775		未来无限可能，历史发展总有其规律。		
2780	世界损失一极，综合实力下降。			
2781	对我国局势影响不大。			没意见。
2783	最大的社会主义国家解体。			
2785	世界上唯一可以和美国抗衡的超级大国没有了。			
2788	正常的权力交替。			
2789	可惜。			

图书在版编目（CIP）数据

中国民众的国际观. 第 4 辑/李慎明主编. —北京：社会科学文献
出版社，2014. 12
　（中国社会科学院国情调研丛书）
　ISBN 978 - 7 - 5097 - 6468 - 8

　Ⅰ. ①中… 　Ⅱ. ①李… 　Ⅲ. ①国际关系 - 研究 　Ⅳ. ①D81

中国版本图书馆 CIP 数据核字（2014）第 207984 号

·中国社会科学院国情调研丛书·

中国民众的国际观（第 4 辑）

主　　编/李慎明

副 主 编/吴恩远

出 版 人/谢寿光
项目统筹/祝得彬
责任编辑/刘　娟　杨　潇

出　　　版/社会科学文献出版社·全球与地区问题出版中心（010）59367004
　　　　　　地址：北京市北三环中路甲 29 号院华龙大厦　邮编：100029
　　　　　　网址：www. ssap. com. cn
发　　　行/市场营销中心（010）59367081　59367090
　　　　　　读者服务中心（010）59367028
印　　　装/三河市东方印刷有限公司

规　　　格/开　本：787mm × 1092mm　1/16
　　　　　　印　张：18.25　字　数：315 千字
版　　　次/2014 年 12 月第 1 版　2014 年 12 月第 1 次印刷
书　　　号/ISBN 978 - 7 - 5097 - 6468 - 8
定　　　价/98.00 元